郑州海关年鉴

2023

《郑州海关年鉴（2023）》编纂委员会　编

中国海关出版社有限公司
·北京·

图书在版编目（CIP）数据

郑州海关年鉴 . 2023/《郑州海关年鉴（2023）》编纂委员会编 . —北京：中国海关出版社有限公司，2024. 5

（中国海关史料丛书）

ISBN 978－7－5175－0772－7

Ⅰ. ①郑…　Ⅱ. ①郑…　Ⅲ. ①海关—郑州—2023—年鉴　Ⅳ. ①F752. 55-54

中国国家版本馆 CIP 数据核字（2024）第 066738 号

郑州海关年鉴（2023）

ZHENGZHOU HAIGUAN NIANJIAN（2023）

作　　者：《郑州海关年鉴（2023）》编纂委员会

责任编辑：文珍妮

责任印制：王怡莎

出版发行：中国海关出版社有限公司

社　　址：北京市朝阳区东四环南路甲 1 号　　邮政编码：100023

编 辑 部：01065194242-7504（电话）

发 行 部：01065194221/4238/4246/5127（电话）

社办书店：01065195616（电话）

https：//weidian. com/？userid＝319526934（网址）

印　　刷：北京中科印刷有限公司　　经　　销：新华书店

开　　本：889mm×1194mm　1/16

印　　张：22. 75　　字　　数：500 千字

版　　次：2024 年 5 月第 1 版

印　　次：2024 年 5 月第 1 次印刷

书　　号：ISBN 978－7－5175－0772－7

地图审图号：GS 京（2022）1441 号

定　　价：230. 00 元

《郑州海关年鉴（2023）》
编纂委员会

《郑州海关年鉴（2023）》编辑部

总　　编　孙晨明　许顺华　谢永亮

副 总 编　李小伟　段亚丽

执行主编　刘　洋

执行副主编　彭凌冬　陈　曦

编辑部成员　（按姓氏笔画排序）

王　枫　王　娟　申小岑　田中杰　朱健强　刘　帆
刘继远　孙怀兴　杜远举　李　昶　李中军　李金森
李瑞焱　张　众　张进元　张治富　陈光辉　范晓娜
金　乐　周　歆　赵士强　胡文佳　秦　博　秦静姝
魏书志

编辑说明

一、《郑州海关年鉴》由郑州海关组织编纂，是全面、客观、系统记载郑州海关发展历程的编年史料，是集权威性、综合性、实用性为一体的资料性工具书，每年出版一卷，本卷为第二卷。

二、《郑州海关年鉴（2023）》以习近平新时代中国特色社会主义思想为指导，载录2022年度郑州海关工作的基本情况，包括郑州海关改革发展的重要举措、重大事件以及成绩和经验，以资政育人，凝心聚力，为建设社会主义现代化海关提供精神动力和史实支撑。

三、《郑州海关年鉴（2023）》记述时限为2022年1月1日至2022年12月31日。

四、《郑州海关年鉴（2023）》记述范围为郑州海关及郑州海关各职能部门、所属隶属海关单位、所属事业单位管辖事务。

五、《郑州海关年鉴（2023）》采用分类编辑法，设类目、分目、条目3个层级，有特载、专记、大事记、党的建设、业务建设、综合保障、隶属海关单位、所属事业单位、荣誉名录、海关统计资料10个类目，部分设次分目，以条目为基本记述单元。卷首设专题图片，卷末附索引。

六、《郑州海关年鉴（2023）》所用稿件，由郑州海关各职能部门、所属隶属海关单位和所属事业单位提供，来稿经供稿单位领导审阅，并填写《郑州海关年鉴（2023）信息公开备案表》。相关内容、业务数据、图片等的公开由供稿单位负责。

七、《郑州海关年鉴（2023）》统计数据和单位名称以及标点符号均按国家有关规定执行，计量单位采用国家法定计量单位和国际单位，技术规范、专业名词从规范要求。

八、《郑州海关年鉴（2023）》所用同比，均指比上年。

郑州海关

比例尺 1 ： 2 150 000　0　21.5　43　64.5　86千米

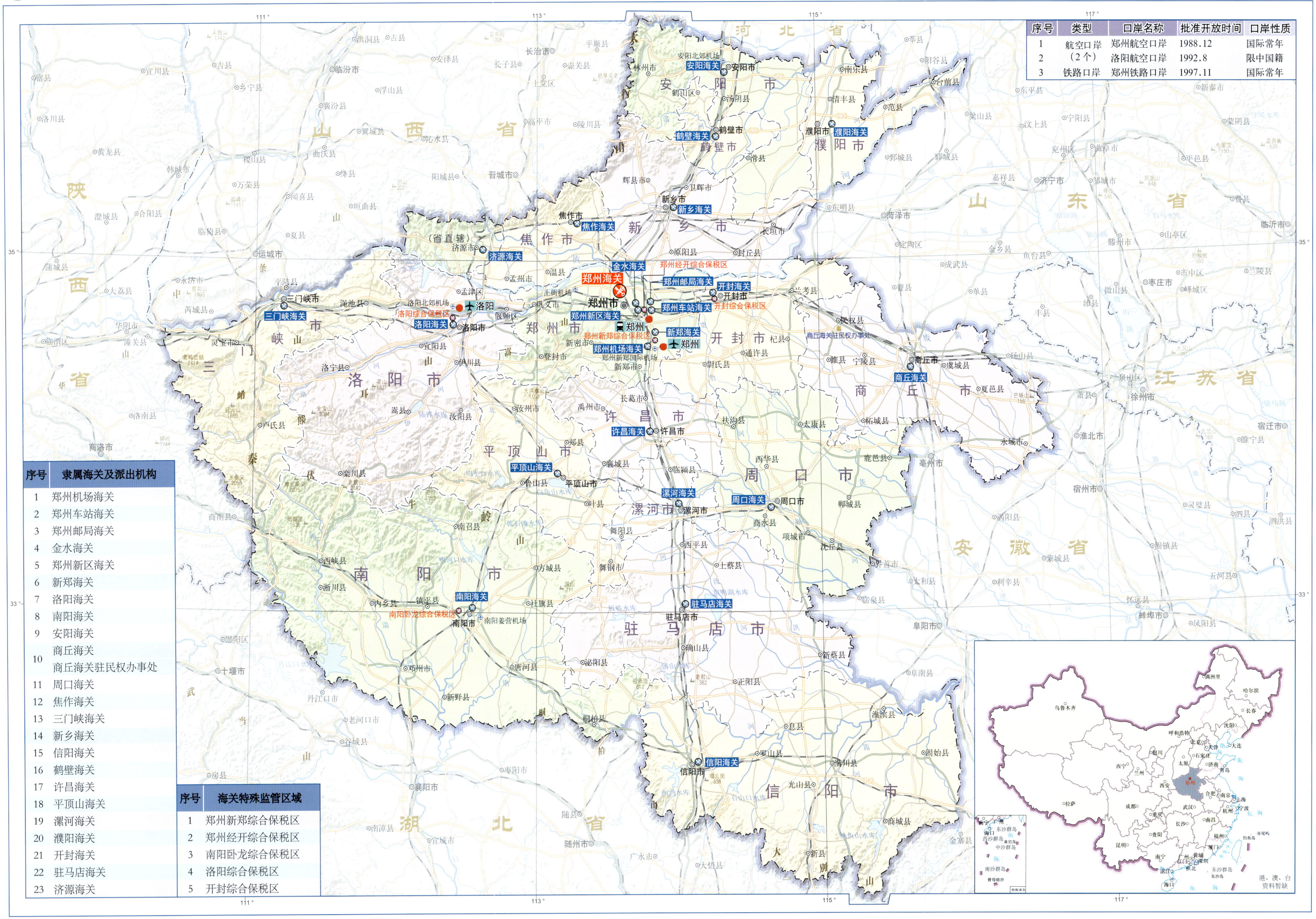

序号	类型	口岸名称	批准开放时间	口岸性质
1	航空口岸	郑州航空口岸	1988.12	国际常年
2	（2个）	洛阳航空口岸	1992.8	限中国籍
3	铁路口岸	郑州铁路口岸	1997.11	国际常年

序号	隶属海关及派出机构
1	郑州机场海关
2	郑州车站海关
3	郑州邮局海关
4	金水海关
5	郑州新区海关
6	新郑海关
7	洛阳海关
8	南阳海关
9	安阳海关
10	商丘海关 商丘海关驻民权办事处
11	周口海关
12	焦作海关
13	三门峡海关
14	新乡海关
15	信阳海关
16	鹤壁海关
17	许昌海关
18	平顶山海关
19	漯河海关
20	濮阳海关
21	开封海关
22	驻马店海关
23	济源海关

序号	海关特殊监管区域
1	郑州新郑综合保税区
2	郑州经开综合保税区
3	南阳卧龙综合保税区
4	洛阳综合保税区
5	开封综合保税区

图　例

	直属海关单位	⊙廷布	外国首都		地级市界
	隶属海关		自治州行政中心 地区、盟行政公署驻地		县（区、市）界
	派出机构	⊙东城区	县（区、市）政府		铁路
	海关特殊监管区域	○庞各庄镇	乡（镇）政府、街道办事处	S30	高速公路及编号
	口岸	北京首都国际机场	机场		国道
	铁路口岸	清水尖 1528	山峰　高程		省道
	水运口岸		国界		其他道路
	航空口岸		未定国界		河流　湖泊
	公路口岸		地区界		沟渠
	境外口岸		军事分界线		桥梁　渡口
⊙北京市	首都		省界		港口　码头
◉石家庄市	省政府		未定省界		长城
◎廊坊市	地级市政府		特别行政区界		珊瑚礁

注：本书中的关境图，不包括香港，澳门，台湾、澎湖、金门、马祖单独关税区。

海关专题图片

领导活动

^ 2022 年 1 月 26 日，郑州海关工作会议、全面从严治党工作会议在郑州召开 （郑州海关办公室 供图）

^ 2022 年 1 月 4 日，郑州海关召开疫情防控工作专题视频会议 （郑州海关办公室 供图）

^ 2022年3月1日，郑州海关召开“海关重点项目和财物管理以权谋私”专项整治工作动员部署会议（郑州海关机关党委　供图）

^ 2022年2月18日，郑州海关关长、党委书记于洋（前排右二）到洛阳调研　（郑州海关办公室　供图）

^ 2022 年 3 月 4 日，郑州海关关长于洋（右一）、副关长唐诗婷（左一）带队到开封市福利院看望慰问福利院儿童（郑州海关机关党委　供图）

^ 2022 年 10 月 16 日，郑州海关党委书记、关长于洋参加党的二十大会议在人民大会堂前留影　（郑州海关办公室供图）

^ 2022 年 1 月 10 日，郑州海关党委委员、缉私局局长钟卫华（右一）在第二个中国人民警察节活动上向警员表示慰问（郑州海关缉私局　供图）

^ 2022 年 9 月 1 日，郑州海关副关长黄勇（右一）到郑州海关所属鹤壁海关调研　（郑州海关所属鹤壁海关　供图）

^ 2022 年 8 月 26 日，郑州海关党委纪检组组长许顺华（左一）到郑州海关所属新郑海关开展专题调研　（郑州海关所属新郑海关　供图）

^ 2022 年 2 月 14 日，郑州海关政治部主任谢永亮通过“钉钉”网络平台对 2022 年个人事项填报工作做辅导　（郑州海关人事教育处　供图）

^ 2022 年 2 月 25 日，郑州海关副关长唐诗婷（右二）到郑州海关所属郑州车站海关调研 （郑州海关所属郑州车站海关 供图）

^ 2022 年 7 月 12 日，郑州海关副关长李兆明（左一）到企业调研 （郑州海关所属济源海关 供图）

铸忠诚

^ 2022 年 1 月 11 日，郑州海关召开关区 2021 年度基层党组织书记述责述廉述党建评议考核会 （郑州海关办公室　供图）

^ 2022 年 1 月 20 日，郑州海关召开关党委党史学习教育专题民主生活会 （郑州海关办公室　供图）

^ 2022 年 2 月 18 日，郑州海关组织开展政治机关专项教育活动专题研讨 （郑州海关办公室　供图）

^ 2022 年 6 月 2 日，新郑海关党总支获评河南省先进基层党组织、省直机关党建示范点 （郑州海关所属新郑海关　供图）

^ 2022 年 6 月 14 日，郑州机场海关关员在疫情防控一线封闭管理期间参加主题党日活动 （郑州海关所属郑州机场海关　供图）

^ 2022 年 6 月 23 日，郑州海关组织党员开展廉政教育并重温入党誓词 （郑州海关机关党委　供图）

^ 2022 年 6 月 30 日，郑州海关党员代表观看对比不同版本的党章（郑州海关机关党委　供图）

^ 2022 年 6 月 30 日，郑州海关所属周口海关举办“喜迎二十大　永远跟党走　奋进新征程”主题活动（郑州海关所属周口海关　供图）

^ 2022 年 7 月 1 日，郑州海关所属济源海关开展“弘扬愚公精神　砥砺前进初心”迎“七一”主题党日活动（郑州海关所属济源海关　供图）

> 2022年7月25日，郑州海关开展"同过政治生日"主题党日暨"我为大家荐好书"活动 （郑州海关机关党委　供图）

> 2022年10月16日，郑州海关组织集中观看党的二十大开幕会实况直播 （郑州海关办公室　供图）

> 2022年11月10日，郑州海关召开党的二十大精神宣讲暨学习贯彻动员部署会 （郑州海关办公室　供图）

担使命

^ 2022 年 1 月 27 日，郑州海关所属济源海关关员冒雪查验进口羊皮，保障货物正常通关　（郑州海关所属济源海关供图）

< 2022 年 3 月 1 日，郑州海关所属郑州机场海关关员对供港防疫物资进行查验　（郑州海关所属郑州机场海关　供图）

^ 2022 年 3 月 10 日，郑州海关所属商丘海关关员保障供应香港食品稳定顺畅 （郑州海关所属商丘海关　供图）

^ 2022 年 5 月 6 日，郑州海关所属信阳海关关员“五一”假期加班验放出口木家具，保障货物通关“零延时” （郑州海关所属信阳海关　供图）

^ 2022 年 5 月 24 日，郑州海关所属洛阳海关关员对辖区企业开展 RCEP 政策宣讲 （郑州海关所属洛阳海关　供图）

^ 2022 年 5 月 26 日，郑州海关支持郑州建设全国重要国际邮件枢纽口岸（郑州海关所属郑州邮局海关　供图）

^ 2022 年 7 月 18 日，郑州海关所属郑州邮局海关关员对转关车辆施加关锁（郑州海关所属郑州邮局海关　供图）

^ 2022 年 8 月 15 日，郑州海关所属郑州车站海关关员查验保障绿豆专列快速通关（郑州海关所属郑州车站海关　供图）

2022年9月1日，郑州海关所属金水海关关员对输埃塞俄比亚客车进行装运前检验 （郑州海关所属金水海关 供图）

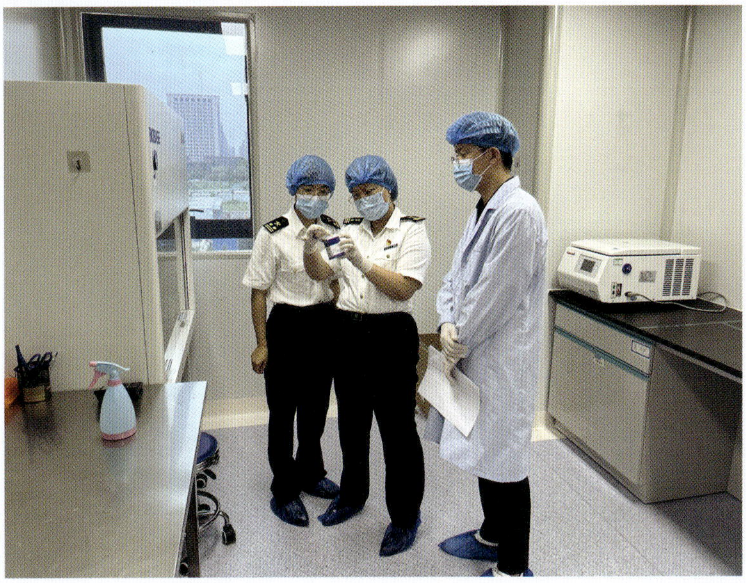

2022年9月6日，郑州海关所属金水海关关员对河南省首家出口猴痘病毒检测试剂盒企业进行现场审核 （郑州海关所属金水海关 供图）

2022年11月29日，郑州海关所属新郑海关关员到跨境电商仓库现场调研 （郑州海关所属新郑海关 供图）

^ 2022 年 2 月 22 日，郑州海关所属郑州新区海关查获涉嫌侵犯知识产权商品 （郑州海关所属郑州新区海关　供图）

^ 2022 年 3 月 10 日，郑州海关所属新郑海关疫情期间坚守综合保税区，保障业务开展 （郑州海关所属新郑海关　供图）

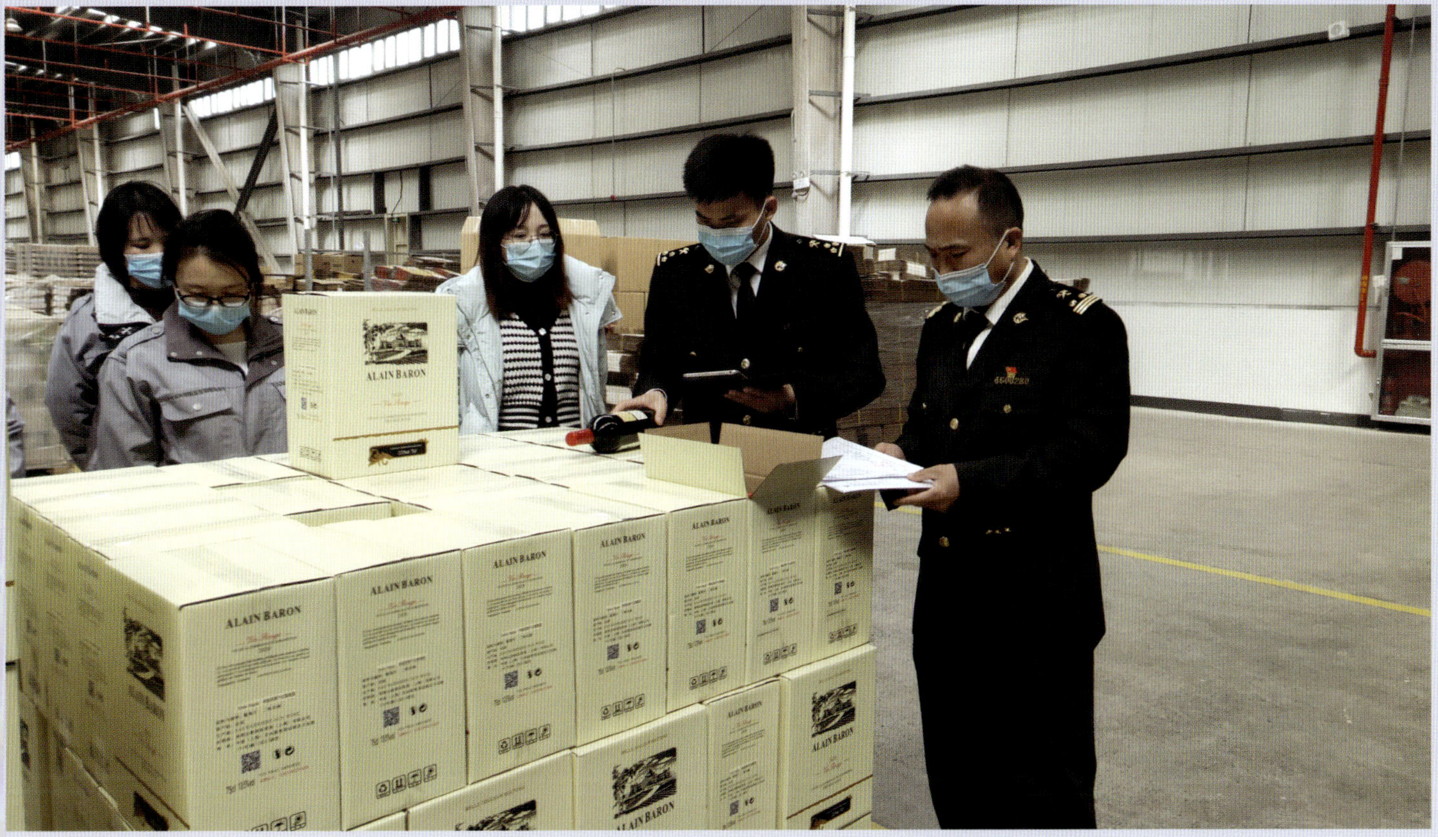

^ 2022 年 3 月 17 日，郑州海关所属商丘海关关员对进口葡萄酒实施现场查验，保障进口食品安全 （郑州海关所属商丘海关 供图）

^ 2022 年 4 月 13 日，郑州海关所属郑州机场海关关员在蓝天航油郑州新郑国际机场公用型保税仓库开展安全巡查 （郑州海关所属郑州机场海关 供图）

^ 2022 年 5 月 16 日，郑州海关所属安阳海关关员开展国门生物安全监测工作 （郑州海关所属安阳海关 供图）

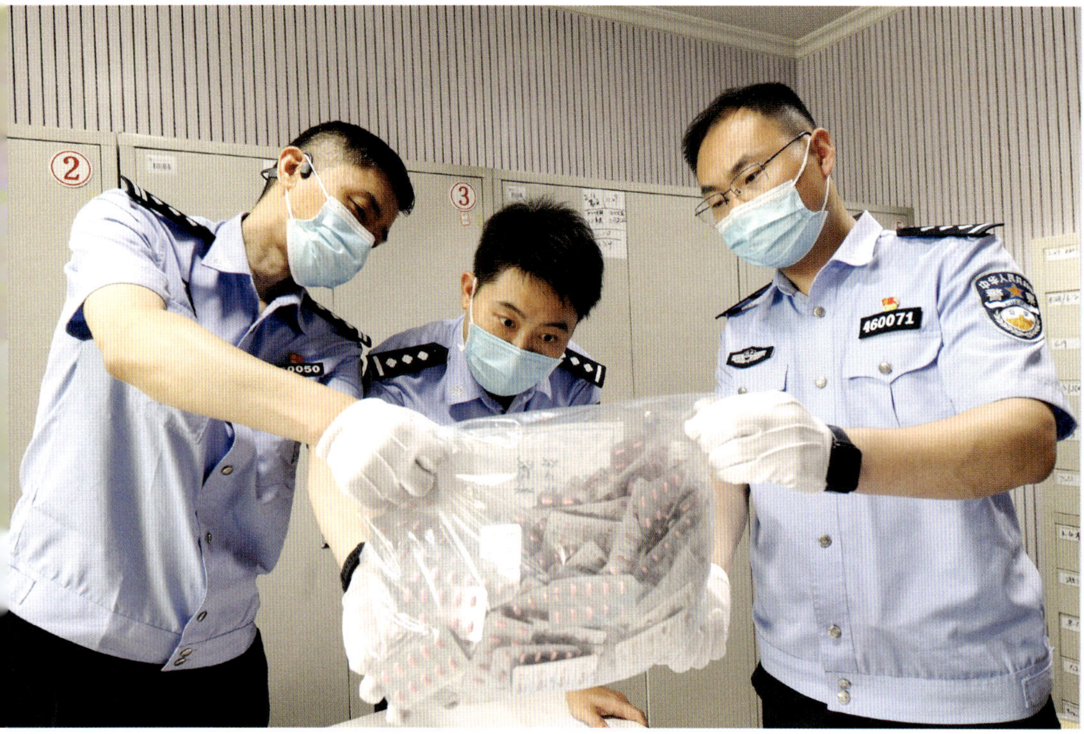

^ 2022 年 5 月 30 日，郑州海关缉私局侦办一起毒品走私案（郑州海关缉私局　供图）

^ 2022 年 6 月 10 日，郑州海关所属郑州机场海关截获非法入境蔬菜种子（郑州海关所属郑州机场海关　供图）

^ 2022年7月8日，郑州海关所属郑州车站海关查获侵权滑板车 （郑州海关所属郑州车站海关　供图）

^ 2022年7月8日，郑州海关所属郑州邮局海关查获违规进口大麻制品 （郑州海关所属郑州邮局海关　供图）

^ 2022 年 9 月 2 日，郑州海关关员在郑州新郑国际机场 T2 航站楼为进境旅客进行新冠病毒核酸检测 （郑州海关所属郑州机场海关 供图）

^ 2022 年 9 月 23 日，郑州海关所属驻马店海关关员对辖区进境粮食企业开展现场监管 （郑州海关所属驻马店海关 供图）

^ 2022年10月9日，郑州海关所属新郑海关关员对澳大利亚进境种羊进行血样采集（郑州海关所属新郑海关 供图）

^ 2022年10月12日，郑州海关所属开封海关关员在危险化学品企业进行查验（郑州海关所属开封海关 供图）

促发展

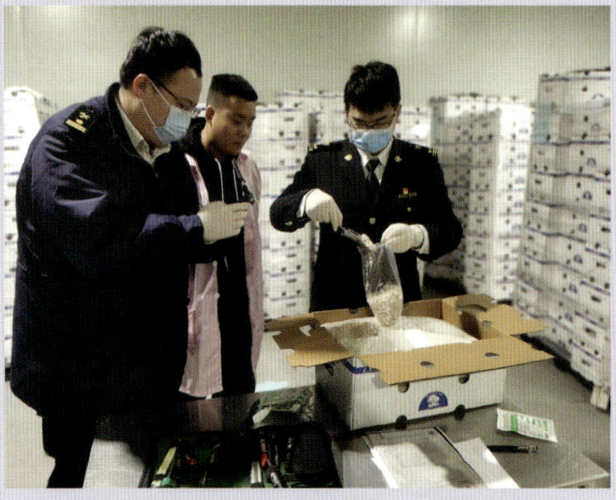

^ 2022年3月3日，郑州海关所属洛阳海关优化属地查检，助力辖区双孢蘑菇产业发展（郑州海关所属洛阳海关　供图）

^ 2022年4月13日，郑州海关所属信阳海关关员对出口茶叶种植基地进行现场监管（郑州海关所属信阳海关　供图）

^ 2022年4月16日，郑州海关所属郑州车站海关保障中欧班列（中豫号）顺利开行（郑州海关所属郑州车站海关　供图）

2022 年 5 月 20 日，郑州海关关员到出口大蒜种植基地调研 （郑州海关机关党委　供图）

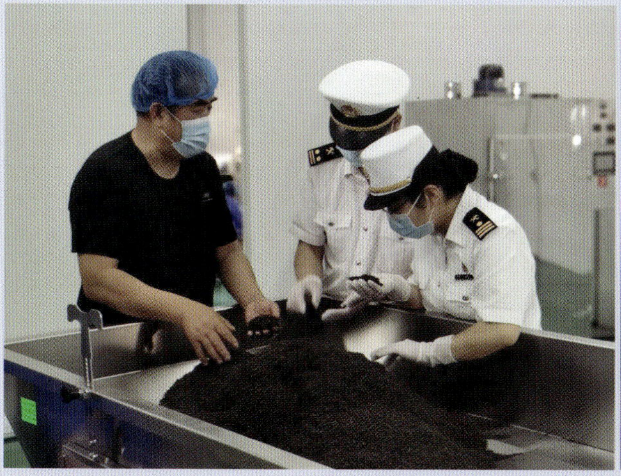

2022 年 6 月 20 日，郑州海关所属三门峡海关关员到企业监管指导，助力河南连翘芽茶首次出口 （郑州海关所属三门峡海关　供图）

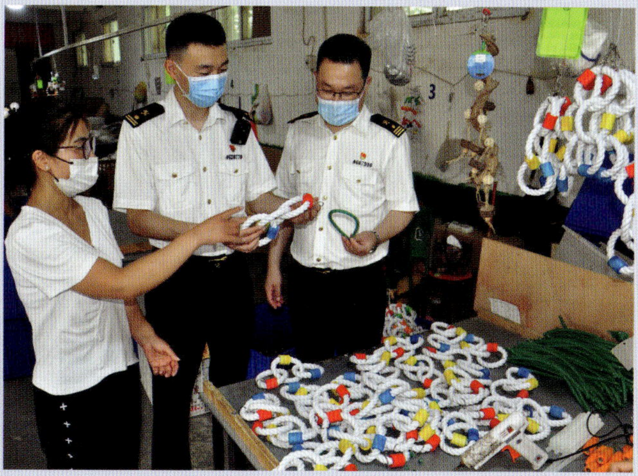

2022 年 6 月 30 日，郑州海关所属周口海关关员为辖区小微出口企业答疑解惑 （郑州海关所属周口海关　供图）

^ 2022 年 7 月 21 日，郑州海关所属济源海关关员到辖区种业种植基地进行调研（郑州海关所属济源海关　供图）

^ 2022 年 8 月 29 日，郑州海关所属新乡海关关员对进口农机设备进行快速验放（郑州海关所属新乡海关　供图）

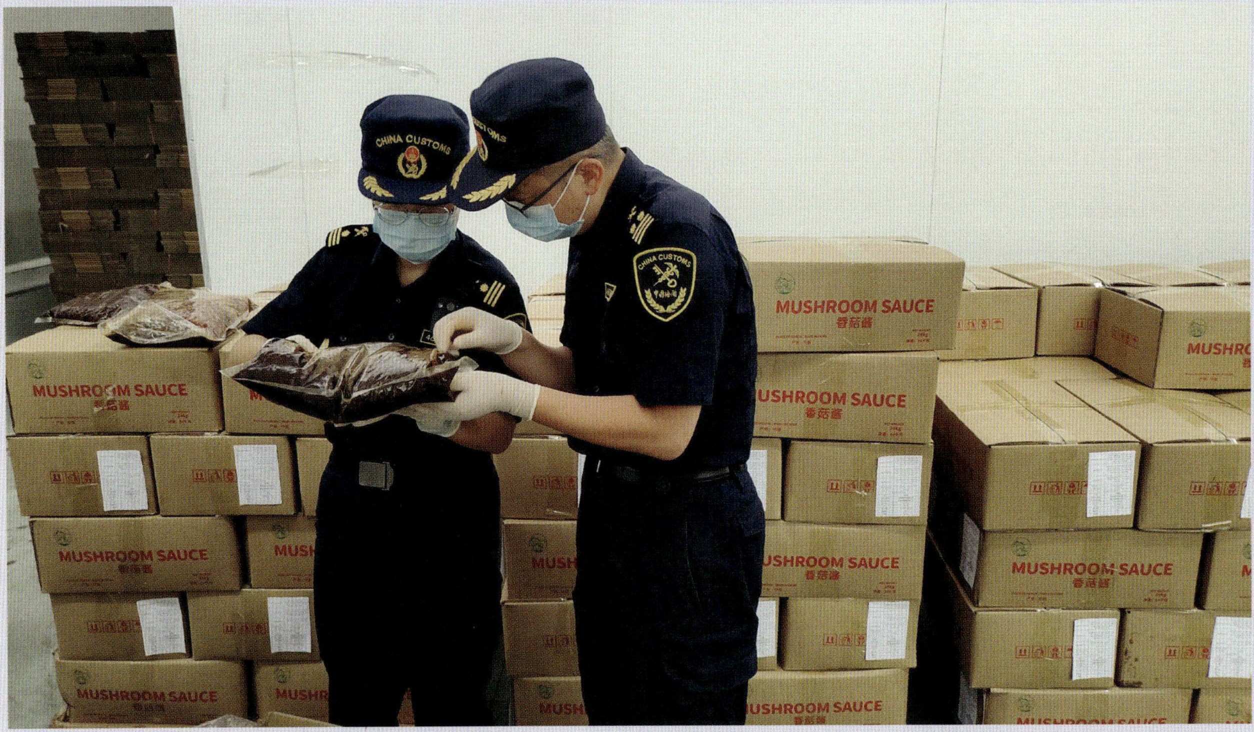

^ 2022 年 9 月 22 日，郑州海关所属南阳海关助力企业特色农食产品出口东盟（郑州海关所属南阳海关　供图）

> 2022 年 10 月 17 日，郑州海关所属南阳海关关员在月季出口种植基地调研（郑州海关所属南阳海关　供图）

^ 2022 年 11 月 1 日，郑州海关所属郑州车站海关关员对即将通过中欧班列（中豫号）装运出口的新能源汽车进行查验（郑州海关所属郑州车站海关　供图）

齐奋斗

^ 2022 年 1 月 10 日，郑州海关缉私局庆祝第二个中国人民警察节（郑州海关缉私局　供图）

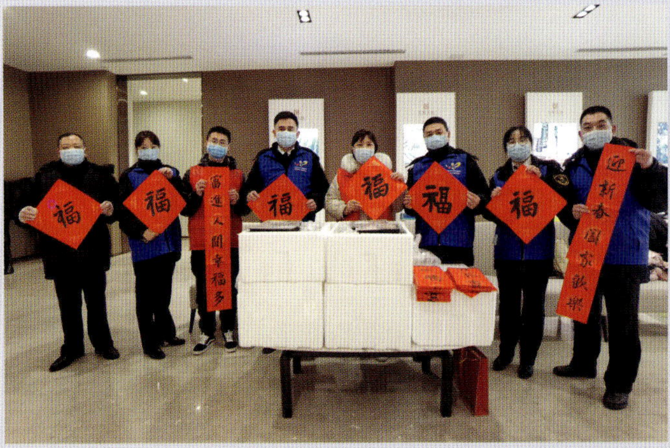

^ 2022 年 1 月 25 日，郑州海关组织开展“温暖社区行”志愿服务（郑州海关机关党委　供图）

^ 2022 年 3 月 4 日，郑州海关“海关妈妈”到开封市福利院看望慰问孩子们（郑州海关机关党委　供图）

^ 2022 年 3 月 11 日，郑州海关组织“生态共建　海关添绿”义务植树活动　（郑州海关机关党委　供图）

^ 2022 年 3 月 15 日，郑州海关开展“廉政家书”传递活动　（郑州海关机关党委　供图）

^ 2022 年 3 月 31 日，郑州海关开展“文明健康、绿色环保”主题宣传活动　（郑州海关机关党委　供图）

^ 2022 年 4 月 12 日，郑州海关所属三门峡海关向海关总署定点帮扶村果岭村捐赠农机设备　（郑州海关所属三门峡海关　供图）

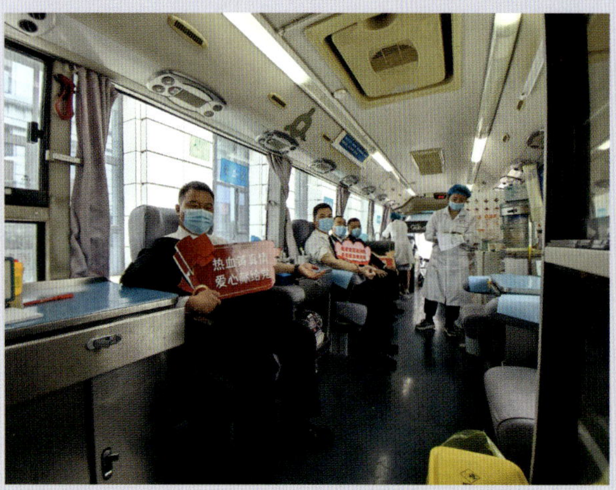

^ 2022 年 4 月 15 日，郑州海关所属济源海关开展“血的交融 爱的传递”无偿献血活动　（郑州海关所属济源海关　供图）

^ 2022 年 4 月 21 日，郑州海关所属三门峡海关开展内务规范强化月队列训练　（郑州海关所属三门峡海关　供图）

^ 2022 年 4 月 25 日，郑州海关所属郑州车站海关扎实开展“4·26”世界知识产权日普法活动（郑州海关所属郑州车站海关　供图）

^ 2022 年 4 月 26 日，郑州海关与鲁山县董周乡签订“四送一助力”结对帮创协议（郑州海关机关党委　供图）

^ 2022 年 6 月 24 日，郑州海关缉私局警员深入农村开展禁毒宣传（郑州海关缉私局　供图）

^ 2022 年 6 月 30 日，郑州海关所属新郑海关组织观看红色家风故事 （郑州海关所属新郑海关　供图）

^ 2022 年 8 月 15 日，郑州海关所属三门峡海关赴辖区企业开展法制宣传活动 （郑州海关所属三门峡海关　供图）

目　录

第五篇　业务建设

第六篇　综合保障

第七篇　隶属海关单位

第八篇　所属企事业单位

第九篇　荣誉·名录

第十篇　海关统计资料

附　录

索　引

“中国海关史料丛书”编委会

Contents

Chapter 8 Enterprises and Public Institutions

Chapter 9 Glory · Directory

Chapter 10 Customs Statistics

Appendix

Index

第一篇

特载

郑州海关概况、主要职能、组织架构

概况

郑州海关于1985年经国务院批准设立，1986年4月30日正式开关。2018年4月，根据党中央机构改革部署，出入境检验检疫管理职责和队伍划入海关。郑州海关是受海关总署直接领导，负责指定口岸及相关区域范围内海关工作运行管理、监督监控的正厅级直属海关。

作为国家的进出关境监督管理机关，郑州海关的业务管辖范围为河南省的各项海关管理工作，负责本关区海关监管工作、进出口关税及其他税费征收管理、出入境卫生检疫和出入境动植物及其产品检验检疫、进出口商品（含食品）法定检验、海关风险管理、进出口货物贸易等海关统计、垂直管理各隶属海关单位、完成上级单位交办的其他工作任务。

机构改革后，郑州海关内设机构20个：办公室（党委办公室）、法规处、综合业务处、关税处、卫生检疫处、动植物检疫处、进出口食品安全处、商品检验处、口岸监管处、统计分析处、企业管理和稽查处、缉私局（副厅级）、财务处、科技处、督察内审处、人事教育处（党委组织部）、机关党委（思想政治工作办公室、党委宣传部）、监察室（党委纪检组）、党委巡察工作办公室、离退休干部办公室。

郑州海关下辖隶属海关单位24个：郑州机场海关、郑州车站海关、郑州邮局海关、金水海关、郑州新区海关、新郑海关、洛阳海关、南阳海关、安阳海关、商丘海关（下设副处级驻民权办事处）、周口海关、焦作海关、三门峡海关、新乡海关、信阳海关、鹤壁海关、许昌海关、平顶山海关、漯河海关、濮阳海关、开封海关、驻马店海关、济源海关、郑州海关风险防控分局。

郑州海关所属事业单位6个：郑州海关后勤管理中心、郑州海关技术中心、河南国际旅行卫生保健中心(郑州海关口岸门诊部)、洛阳海关综合技术服务中心、中国电子口岸数据中心郑州分中心、中国质量认证中心郑州海关评审中心（暂不使用）。

郑州海关党委派驻纪检组8个：第一组负责郑州机场海关（常驻地）、郑州车站海关、郑州海关技术中心，第二组负责金水海关、新郑海关（常驻地）、郑州海关后勤管理中心，第三组负责郑州邮局海关、郑州新区海关（常驻地）、郑州海关风险防控分局、河南国际旅行卫生保健中心(郑州海关口岸门诊部)，第四组负责洛阳海关（常驻地）、焦作海关、三门峡海关、济源海关，第五组负责南阳海关（常驻地）、许昌海关、平顶山海关，第六组负责安阳海关（常驻地）、新乡海关、鹤壁海关、濮阳海关，第七组负责信阳海关、漯河海关（常驻地）、驻马店海关，第八组负责商丘海关（常驻地）、周口海关、开封海关、中国电子口岸数据中心郑州分中心。

2022年，郑州海关以习近平新时代中国特色社会主义思想为指导，全面学习、把握、落实党的二十大精神，贯彻落实全国海关工作会议、全面从严治党工作会议和河南省第十一次党代会、河南省“两会”部署，弘扬伟大建党精神，全面加强党的领导，深刻领会“两个确立”的决定性意义，增强“四个意识”、坚定“四个自信”、做到“两个维护”，坚持稳中求进工作总基调，完整、准确、全面贯彻新发展理念，坚持人民至上，坚持系统观念，统筹发展和安全，强化监管优化服务，持续做好“六稳”“六保”工作，统筹口岸疫情防控和促进外贸稳增长，马上就办、真抓实干，锲而不舍、一以贯之推进“五关”建设，服务高水平、制度型对外开放格局，为社会主义现代化海关建设和谱写新时代中原更加出彩的绚丽篇章贡献郑州海关力量。

主要职能

郑州海关是受海关总署直接领导，负责指定口岸及相关区域范围内海关工作运行管理、监督监控的正厅级直属海关，领导隶属海关。郑州海关业务管辖范围为河南省的各项海关管理工作。其主要职责是：

（一）负责本关区贯彻落实党中央、国务院关于海关工作的方针政策和决策部署，在履行职责过程中坚持和加强党对海关工作的集中统一领导，履行全面从严治党责任。

（二）负责贯彻执行与海关管理相关的法律、法规、规章、规范性文件和相关技术规范，负责本关区征税、监管、缉私、出入境检验检疫、统计等工作。

（三）监控研判本关区各类执法风险，组织防范和化解管理风险和廉政风险，负责本关区基层党组织建设、队伍建设和日常管理工作。

（四）完成海关总署交办的其他工作。

组织架构

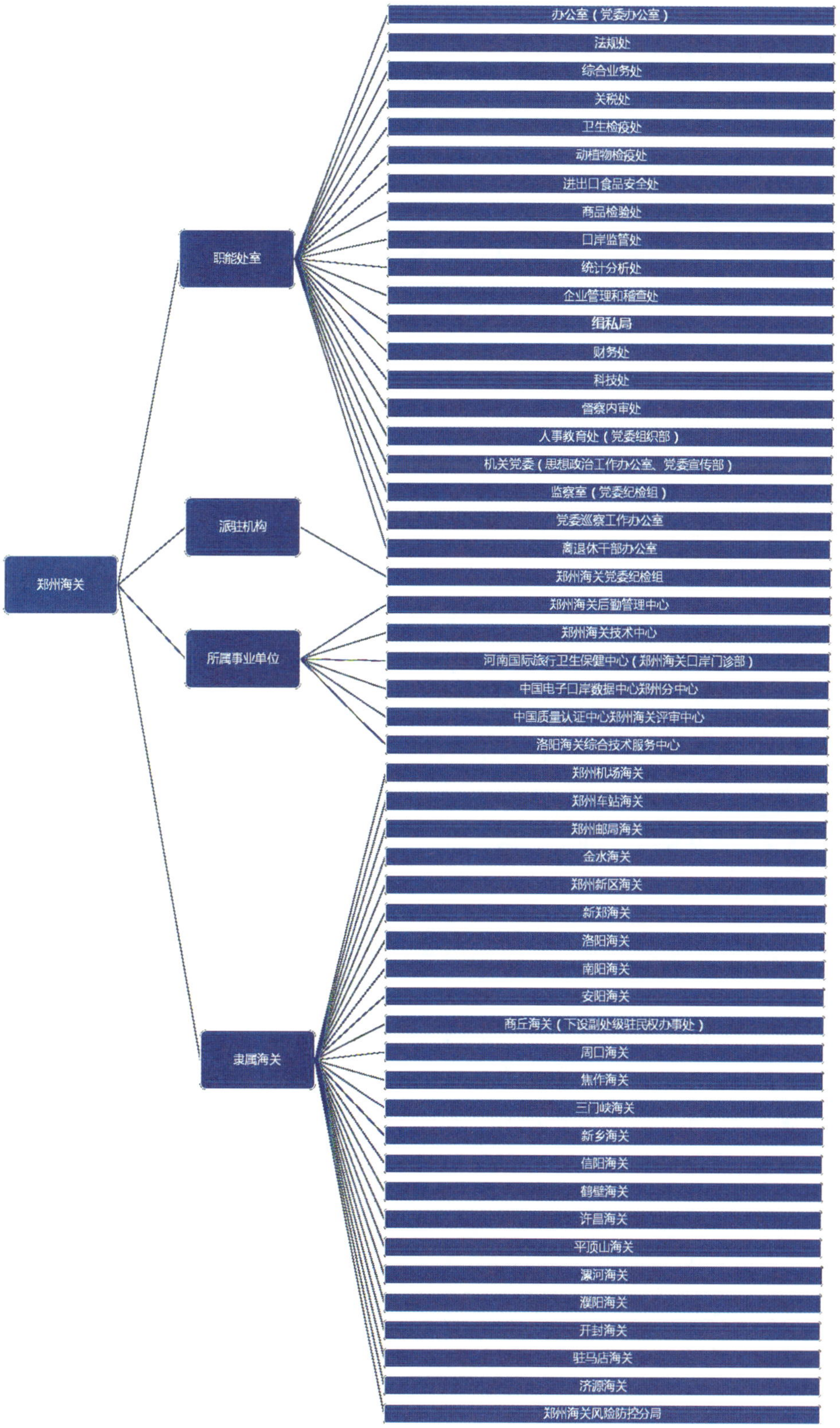
郑州海关
职能处室
派驻机构
所属事业单位
隶属海关
办公室（党委办公室）
法规处
综合业务处
关税处
卫生检疫处
动植物检疫处
进出口食品安全处
商品检验处
口岸监管处
统计分析处
企业管理和稽查处
缉私局
财务处
科技处
督察内审处
人事教育处（党委组织部）
机关党委（思想政治工作办公室、党委宣传部）
监察室（党委纪检组）
党委巡察工作办公室
离退休干部办公室
郑州海关党委纪检组
郑州海关后勤管理中心
郑州海关技术中心
河南国际旅行卫生保健中心（郑州海关口岸门诊部）
中国电子口岸数据中心郑州分中心
中国质量认证中心郑州海关评审中心
洛阳海关综合技术服务中心
郑州机场海关
郑州车站海关
郑州邮局海关
金水海关
郑州新区海关
新郑海关
洛阳海关
南阳海关
安阳海关
商丘海关（下设副处级驻民权办事处）
周口海关
焦作海关
三门峡海关
新乡海关
信阳海关
鹤壁海关
许昌海关
平顶山海关
漯河海关
濮阳海关
开封海关
驻马店海关
济源海关
郑州海关风险防控分局

旗帜鲜明讲政治　勇于担当干实事
在新的征程上持续推进关区事业高质量发展

——在2022年郑州海关工作会议上的讲话

郑州海关关长、党委书记　于洋

（2022年1月26日）

同志们：

这次会议的主要任务是，以习近平新时代中国特色社会主义思想为指导，深入贯彻党的十九大和十九届历次全会精神及中央经济工作会议精神，认真落实全国海关工作会议和全面从严治党工作会议、省第十一次党代会及省“两会”有关部署，总结工作、分析形势、明确要求，研究安排2022年工作。

一、2021年工作回顾

2021年是极不平凡的一年，我们亲历了建党百年、党的十九届六中全会通过了党的第三个历史决议、全面建成小康社会等党和国家历史上具有里程碑意义的大事；我们深入开展了党史学习教育，接受了总署党委巡视；我们经历了疫情和“7·20”特大暴雨灾害的双重考验。一年来，我们坚决贯彻落实习近平总书记重要指示批示精神，认真落实党中央、国务院决策部署，按照总署党委和省委省政府工作要求，深化“五关”建设，强化监管优化服务，统筹推进口岸疫情防控和促进外贸稳增长，实现了关区“十四五”良好开局。倪岳峰署长等4位署领导来豫调研，省委常委会首次听取海关工作汇报，楼阳生书记等省领导多次到海关现场调研或听取我关专题汇报，署、省领导对我们的工作予以充分肯定。我们还连续荣获省政府专文通报表扬，顺利通过全国文明单位复核，成功创建省级卫生先进单位，连年获评服务河南经济社会发展先进中央驻豫单位、河南省平安建设优秀单位。

一年来，主要做了以下工作：

（一）践行“两个维护”更加坚定坚决

学习贯彻习近平新时代中国特色社会主义思想不断深入。党委带头学，通过关领导领学、交流研讨、专家辅导，关党委和党委理论学习中心组集中学习46次，学习习近平总书记重要讲话和文章119篇。及时跟进学，通过“三会一课”、专题培训，强化“三级联学”，第一时间挂网学习习近平总书记重要讲话133篇次。持续深入学，实现党的十九届五中全会精神轮训全覆盖，迅速掀起学习宣传贯彻党的十九届六中全会精神热潮，武装头脑、指导实践、推动工作。

贯彻落实习近平总书记重要指示批示精神取得新成效。坚持“第一议题”制度，研究确定70项重点任务，全部有效落实。严格规范做好常态化疫情防控，保持零扣分。严禁“洋垃圾”入境，建立非法入境固体废物归口地方处置机制。严厉打击濒危动植物及其制品走私。深化与青岛等海关合作，服务黄河流域生态保护和高质量发展。积极推进“三智”建设，开展中匈（牙利）“点对点”关际合作，“口岸卫生应急指挥平台”入选全国第一批先行先试项目。实施“六个帮扶”，全力支持总署圆满完成对口帮扶任务。

党史学习教育成效显著。坚持把党史学习教育作为重大政治任务，成立领导小组及巡回指导组，精心组织、拓展细化55项任务。深入学党史，举办专题读书班、“学史·铸魂”红色讲坛、“郑关讲堂”，用好红色资源开展体验式教学。深刻悟思想，开展专题研讨106次，实施青年理论学习提升工程，组织“1235”庆祝建党百年特色活动。着力办实事，两级党委362个“我为群众办实事”重点民生项目100%完成，3个案例入选全国海关“百佳项目”，典型做法获全国党史学习教育简报刊发。关区党员干部经受了全面深刻的政治教育、思想淬炼、精神洗礼，各级党组织的创造力、凝聚力、战斗力持续提升，开新局迈出坚实步伐。

政治机关建设扎实推进。加强两级党委班子自身建设，修订党委工作规则和“三重一大”等制度，严格执行重大事项请示报告制度，对全体隶属海关党委书记开展集体提醒谈话。全力配合总署巡视工作，制订整改“两方案、一清单”，举一反三开展“11+1”专项治理，统筹做好巡视、选人用人专项检查、专题民主生活会整改，完善制度、操作指引27项，严肃审慎开展责任分析追究，各项整改任务全部完成。深化模范机关创建，全面落实意识形态工作责任制，关区政治生态持续向好。

妥善应对重大风险挑战。面对“7·20”特大暴雨灾害，迅速启动应急响应，关党委靠前指挥、科学调度，成立指挥部、组建47个突击队，全关上下齐心协力抢险救灾，有力保安全、保运转、保通关。面对汛情疫情双重挑战，发扬连续作战精神，成立工作专班，科学精准强化内部防控，完善应急预案，严格人员管控，缜密风险排查，强化核酸筛查，先后妥善应对3轮本土疫情。从政治层面强化业务工作，深化风险隐患排查，梳理风险隐患11项，建立清单台账，采取务实措施，积极防范化解风险。

（二）口岸疫情防控更加科学精准

指挥体系保持高效运转。坚持指挥部月例会与办公室周例会制度，第一时间学习落实防控最新要求。统筹人力物力财力，抽调关区8批181人次、协调地方10批449人次支援口岸一线。升级改造实验室，实现人、货样本分离检测。强化联防联控，积极参与省、市、口岸联席机制，扎紧扎牢“四个口袋”。

口岸卫生检疫科学规范。加强疫情监测和研判预警，严格实施“三查三排一转运”，加强对德尔塔、奥密克戎变异毒株监测检测。完善人员移交、信息通报、病例追溯等机制，确保入境人员全链条闭环管理。坚持“多病共防”。

坚持“人物同防”。做好进口冷链食品及高风险非冷链集装箱货物抽样检测和预防性消毒监督，建立向地方预通报机制。严格入境客运航空器终末消毒监督和固液体废弃物处理监督，加强“四类人员”行李消毒监督。

安全防护严格有效。严格“14+7+7”“N+7+7”封闭管理，推动直接接触进口货物人员封闭管理，加强封闭人员关心关爱。从严顶格做好个人防护，加强培训演练，保持高风险岗位人员疫苗接种全覆盖，推进全员接种加强针。落实安全防护监督制度，成立“挑毛病”专家组，开展“四不两直”检查，强化常态化监督，做到了“打胜仗、零感染”。

（三）国门安全屏障更加牢固

实际监管不断加强。推进海关各领域风险一体化防控，建立全省口岸安全风险联防联控工作机制，风险整体防控效能稳步提升，人工分析布控查获率较上年提高 1.8 个百分点。加大反恐维稳和“扫黄打非”力度。开展安全生产“大学习、大排查、大整治、大督导”，推进专项整治三年行动走深走实。开展跨境电商进口走私“断链刨根”专项整治，其中 1 起为全国首例判决的“跨境+传销”新型走私犯罪案件，工作成效得到总署充分认可。有序推进属地查检和稽查改革。扎实开展“龙腾 2021”等专项行动。

国门生物安全防控持续加强。严防非洲猪瘟、沙漠蝗等重大动植物疫情疫病传入传出，承接做好进境动植物检疫审批，加强检疫处理单位资质管理。严格进出境动物检疫。开展“国门绿盾 2021”行动。

进出口食品和商品检验监管更加有效。加强进出口食品化妆品风险监测和监督抽检。完善进出口商品质量安全风险预警和快速反应监管体系，发挥智能手机一级风险监测点作用，新设 3 个二级风险监测点。强化重点敏感商品检验监管。

税收征管量质效并举。依法科学征管，“两税”实际入库创历史新高。稳步推进属地纳税人管理，引导企业合规自律申报，做好“双特”台账、纳税评估、差别化合规管理，提升税收风险防控能力。推进多元化税款担保改革。深化综合治税，其中审价补税比去年增长 5.6 倍。加强非贸税收征管，推广行邮税征管应用系统。加大税政调研，上报建议 37 项。

打击走私战果丰硕。强化反走私综合治理，推动省打私办实体化运作，开展冻品、玉石、人发制品、香菇菌类等行业治理。组织“寄递渠道禁毒百日攻坚行动”。开展“国门利剑 2021”专项行动，案值、涉税额均位居内陆 17 个海关第一。

（四）服务开放发展成效明显

服务“一带一路”建设取得新成效。支持郑州建设国际航空货运枢纽，监管进出境货运航班比去年增长 19.5%、货邮量比去年增长 20.8%，规模连续 5 年全国第五。支持中欧班列集结中心示范工程及关铁“大监管区”建设，“铁路快通”落地实施。完善退货中心仓模式，率先在全国探索建立跨境电商零售进口药品监管制度，促进 B2B 扩大出口。支持铁海联运发展，推动周口等内河港建设，助力河南省“通江达海”。

促进外贸稳增长。落实“六稳”“六保”部署，开展“万人助万企”活动，制订服务

RCEP 实施专项方案，培育新增 AEO 企业 12 家，落实“问题清零”机制，调研解决问题 202 项。用足用好减税降费措施，助推重大项目落地，办理限上鼓励类内资项目审核 15 个，首次办理维修用航空器材减免税业务。支持许昌市场采购贸易试点落地实施。强化监测预警和政策研究，报送统计分析报告 380 篇，海关要情等采用 15 篇，完成署级课题 7 个，其中牵头 3 个。全省外贸进出口值创历史新高，成为河南经济一大亮点。

口岸营商环境持续优化。深化“放管服效”改革，分类推进 12 项行政审批制度改革，落实“双随机、一公开”监管要求，支持国际贸易“单一窗口”建设，在全国率先上线“技贸通”特色模块。“两步申报”“提前申报”“两段准入”稳步推进，“互联网+预约通关”系统全面启用，持续压缩货物整体通关时间，进口、出口货物整体通关时间分别较 2017 年压缩 77.6%和 93.8%，圆满完成国务院确定的目标任务，分别比全国多压缩 11.5 和 3.8 个百分点。积极推广企业集团加工贸易监管模式，平行进口汽车保税仓储业务测试成功。

开放平台建设提质增效。推动海关特殊监管区域与自贸试验区统筹发展，牵头制订河南自贸试验区监管服务体系 2.0 版升级方案，洛阳综合保税区通过正式验收，郑州经开综合保税区（二期）验收问题有效解决，开封综合保税区加快建设，许昌保税物流中心（B 型）封关运行。推动综合保税区高水平开放高质量发展，运行中的 3 个综合保税区绩效评估稳中有进，其中新郑综合保税区位居全国第三，南阳卧龙综合保税区由 C 类晋级到 B 类。支持郑州建设全国重要国际邮件枢纽口岸。促进各类指定监管场地业务发展。

（五）全面从严治党纵深推进

党建工作持续加强。提升党建工作能力，“判、听、导、耐、常”思想政治工作法入选总署直属机关党委“书记项目”，机关党委、机关纪委获评省直机关先进单位。深化“强基提质工程”，严格基层党组织书记述责述廉述党建评议考核，打造科级“四强”党支部标兵 17 个。深化党建品牌创建，新获全国海关基层党建示范品牌 1 个，复核通过示范培育品牌 5 个。大力培树宣传先进典型，2 个党组织、3 名同志荣获河南省、省直“两优一先”表彰。

领导班子和干部队伍建设全面加强。持续推进“五大体系”建设，选优配强各级领导班子。强化公务员分类管理。优化事业单位队伍结构。统筹加强年度考核、平时考核、专项考核，启动隶属海关绩效考核。突出精准施训，举办培训班 615 个，学时学分完成率 100%。强化干部监督管理，开展因私出国（境）、领导干部个人有关事项报告专项整治，核查如实报告率 100%。持续做好工青妇和学会工作，离退休干部工作得到加强。

准军事化纪律部队建设扎实推进。深化“党建+精神文明”创建，顺利通过全国文明单位复核，成功创建省级卫生先进单位。加强政风行风建设，“好差评”系统好评率 100%。强化纪律作风养成，开展内务规范强化月活动，常态化开展视频监督检查。抓好岗位练兵、技能比武，2 名同志入围商检“万人争先”线上练兵百强。

清廉海关建设持续深化。强化管党治党，加强对“一把手”和领导班子监督。巡察办作为党委工作部门独立开展工作，党委第八派驻纪检组启用，各党委派驻纪检组作用有力发挥。深入开展“现场监管与外勤执法权力寻租”专项整治，全面整改8个方面问题，同步建立完善机制32项。加快推进巡察全覆盖，对22个部门单位开展巡察，覆盖率提升至76%。常态化开展警示教育，筑牢思想防线。精准运用“四种形态”，强化执纪问责。

（六）综合保障水平稳步提高

“十四五”规划宣贯有力。深入贯彻《“十四五”海关发展规划》，通过新闻发布会、专题宣传片、政务新媒体等多渠道多维度宣传解读。突出关区特色，在完成总署规定动作、地方配套动作的基础上，增加“幸福郑关”建设自选动作，高质量编制实施方案，明确任务举措35方面、提升工程15项、发展指标12个，在全国海关专题会议上获点名表扬。

法治建设持续加强。通过党委会、党委中心组、月度例会、全员专题培训等形式，深入学习贯彻习近平法治思想。“八五”普法实现良好开局，宪法、民法典、行政处罚法等专题宣传扎实开展。落实法治政府建设要求，强化行政执法“三项制度”，创建依法行政示范单位。完善关区制度规范体系，编制发布行政强制事项目录清单，启动权责清单编制。

科技支撑坚强有力。做好署级项目推广，上线H2018系统3.0版，推进智能审图联网和新旅通“卫生处置”模块应用。出台实施全面加强实验室建设指导意见，推进实验室优化整合，技术中心实验室顺利搬迁。加强科研攻关，获得署省立项2项。强化攻防演习，推进“安可替代”，有力保障网络安全。

政务运行效能持续提升。持续纠治形式主义、官僚主义，清理规范网络工作群，统筹压减检查11项，发文压减10%以上。参谋助手作用有效发挥，办文办会、机要保密、档案管理等严密规范，国家安全、信访维稳、政务信息、网站管理稳步推进，12360海关热线完成归并，值班应急机制进一步优化，政务公开、新闻宣传成效明显，在央级媒体发稿16篇、省级媒体发稿420篇，首次参加署级在线访谈。

督察审计监督作用有效发挥。落实国家审计整改工作任务，接受署级督察审计。优化巡察审计纪检联动机制，实施督察项目清单式管理，开展内部督察审计，发现并整改问题，提出审计建议。巩固内控长效机制，发挥HLS2017系统作用，执法评估持续完善。

财务后勤保障更加有力。强化预算执行。规范总署应急物资一级储备库（郑州库）管理。优化总关各办公区布局，技术业务用房竣工启用，金水路办公区基本完成装修改造，危房拆除、修缮加固等灾后重建工作有序推进。推进新建隶属机构综合用房建设，持续推进闲置房产处置利用。做好事业单位所属企业脱钩，规范税费和涉案财物管理，走私冻品归口地方处置落地实施。扎实推进“幸福郑关”建设，8项民生实事有效落实。此外，后勤服务、基建管理效能持续增强，关区各事业单位发展稳步提升。

同志们，回顾过去一年的工作，我们深切体会到，这些成绩的取得，最根本在于以习近平同志为核心的党中央坚强领导，在于习近平新时代中国特色社会主义思想的科学指导。这些成绩的取得，是总署党委正确领导的结果，是地方党政大力支持的结果，更是关区上下凝心聚力、不懈奋斗的结果，特别是面对汛情、疫情艰难险阻，大家齐心协力、共克时艰，展现出坚韧不拔、勇毅前行的精神品质。在此，我谨代表关党委，向全体干部职工和离退休老同志，表示衷心的感谢！向所有奋战在口岸疫情防控一线的同志们致以亲切的慰问和崇高的敬意！

二、准确把握关区工作面临的新形势新任务

在世纪疫情冲击下，百年变局加速演进，外部环境更趋复杂严峻和不确定，世界经贸动能减弱。我国发展仍处于重要的战略机遇期，经济韧性强、长期向好的基本面不会改变。2022 年将召开党的二十大，中央要求保持平稳健康的经济环境、国泰民安的社会环境、风清气正的政治环境。稳是主基调、稳是大局，这是谋划新一年工作的基本出发点。我们要深入领会党中央战略意图，增强大局意识，找准工作定位，全面履职尽责。

（一）必须深刻领会“两个确立”的决定性意义，着力抓好政治建设，坚决做到“两个维护”

“两个确立”是深刻总结党的百年奋斗重大成就和历史经验、深刻总结党的十八大以来伟大实践得出的重大历史结论，对新时代党和国家事业发展、对推进中华民族伟大复兴历史进程具有决定性意义，也是新时代中国共产党人最重要的政治要求。海关是政治机关，旗帜鲜明讲政治的要求必须贯穿始终，一刻也不能放松。奋进新征程，更好履行海关职责使命，我们必须深刻领会“两个确立”的决定性意义，始终把“两个维护”作为最高政治原则和根本政治规矩，始终在政治立场、政治方向、政治原则、政治道路上同以习近平同志为核心的党中央保持高度一致。必须自觉做习近平新时代中国特色社会主义思想的坚定信仰者、忠诚实践者，坚持学深悟透、融会贯通、真信笃行，把思想伟力转化为履职尽责的坚定决心、强大动力和根本能力。必须始终把贯彻落实习近平总书记重要指示批示精神作为首要政治任务，牢记“国之大者”，增强政治意识和政治敏感性，善于从政治高度和大局角度审视海关工作，切实从政治层面强化业务工作。

（二）必须把握运用好党的百年奋斗重大成就和历史经验，巩固拓展党史学习教育成果，持续弘扬伟大建党精神

习近平总书记指出，要继续把党史总结、学习、教育、宣传引向深入，更好把握和运用党的百年奋斗历史经验。去年以来，通过党史学习教育的深入开展，学史明理、学史增信、学史崇德、学史力行取得明显成效。党史学习教育只有起点，没有终点。我们必须继续学习好、弘扬好、传承好党的伟大历史经验，把学习党史同总结经验、观照现实、推动工作结合起来，用党的光荣传统坚定信念，彰显海关使命担当。必须不断巩固拓展党史学习教育成果，建立常态化、长效化制度机制，持续增强历史定力、强化历史担当，奋力建设社会主义现代化海关。必须树牢宗旨意识，完善“海关业务问题收集反馈”和“机关直接服务基层”工作机制，用心用情用力解决企业和群众急难愁盼问题，努力让人民群众有更多、更直接、更实在的获得感。

（三）必须坚定不移统筹发展和安全，强化风险全领域防控，坚决贯彻落实总体国家安全观

习近平总书记指出，越是开放越要重视安

全，必须增强忧患意识、始终居安思危，贯彻总体国家安全观，统筹发展和安全。当前，全球百年变局和新冠疫情交织叠加，海关维护国家安全的任务更加繁重。我们必须坚持底线思维，牢记严格监管是本职、放松监管就是失职渎职，加强对风险隐患的前瞻性分析研判，强化应急处置，下好先手棋、打好主动仗。必须加强全链条监管，完善事前、事中、事后监管协同机制，建立健全系统完备、科学规范、运行有效的安全监管体系，确保风险总体可控。必须提升开放监管能力，落实各领域改革举措，加强智能化监管，发挥口岸联防联控机制作用，增强监管整体效能。

（四）必须着力推动制度型开放，提升贸易和投资自由化便利化水平，助力高水平开放高质量发展

习近平总书记强调，要实行更加积极主动的开放战略，推动共建“一带一路”高质量发展，推动贸易和投资自由化便利化，推动规则、规制、管理、标准等制度型开放。服务高水平对外开放是海关的重要职责，我们必须紧紧围绕“一带一路”建设，以及黄河流域生态保护和高质量发展等国家战略，立足海关职能精准发力，促进开放能级提升。必须大力推进监管措施改革，充分发挥开放平台叠加优势，积极服务枢纽经济发展。必须持续优化口岸营商环境，提升跨境贸易便利化水平，拓展实施“1+N”专项方案，指导企业用好 RCEP 等政策措施，促进外贸量稳质升。

面对新形势新任务，我们必须善于总结经验、持续奋进。本届党委成立以来，明确“一条主线”“一个抓手”，突出“五个坚持”，发扬钉钉子精神，坚持一张蓝图绘到底。“一条主线”，就是以政治建设为根本，全面加强党的领导，不断维护和巩固良好政治生态，带好一支忠诚干净担当的干部队伍。“一个抓手”，就是抓好制度规范建设，打基础、管根本、利长远，持续提升关区制度创新和治理能力。“五个坚持”，一是坚持目标导向，围绕贯彻落实习近平总书记重要指示批示精神，深化“五关”建设，强化系统意识、系统思维，锲而不舍、一以贯之，狠抓落实、务求实效；二是坚持稳中求进，在历届党委（党组）工作的基础上，守正创新、接续奋进、久久为功，不动摇、不懈怠、不折腾；三是坚持争先进位，立足高站位、高标准，争当先进、主动作为，努力实现新起点新发展；四是坚持问题导向，敢于直面问题，勇于担当作为，着力推动解决历史遗留问题，同时避免产生新问题；五是坚持结果导向，出实招、办实事、求实效，擦亮“出彩郑关”“幸福郑关”特色品牌。

2022 年是党的二十大召开之年，实施“十四五”规划关键之年，关党委确定 2022 年关区工作的总体要求是：坚持以习近平新时代中国特色社会主义思想为指导，全面贯彻落实党的十九大和十九届历次全会精神及中央经济工作会议精神，贯彻落实全国海关工作会议、全面从严治党工作会议和省第十一次党代会、省“两会”部署，弘扬伟大建党精神，全面加强党的领导，深刻领会“两个确立”的决定性意义，增强“四个意识”、坚定“四个自信”、做到“两个维护”，坚持稳中求进工作总基调，完整、准确、全面贯彻新发展理念，坚持人民至上，坚持系统观念，统筹发展和安全，强化监管优化服务，继续做好“六稳”“六保”工作，统筹口岸疫情防控和促进外贸稳增长，马

上就办、真抓实干，锲而不舍、一以贯之推进“五关”建设，服务高水平、制度型对外开放格局，为建设社会主义现代化海关、谱写新时代中原更加出彩的绚丽篇章做出更大的贡献，以优异成绩迎接党的二十大胜利召开。

三、稳字当头、稳中求进，高质量做好2022年工作

（一）持续强化政治统领

深入学习贯彻习近平新时代中国特色社会主义思想。深刻领会党的十九届六中全会精神，做好迎接党的二十大宣传引导和二十大精神学习贯彻，开展处级以上领导干部全员轮训和党员干部系统培训。组织好两级党委中心组学习，优化“三级联学”常态化学习机制，学深悟透，不断提高理论素养、政治能力。

坚决贯彻落实习近平总书记重要指示批示精神。坚持“第一议题”制度，优化督办机制，扭住不放、狠抓落实。深入推进“三智”建设，科学精准抓好常态化口岸疫情防控，严禁“洋垃圾”入境，严厉打击象牙等濒危动植物及其制品走私、“水客”走私。积极服务中部地区高质量发展、黄河流域生态保护和高质量发展，支持大别山、太行革命老区振兴发展，做好定点帮扶，助力乡村振兴。

大力加强政治机关建设。巩固拓展党史学习教育成果，建立健全常态化、长效化制度机制。扎实开展捍卫“两个确立”、做到“两个维护”、强化政治机关建设专项教育活动，从政治层面强化业务工作，教育引导党员干部树牢政治机关意识，把党的绝对领导贯彻落实到各方面、全过程。强化两级党委规范化建设，落实意识形态等领域工作责任制，严格执行“三重一大”事项集体决策制度，充分发挥党委把方向、管大局、保落实的作用。

（二）坚决维护国门安全

持续提升风险防控能力。加强风险监测、评估、预警、处置，强化和完善重大风险防控工作机制。优化布控规则，探索开展现场即决式布控，稳步提高人工分析布控查获率。加强大数据应用，强化数据挖掘利用，推进风险模型实战运用。探索开展以人为单元的风险画像，提升非贸渠道风险防控水平。发挥省口岸安全风险联合防控机制作用，加强跨部门联合研判，提升整体防控效能。

科学精准做好口岸疫情防控。优化指挥运行机制，加强扁平化管理，不断完善防控策略。强化监督考核，确保规定动作100%做到位。严格落实“三查三排一转运”，确保入境人员全链条闭环管理。严格实施进口冷链食品、农产品和高风险非冷链集装箱货物监测检测和预防性消毒监督，规范做好后续处置。压紧压实企业主体责任，严格对入境客运航空器等各类高风险交通工具实施消毒监督。加强对机组人员的精准检疫。从严就高做好安全防护，加强免疫接种，严格执行一线检疫人员封闭管理。积极参与联防联控，推进口岸公共卫生核心能力建设，加强抗疫人财物保障，有效应对处置重大疫情和突发公共卫生事件。坚持“多病共防”，同步做好其他重大传染病口岸防控工作。

筑牢国门生物安全防线。制订并落实关区加强国门生物安全工作方案。强化动植物疫病监测预警，推进智慧动植检建设。坚持“人病兽防、关口前移”，加强入境检疫，做好进境活动物隔离检疫及后续处置，严防动植物疫情

疫病传入。开展“国门绿盾2022”行动，严格种质资源监管，严厉打击非法引进行为，严防外来物种入侵。扎实做好供港澳活猪等农食产品的检疫监管工作。

严把进出口检验关。坚持“四个最严”要求，落实进出口食品安全管理办法，加强食品化妆品监督抽检和风险监测。组织进出口动物源性食品等重点敏感食品专项治理，开展进口食品“国门守护”行动。压实进出口食品企业主体责任，严厉处罚违规行为。持续优化进出口商品质量安全风险预警和快速反应监管体系。做好危化品、防疫物资、机动车、儿童用品等重点敏感商品检验监管。推进检验结果采信，深化商品检验模式改革。

持续深化综合治税。坚持依法科学征管，全力完成税收目标。加强与税管局协作配合，提高税收风险防控水平。提升税收征管质量，全面落实属地纳税人管理。落实以企业为单元的税款担保改革，稳步实施汇总征税、预裁定等措施。推进行邮税“财关库银”联网，加强跨境电商税收征管。落实税收政策，加强税政调研。强化原产地管理，全力服务RCEP实施。

加强口岸监管。严格落实贸易管制措施，加强口岸环节监管查缉，强化反恐应急演练，做好维护意识形态安全和“扫黄打非”等工作。规范口岸检查作业，提升现场查发能力。深化安全生产专项整治三年行动，强化重点领域、重点环节安全生产。优化监控指挥运行体系，完善监管设施设备，规范监管场所（场地）运行管理。做好北京冬奥会、冬残奥会等重大活动监管服务保障。加强知识产权海关保护。

强化企业管理和稽核查。落实企业信用管理制度改革，提高认证质量，培育更多AEO企业，实施差别化管理，依规开展企业信用修复。稳步推进稽查改革，加大涉检涉税专项稽查力度，完善中介服务，加强贸易调查，提高查发率和办案水平。推进核查分类改革，开展重点领域核查行动。强化属地查检，规范执法作业。统筹推进“多查合一”。开展加工贸易企业精准画像，不断规范保税监管。

保持打击走私高压态势。深入推进全员打私，开展“国门利剑2022”联合专项行动，强化“水客”走私打击治理，保持打击象牙等濒危动植物及其制品、“洋垃圾”、涉枪涉毒、反宣品、农产品等走私高压态势，严打涉检违法犯罪行为。加快“智慧缉私”建设，建好用好金水路办公区“四个中心”，持续优化对缉私工作的综合保障。深化反走私综合治理，推动地方政府落实主体责任，加强冻品、玉石、人发制品、香菇菌类等行业治理。深化平安建设，扎实开展“三零”平安单位创建。

（三）促进高水平开放高质量发展

服务共建“一带一路”。支持开拓国际客货运航线，创建进口贸易促进创新示范区，深化与机场集团合作，巩固“空中丝绸之路”优势。支持中欧班列集结中心示范工程和上街等新节点建设，深化“铁路快通”模式应用，助力中欧班列扩量提质。加快推动跨境电商零售进口药品试点落地见效，完善退货中心仓功能，支持海外仓建设和B2B扩大出口，持续完善正面监管体系，促进跨境电商规范健康发展。优化铁海联运监管，支持周口等内河港开放建设。

加快“三智”建设。优化工作机制，厘清

部门职责，成立工作专班，加大研究推进力度。深化中匈“点对点”关际合作，加快推进口岸卫生应急指挥平台、中匈航空电子货运信息服务平台等项目建设，积极推动“关铁通”和TIR项目落地实施，培育更多优秀合作项目，提升“三智”建设水平。

持续优化口岸营商环境。深化“放管服效”改革，规范行政许可事项管理，加大“多证合一”推广力度，推进“双随机、一公开”监管。深化通关便利化改革，巩固压缩整体通关时间成效，推动清理规范进出口环节合规费用。支持国际贸易“单一窗口”建设，优化“技贸通”等服务功能。深化“万人助万企”，落实“问题清零”机制，解决企业急难愁盼问题。

促进外贸稳中提质。落实“六稳”“六保”部署，抓好稳外贸跨周期调节措施落地，持续完善“1+N”专项方案。提升技术性贸易措施研究应用的力度，加大河南出口农产品企业对外注册推荐力度，支持河南外贸优进优出，促进内外贸一体化发展。用好减免税等政策，助力先进技术装备等进口。支持市场采购贸易健康发展，推动开展飞机及大型设备租赁、航空检测维修、进口汽车保税仓储等“保税+”业态的发展。强化进出口监测预警和统计分析，加大统计监督力度，统筹做好数据质量、数据安全和统计服务。组织落实好“十四五”规划，加强政策研究。

支持打造高水平开放平台。深化自贸试验区海关监管制度创新和复制推广，推动监管服务体系2.0版实施，支持自贸试验区扩区。推动海关特殊监管区域与自贸试验区统筹发展，加快洛阳综合保税区封关运行，完成开封综合保税区验收，探索机场北货运区与新郑综合保税区重叠区域监管模式。支持鹤壁综合保税区和周口、三门峡、安阳等保税物流中心申建。落实综合保税区管理办法，制定实施综合保税区省级指标考核体系，规范综合保税区日常管理。推进关铁“大监管区”建设，支持郑州建设全国重要国际邮件枢纽口岸，支持汽车整车、药品进口口岸和各类海关指定监管场地业务发展，支持口岸经济高质量发展示范区建设。

（四）深化改革创新

加强法治建设。落实法治建设第一责任人职责，积极创建依法行政示范单位。高质量编制权责清单，严格执行“三项制度”，规范行政处罚案件办理。持续做好关区制度规范“立改废”工作，开展执行效果评估，强化合法性审查。做好行政复议应诉工作，更好发挥公职律师、法律顾问作用。加强法治宣传教育和法治文化建设。

持续深化监管制度改革。落实全业务领域一体化改革，强化业务结合部协调配合，优化检查异常处置机制，推动属地查检与口岸监管、稽核查工作执法联动。积极落实业务改革，密切与青岛等黄河流域内海关协作配合。优化加工贸易监管模式，构建以合同、企业、企业集团为单元的多层次加工贸易监管模式。探索进口铜精矿保税混矿业务试点。

切实发挥科技支撑作用。加强与高校、科研院所交流合作，加大科研攻关力度，争取更多署省立项。深化H2018等核心作业系统应用，提升智能审图、智能卡口、智慧旅检等技术应用水平。发挥跨境大数据实验室作用，推广应用跨境电商企业风险评估系统。推进机房集成化改造，强化网络安全保障，加强信息化项目管理。加快实验室优化整合，加强生物安全领域实验室建设，提升执法技术保障水平。

（五）不断提高综合保障水平

加强政务服务保障。推动签署新一轮署省、关地合作备忘录。统筹重大决策部署督察和综合性检查，优化调研机制，持续精文简会，减轻基层负担。完善督查制度机制，提高督办时效。加强信息宣传，建成记者站。做好值班应急、建议提案、机要保密、反间防谍、档案管理等工作，推进隶属海关政务公开标准化规范化建设，依法分类处理信访诉求。

提升财务后勤管理水平。坚持“过紧日子”，多渠道争取资金支持，全面实施预算绩效管理。推进各事业单位高质量发展，稳妥做好事业单位所属企业脱钩，完成国企改革三年任务。规范政府采购、涉案财物管理，进一步推进房产优化整合。加快完成平顶山、开封、驻马店 3 个隶属海关技术业务用房等基建项目。持续优化后勤保障机制，创建绿色机关。办好民生实事。

切实做好督察审计。持续推进清单式管理，提升重大决策部署跟踪督察效果，针对性开展专项审计。认真做好国家审计整改，强化整改成果有效转化，完善整改长效机制。深化内控机制建设，用好 HLS2017 系统，提升执法评估效果。

（六）持续推进全面从严治党治关

推进党建高质量发展。深化拓展“强基提质工程”，加强“四强”党支部建设，强化党支部政治功能。继续擦亮党建品牌，探索特色党建工作法，建立推进党建工作高质量发展长效机制。实施党务干部能力提升工程，利用地方优质党建资源，丰富党建活动。优化“党建+精神文明”工作机制，高标准推进文明单位、青年文明号创建。开展关史研究，推进关史展览馆建设。加强和改进思想政治工作，培育关区特色文化，发挥群团组织作用。加大先进典型培树、表彰、宣传力度，讲好郑州海关故事，激发士气、凝聚力量。加强队伍规范化管理，抓好经常性、实战性岗位练兵和技能比武，锻造准军事化纪律部队。

加强高素质专业化干部队伍建设。深化“五大体系”建设，强化政治素质考核考察，不断优化各级领导班子配备，加强执法一线科长队伍建设，注重优秀年轻干部培养使用，用好职级职数。进一步厘清部门职责，优化人力资源配置，充实各条线人才库。严格干部管理监督，加强因私出国（境）管理，提升个人有关事项如实报告率。完善隶属海关绩效考核机制，落实好各项激励保障措施。优化教育培训方式方法，突出精准性、实效性。用心用情、精准服务，做好老干部工作。

深入推进清廉海关建设。认真贯彻落实十九届中央纪委六次全会精神，持续深化不敢腐、不能腐、不想腐一体推进。强化对“一把手”和领导班子监督，健全完善党委落实全面从严治党主体责任检查考核机制，推动“两个责任”落实。持续拓展“制度+科技”运用，深化打私反腐“一案双查”，精准运用“四种形态”。持之以恒树新风、治“四风”，深化整治形式主义、官僚主义。巩固深化巡视整改成果，年内实现巡察全覆盖，形成纪检监察、巡察审计及派驻监督合力。深化警示教育，强化以案促改，筑牢思想防线，营造风清气正政治生态。

同志们，做好新一年关区工作，是我们共同的责任，每一位同志都要尽心尽责，特别是各级领导干部更要以身作则，忠于职守，勇于担当。今年，全国海关正在开展捍卫“两个确立”、做到“两个维护”、强化政治机关建设专项教育活动，全省也在开展“能力作风建设年”活动，我代表关党委对各级领导干部尤其是“一把手”提三点要求。

一要讲政治。凡事讲政治，要把讲政治的要求切实体现到行动上、落实在工作中。要提高政治意识、把牢政治方向、保持政治定力，坚定坚决、不折不扣贯彻落实习近平总书记重要指示批示精神，确保党中央决策部署在关区条条落实、件件落地、事事见效。要在专项教育活动中，深刻认识“没有离开政治的业务，也没有离开业务的政治”，着力从政治层面强化业务工作，做到在工作中头脑特别清醒、眼睛特别明亮，做政治上的明白人。要严守政治纪律和政治规矩，始终保持头脑清醒，任何时候都不含糊，决不能越雷池，决不能踩红线，决不能碰高压线。

二要顾大局。要牢记“国之大者”，强化系统意识、系统思维，树立大局观念。要自觉把各项工作放到大局中思考和定位，做到充分认识大局、准确把握全局，想问题、干工作都要服务和服从于大局。要综合考虑政治和业务、现实和历史、发展和安全、国内和国际等多方面因素，有效应对风险挑战，提升驾驭复杂局面的能力。要牢固树立关区“一盘棋”理念，既要切实履行好部门职责、属地职责，更要强化协同配合意识，提高联动能力，凝聚工作合力。

三要勇担当。担当干事是领导干部的职责所在，也是价值所在。组织把大家安排在领导岗位上，就是要干事的。各级领导干部尤其是“一把手”，要切实承担应尽的责任，带着感情和责任干好本职工作，高标准严要求，做到一抓到底、落实落地、见到实效。要坚决反对不担当、不作为，积极营造埋头苦干、干事创业的氛围，大力弘扬想干事、能干事、干成事的风气。要建立严格的责任追究制，不负责任的要追究责任，不敢负责的不能重用，失职渎职的要严加惩处。

同志们，任重千钧，唯有担当。今年各项任务已经明确，关键在于落实。让我们更加紧密地团结在以习近平同志为核心的党中央周围，马上就办、真抓实干，锲而不舍、一以贯之，为建设社会主义现代化海关、谱写新时代中原更加出彩的绚丽篇章做出新的更大贡献，以优异成绩迎接党的二十大胜利召开！

加强政治统领　勇于自我革命
纵深推进全面从严治党
为关区事业高质量发展提供坚强政治保障

——在2022年郑州海关全面从严治党工作会议上的讲话

郑州海关党委书记、关长　于洋

（2022年1月26日）

同志们：

这次会议的主要任务是，深入学习贯彻习近平总书记重要讲话精神，贯彻落实十九届中央纪委六次全会部署，认真落实全国海关工作会议、全面从严治党工作会议要求，总结回顾2021年关区全面从严治党、党风廉政建设和反腐败工作，部署安排2022年主要任务。下面，我讲两个方面的意见。

一、2021年工作回顾

关党委坚持以习近平新时代中国特色社会主义思想为指导，以政治建设为统领，牢固树立政治机关意识，增强“四个意识”、坚定“四个自信”、做到“两个维护”，推进关区全面从严治党向纵深发展。

（一）闻令而动，遵令而行，坚决做到“两个维护”

坚决听从以习近平同志为核心的党中央的命令和指挥，坚决贯彻落实习近平总书记重要指示批示精神和党中央决策部署。一是扎实做好疫情防控。坚持“外防输入、内防反弹”总策略，坚持“人、物、环境”同防、“多病共防”，毫不松懈做好常态化疫情防控。二是坚持不懈打击“洋垃圾”和象牙等濒危动植物及其制品走私。完善工作机制，查获象牙等濒危动植物及其制品、固体废物。开展“国门利剑2021”专项行动。开展“国门绿盾2021”行动，查获各类外来物种、植物种苗、菌种，截获植物检疫性有害生物。三是统筹推动促进外贸稳增长。以“空中丝绸之路”为引领，支持河南深度融入“一带一路”建设，助力河南省进出口总值再创新高。贯彻落实习近平总书记考察调研南阳时等重要讲话精神，服务大别山、太行革命老区振兴发展，支持郑州、新乡、周口等地灾后经济恢复，3个案例获评全国海关“我为群众办实事”百佳项目。落实《海关服务黄河流域生态保护和高质量发展重点举措》，积极推进建立黄河流域关际一体协同机制，确保党中央重大决策部署落地见效。

（二）从严求实，一贯到底，管党治党责任走深落细

围绕学懂弄通做实，始终从政治上思考把握工作。一是扎实开展党史学习教育。办好专题读书班、“学史·铸魂”红色讲坛、“郑关讲堂”，组织“1235”特色活动庆祝建党百年，发挥红色资源优势，组织党员干部深入红色教育基地开展体验式学习，我带头讲授党课，各级党组织书记跟进讲好专题党课，两级党委362个“我为群众办实事”重点民生项目100%完成。二是压紧压实责任。细化全面从严治党重点任务7个方面60项举措，新增主体责任清单9项内容，开列党的建设“三级四岗”责任清单40项任务，制定58条措施，加强对“一把手”和领导班子监督，逐级压实责任。关党委110次赴基层调研，对全面从严治党、党风廉政建设和反腐败工作进行指导，班子成员履行“一岗双责”落地落实。三是强化党建引领。优化“党建+文明创建”工作机制，顺利通过全国文明单位考评验收，获评河南省无烟机关示范单位和卫生先进单位。大力挖掘培树先进典型，19个集体、12名个人获评河南省及省直党内各条线荣誉表彰。四是不断凝聚监督合力。有效发挥审计监督“体检防病”作用，完成对7个隶属海关的经济责任审计。开展“3+1”专项审计。推进清单式管理，强化跟踪督察效果，深化内控长效机制建设，持续规范权力运行。统筹推进各类监督贯通融合，人教、监察、巡察、督审等部门相互移交问题线索、信访件，通报巡察重点关注问题，合力提升监督质效。

（三）驰而不息，正风肃纪，持续整治“四风”问题

一是深入开展“现场监管与外勤执法权力寻租”专项整治。先后召开专题会议15次，制发督查单，深入排查廉政风险点和关键岗位，梳理问题线索。配合总署实地检查，制订整改工作“一方案、三清单”，确定整改事项，已全部完成整改，建立健全各类制度机制。二是坚决纠治“四风”问题。制定58项具体措施，进一步推进清廉海关建设，广泛进行宣讲，厘清哪些不能做、哪些必须为。严格执行发文管理负面清单和基层单位上报事项正面清单，每季度通报发文情况，关区下行文压减10%以上。统筹各类检查，将15个检查计划统筹调整为1次综合检查和3个专项检查。制定公务用车使用实施细则，严格公车管理。三是认真组织开展警示教育月活动。关党委班子成员带头讲授纪律党课，抓实党规党纪学习，组织典型案例剖析，开展清风寄语展评，制作发放党规党纪“口袋书”，拒腐防变的思想防线不断巩固。

（四）上下联动，压茬推进，统筹抓好巡视整改和巡察监督

一是深入开展巡视整改。与巡视组提前对接，做好进驻前准备，保障实地巡视顺利开展。坚决扛起整改主体责任，主动认领巡视反馈的问题，全过程接受巡视办、天津特派办指导，先后召开会议19次，加强统筹推动。认真研究制订“两方案、一清单”，整改措施均已完成，举一反三开展“11+1”专项治理，查纠问题，建立完善规章制度、操作指引，严肃

开展责任分析和追究，各类各项问题依规依纪得到处置。二是认真落实巡视巡察上下联动要求。加强巡察部门建设，修订巡察工作协作配合机制，调整充实巡察干部队伍库，夯实基础。坚持巡视巡察同频共振、同题共答，在总署巡视期间同步开展跨境电商专项巡察。强化接力式监督，把巡视整改纳入巡察监督重点。三是加快推进巡察全覆盖。科学制订全覆盖实施方案，把准机关部门、隶属海关、事业单位不同特点，压茬组织4轮对22个单位部门的巡察工作，覆盖率从年初的30%提升到76%。紧扣“三个聚焦”监督重点，紧盯“一把手”和领导班子，精准发现问题，移交问题线索，有力推进政治监督具体化、常态化。

（五）惩治并举，一体发力，推进形成“三不”良好局面

一是始终保持高压震慑。正风肃纪持续强化。严肃查处诬告陷害行为。党委纪检组依规依纪处置问题线索，谈话函询，核实问题线索。二是持续强化日常监督。坚持抓早抓小，党委班子成员运用“第一种形态”，带头对全体隶属海关党委书记开展集体提醒谈话。党委纪检组制发纪律检查建议书，推动责任落实。三是不断提升派驻监督质效。启用第八派驻纪检组，切实强化派驻监督，健全派驻纪检组与驻在单位党组织会商、通报机制。紧盯节假日关键节点，开展针对性监督检查89次，有效推动清廉海关建设。

2021年是极不平凡的一年，这一年，关党委团结带领全关干部职工，把“两个维护”落实到行动上，落实到各方面各环节，坚决贯彻落实党中央重大决策部署，坚决在政治上站得稳、靠得住。面对疫情汛情叠加复杂形势，同心合力，攻坚克难。坚持问题导向，盯住短板弱项下功夫、聚力难点痛点求突破、攻克堵点瓶颈促发展。坚持严管与厚爱结合、激励和约束并重，大力加强队伍建设，建强各级领导班子，干部队伍的士气持续振奋提升，风清气正的政治生态持续向好。

二、2022年关区全面从严治党工作安排

2022年是党的十八大以来第十个年头，是“十年磨一剑”的关键时刻，向第二个百年奋斗目标进军新征程上的重要时刻，做好2022年的工作意义重大、使命光荣、任务艰巨。要看到，迎接党的二十大胜利召开，政治上的要求更高更严；要看到，全面贯彻落实《“十四五”海关发展规划》，任务更重、头绪更多；要看到，疫情形势复杂，统筹抓好口岸疫情防控和促进外贸稳增长，要求我们作风更加坚毅顽强；要看到，巩固拓展党史学习教育成果，建立常态化、长效化制度机制，要求我们工作更扎实，落实更有力；要看到，开展专项教育活动，推动政治机关建设见行动、有实效，要求我们目标更高、标准更严、效果更实。同志们务必要统一思想、奋发作为、不辱使命。

2022年关区全面从严治党工作的总体思路是：以习近平新时代中国特色社会主义思想为指导，深入贯彻党的十九大和十九届历次全会精神，认真贯彻十九届中央纪委六次全会精神，落实全国海关工作会议、全面从严治党工作会议部署，弘扬伟大建党精神，勇于自我革命，全面加强党的领导，捍卫“两个确立”、增强“四个意识”、坚定“四个自信”、做到“两个维护”，充分发挥全面从严治党引领保障作用，把严的主基调长期坚持下去，一体推进

不敢腐、不能腐、不想腐，锲而不舍落实中央八项规定及其实施细则精神，持续纠治形式主义、官僚主义，强化监督制约，严格正风肃纪，为关区各项事业高质量发展提供政治保障，以优异成绩迎接党的二十大胜利召开。

（一）坚持政治统领，坚决捍卫“两个确立”、做到“两个维护”

海关作为政治机关，要将捍卫“两个确立”内化于心，将“两个维护”作为政治建设的首要任务。要自觉坚定践行“两个维护”。深刻认识“两个确立”的决定性意义，把“两个维护”作为最高政治原则和根本政治规矩，同以习近平同志为核心的党中央保持高度一致，始终把旗帜鲜明讲政治作为第一要求，把讲忠诚作为第一标准，确保在新征程中统一意志、统一行动，步调一致向前进。全面落实“第一议题”制度，抓好督查检查，确保贯彻习近平总书记重要指示批示精神和党中央决策部署迅速、坚决、有力。牢固树立总体国家安全观，毫不放松抓好常态化口岸疫情防控，严厉打击“洋垃圾”和象牙等濒危动植物及其制品走私、“水客”走私，深入推进“三智”建设，多措并举推动外贸高质量发展，继续实施“六个帮扶”，促进乡村振兴，支持大别山、太行革命老区振兴发展。要不断强化理论武装。通过党委理论学习中心组（扩大）学习、“三会一课”等方式，持续深入学习习近平新时代中国特色社会主义思想，开展党的十九届六中全会精神处级以上领导干部全员轮训，分期分批对党员干部进行系统培训。认真落实总署党委安排部署，扎实做好党的二十大精神的学习宣传贯彻。不断巩固党史学习教育成果，建立常态化长效化制度机制，深入开展对党忠诚教育、党性教育和海关职业操守教育，讲好身边故事，做对党绝对忠诚的国门卫士。要着力加强政治能力建设。认真开展捍卫“两个确立”、做到“两个维护”、强化政治机关建设专项教育，要在思想认识上有根本性提高，引导关区上下深刻认识“没有离开政治的业务，也没有离开业务的政治”，真正想清楚、想明白，不断提升政治判断力、政治领悟力、政治执行力。全面加强党的领导，健全总关、隶属海关两级党委运行体制，着力提升两级党委领导能力，认真落实意识形态领域工作责任制，严格执行“三重一大”事项集体决策制度，加强对重大部署、重要任务、重点工作的组织领导，切实发挥党委作用。突出政治标准，加强政治审查，严格把好选人用人“政治关”。严肃党内政治生活，对机关部门、隶属海关、事业单位民主生活会和组织生活会开展针对性监督检查，推动程序不断规范、质量不断提高。

（二）强化政治担当，压紧压实“两个责任”

强化管党治党主体责任，切实做到守土有责、守土负责、守土尽责。要扛稳扛实主体责任。坚持“严”字当头，把对“一把手”和领导班子监督作为重中之重，把严的要求贯穿到思想、监督、执纪、作风、反腐全过程。党委书记、关长要履行好第一责任人职责，做到“四个亲自”，党委委员要履行“一岗双责”，各单位要加强对全面从严治党工作的领导，与业务工作同谋划、同部署、同推进、同考核，一级抓一级，层层抓落实。要全面落实监督责任。党委纪检组、各派驻纪检组要履行好监督专责，聚焦党中央重大决策部署、全面从严治党责任落实、安全风险防范等，开展重点监督和专项监督，协助党委推进全面从严治党、加强党风廉政建设。认真落实《中国共产党纪律检查委员会工作条例》，强化监督专责和协助职责，不断加强纪检干部队伍自身建设。定期开展政治生态分析研判，认真查找领导班子自身存在的突出问题。各派驻纪检组要坚守政治监督定位，精准发现问题，不断提升监督效果。各级党组织和党员领导干部要自觉接受纪检监察部门的监督，积极支持履行监督职责，以“两个责任”的落实推动全面从严治党向纵深发展。要推进巡视整改常态化长效化。坚决落实习近平总书记巡视整改“四个融入”要求，将落实中央巡视整改、总署党委巡视整改及国家审计长效整改有机结合，一体推进、一体落实。深化“11+1”专项治理，加强成效评估，防止问题反弹，切实做好整改“后半篇文章”。要强化压力传导。组织开展全面从严治党主体责任检查考核，细化标准措施，强化结果运用。开展基层党组织书记述责述廉述党建，用队伍建设综合管理平台对履责情况“精准画像”。基层党组织要担负起教育管理监督党员的直接责任，注重发挥支部纪检委员作用，切实提高基层党支部发现问题、解决问题的能力。要强化“制度+科技”创新运用。充分发挥科技支撑作用，紧跟业务改革进程和新兴贸易业态发展，系统推进制度规范完善，优化整合信息系统，强化制度执行刚性约束。

（三）注重提质增效，高质量完成巡察监督全覆盖

2022 年是“五年一轮”巡察全覆盖的收官之年，要坚持政治监督定位不动摇，夯实巡察基础，加强探索创新，提升监督质效。要完成巡察全覆盖。坚守“两个维护”根本任务，围绕“三个聚焦”，紧盯被巡察单位党的领导职能责任，组织 2 轮巡察，完成对剩余机关部门、新设隶属海关的巡察工作。适时开展“回头看”，全面检视巡察整改落实情况，把政治监督做得更加扎实有效。要健全制度机制。健全巡察整改监督工作机制，探索开展巡察整改量化评估，持续提升巡察制度化、规范化水平。加强纪律、干部、派驻、巡察、审计、统计等各类监督贯通协同，深化监督质效。要加强巡察人才队伍建设。把巡视巡察岗位作为发现、培养、锻炼干部的重要平台，积极推荐优秀干部参加总署巡视工作，在巡视巡察工作中注重发挥职级公务员作用，探索建立执法一线科长、优秀年轻干部到巡察岗位接受锻炼的工作机制。

（四）坚持标本兼治，一体推进“三不”体制机制

深刻把握和运用党风廉政建设规律，一体推进不敢腐、不能腐、不想腐。要精准惩治腐败。坚持无禁区、全覆盖、零容忍，坚持重遏制、强高压、长震慑。紧盯一线执法领域和重点岗位，紧盯“关键少数”特别是“一把手”和领导班子，严肃惩治政商“旋转门”，对利用影响力或职权谋私贪腐等问题紧盯不放，发现一起查处一起。完善“一案双查”工作机制，强化打私反腐合力，提升线索处置和案件查办质效。巩固拓展“现场监管与外勤执法权力寻租”专项整治成果，系统排查财务管理、信息化建设、基建工程、实验室建设、政府采购等领域廉政风险隐患，深入开展“海关重点项目和财物管理以权谋私”专项整治。要深化以案促改。案发单位全面开展，重点领域条线开展，同级同类专项开展，推进以案促改制度化、规范化。坚持一案一总结，深入剖析案发原因，补齐管理漏洞、制度空隙、责任缺位，推进标本兼治。将以案促改纳入巡察、派驻监督等重要内容，加强对受处分党员的回访教育，推动惩处、监督、教育一体见效。持续从严规范领导干部配偶、子女及其配偶从业行为，构建亲清政商关系。要强化警示教育。加强党章党规党纪学习教育，集中开展警示教育月活动，提升教育效果。通报曝光典型案例，以案释纪、以案释法，筑牢思想防线。加强廉洁文化建设，打造廉洁文化品牌，人人讲廉政、全体受教育，加强年轻干部教育管理监督，深入推进家庭助廉活动，讲好新时代清廉海关故事。

（五）持续正风肃纪，坚决纠治形式主义、官僚主义

持续严格落实中央八项规定及其实施细则精神，毫不松懈纠治“四风”，坚持全面从严，一严到底。要不断加固堤坝纠“四风”。围绕深入治理违反中央八项规定精神突出问题，持续抓好进一步推进清廉海关建设具体措施的落实执行，领导干部带头做到“五个一律不准”，执法一线科长和关员做到“四个一律不准”。坚决整治违规收受礼品礼金、违规接受吃请、公车私用、私车公养等问题，时刻防范、精准识别“四风”隐形变异，坚决查处和纠治群众身边腐败问题，发现问题，一律点名道姓通报曝光，露头就打、反复敲打。要持续纠治形式主义、官僚主义。持续治理不担当不作为、乱作为慢作为等问题。巩固深化发文管理负面清单和基层单位上报事项正面清单运用成效，减少基层报文报表，统筹开展督查检查考核，拓展“指尖上的形式主义”整治成果，健全基层减负监督和基层工作情况直报机制，对形式主义、官僚主义毫不妥协、靶向纠治。坚持“过紧日子”，开展节约型机关创建活动，营造浪费可耻、节约光荣的氛围。要推进政风行风建设。加强精神文明建设，开展窗口作风提升行动，持续优化营商环境。加强政务公开，用好12360服务热线，做好海关政务服务“好差评”工作，促进窗口服务质量持续向好。发挥特约监督员社会监督作用，运用“我为群众办实事”实践活动形成的良好机制，持续推进为群众办实事、解难事，走好新时代党的群众路线。

（六）坚持常管常严，着力打造准军事化海关纪律部队

严明的纪律是准军事化建设的内在要求，必须常抓不懈、抓紧抓实。要培养训练有素的准军队伍。坚持严在平常、管在日常，以疫情防控、安全生产、环境卫生、内部秩序等为重点，加强和改进监督检查，继续用好视频检查，推动内务督察由关容风纪向队伍管理全领域延伸。结合疫情防控形势，灵活组织队列训练。突出需求导向，务实抓好练兵比武，培育各业务领域精兵强将。紧贴实战需求，有重点开展口岸一线急需的应急演练比武，提高快速反应和处置能力。要着力推进队伍管理向严向实。严格落实领导干部个人重大事项报告制度和领导干部个人有关事项报告制度，加大抽查力度，巩固如实申报率工作成果。加强干部日常管理，不断完善对领导干部提醒、函询和诫勉的机制措施，综合运用“三位一体”考核功能，发挥好考核“指挥棒”作用。加强“八小时”内外监督，强化干部职工工作圈、生活圈、社交圈的教育管理，坚决遏制酒驾醉驾、

黄赌毒等非职务违法行为。要深化“四种形态”运用。规范运用监督执纪“四种形态”特别是第一种形态，加强针对性培训引导，有效解决不会用、不愿用的问题，切实做到抓早抓小，防微杜渐。要突出严管厚爱相结合。主动关心关爱干部职工，抓好民生实事落地见效，切实为大家排忧解难。突出实干和实绩标准，鼓励担当作为，汇聚起攻坚克难、团结奋进的强大力量。

同志们，全面从严治党永远在路上，反腐败斗争没有禁区。让我们以更高的政治站位、更强的履职能力、更实的使命担当，坚持以人民为中心的理念，只争朝夕、勇毅前行，锲而不舍推进清廉海关建设，为郑州海关事业高质量发展提供坚强政治纪律保障，以优异成绩迎接党的二十大胜利召开。

在 2022 年郑州海关年中工作会议上的讲话

郑州海关关长、党委书记　于　洋

（2022 年 7 月 15 日）

同志们：

这次会议的主要任务是，深入学习贯彻习近平总书记重要指示批示精神，落实党的十九大和十九届历次全会精神，落实全国海关年中工作会议精神，按照“疫情要防住、经济要稳住、发展要安全”的重要指示要求，总结关区上半年工作进展，分析形势和存在问题，聚焦“守国门、促发展”，明确下半年工作思路和重点举措，以实际行动迎接党的二十大胜利召开。

7 月 2 日，俞建华署长在全国海关年中工作会议上，全面回顾了上半年海关工作取得的成绩；围绕“三个聚焦”，分析了当前海关工作面临的形势；提出“七个坚持”，明确了海关工作的总体要求；聚焦“守国门、促发展”，强调了下半年全国海关需要着力做好的十个方面的重点工作和安全生产工作，为我们做好下半年工作指明了方向。我们通过视频形式参加了会议，参会的过程也是第一次学习的过程。7 月 8 日，关党委会又进行了集中学习传达，研究审议了关区年中工作会议方案。

今天召开关区年中工作会议，目的就是全面准确把握总署年中工作会议精神，结合关区实际，抓落实、求实效，扎实做好下半年工作。同时，这次会议也是党委理论学习中心组（扩大）学习、7 月份形势分析及工作督查例会暨关疫情防控工作指挥部会议，月度重点工作（报审稿）和党委理论学习中心组（扩大）学习内容通过书面形式也印发给了大家，请认真审议、学习。其中，理论学习要认真抓好《习近平经济思想学习纲要》《中国共产党统一战线工作条例》《信访工作条例》等内容的学习。各部门各单位对月度重点工作如有意见建议，请会后反馈办公室。下面，我讲 3 点意见。

一、上半年主要工作情况

今年以来，郑州海关在总署党委的正确领导下，落实全国海关工作会议、全面从严治党工作会议部署，按照年初确定的目标任务扎实推进工作，稳妥应对了不少困难和挑战，各项工作稳中有进，干部队伍精气神向上向好，风清气正的政治生态持续巩固，关区事业取得了新的发展。俞署长听取我关汇报给予充分肯定，对我关报送的跨境电商进口零售药品试点专题调研报告作出批示。上半年，我关再次获省政府专文通报表扬，获年度服务河南经济社会发展优秀中央驻豫单位、全省平安建设考评优秀单位、法治建设考核优秀单位和全省安全生产工作考核优秀等次。

主要做了以下几个方面工作：

（一）践行“两个维护”坚决坚定

学习贯彻习近平新时代中国特色社会主义思想更加深入。加强政治理论学习，通过党委会、党委理论学习中心组、“三会一课”等形式，跟进学习习近平总书记重要讲话和文章，持续在学懂弄通做实上下功夫。

贯彻落实习近平总书记重要指示批示精神成效明显。坚持“第一议题”制度，研究部署31项重点任务并全部落实。坚持疫情防控总策略和总方针不动摇。保持打击“洋垃圾”、象牙等濒危物种及其制品走私高压态势，侦办“水客”走私犯罪案件3起。全力配合总署“三县”定点帮扶，助力乡村振兴。商丘海关、三门峡海关、平顶山海关积极发挥职能作用，帮扶“三县”三农发展。

政治机关建设持续加强。突出政治引领作用，统筹推进政治机关专项教育活动、“学查改”专项工作、巡视整改集中清查、“海关重点项目和财物管理以权谋私”专项整治等工作，把讲政治要求贯穿各领域全过程。

（二）口岸疫情防线持续筑牢

口岸卫生检疫从严从紧。严格监督实施入境客运航空器终末消毒，严格一线高风险岗位人员封闭管理。坚持多病同防，猴痘病毒检测项目通过卫健委审核备案。强化生物安全管理，实验室检测能力进一步提升。机场海关实施一线“三班倒”，始终保持一线昂扬的战斗力。

进口高风险货物物品检疫持续强化。严格做好进口高风险非冷链集装箱货物抽样检测及预防性消毒监督。按照属地联防联控机制要求，对进口高非冷集装箱货物一线人员实施“7+7”封闭管理。

安全防护和内部防控持续加强。统筹常态化自查和党委派驻专项监督，配合好“百名科长百日督查”，发现问题及时整改。落实“关长走进口岸封管区”，加强一线关心关爱。妥善应对今年河南3轮本土疫情，保安全、保运转、保通关，保持干部职工“零感染”。

（三）维护国门安全扎实有力

风险防控深入落实。研究制订郑州海关防范化解海关重大、系统性风险任务分工方案，梳理出“7+22”项重大、系统性风险，明确牵头关领导、责任部门，系统研究推进防范措施。进一步健全风险管理制度，提升关区风险防控整体合力。

实际监管全面加强。持续做好口岸环节反恐、涉枪爆等违禁品查缉、“扫黄打非”等工作。强化企管和稽核查，稽查查发率提升17.12个百分点。制定安全生产职责清单，建立安全生产风险隐患信息“吹哨人”预警制度，深入开展安全隐患排查整治。郑州邮局海关强化进境邮件监管，综合查验效能持续提升。

国门生物安全屏障有效筑牢。建立关区生物安全工作机制。严防高致病性禽流感、非洲猪瘟等重大动植物疫情和外来物种入侵，查获各类植物种子10种次，截获植物有害生物19种、29种次。焦作海关强化进境羊皮检疫查验，检出动植物疫情7批。

进出口食品和商品检验监管得到加强。开展进口食品“国门守护”行动，强化进出口食品化妆品监督抽检和风险监测。加强进口棉花检验监管，检验棉花货值6819万美元。濮阳海关优化人员资质管理，有效加强出口危化品监管。

税收征管效能稳步提升。依法科学征管，持续推广关税保证保险、自报自缴、汇总征税等便利措施，税收入库153.7亿元。

打击走私保持高压态势。完善全员打私工作机制，立案侦办刑事案件16起，案值1.7亿元，涉税3067万元；办理行政案件50起，案值8994.6万元，涉税347.9万元；1起跨境电商走私案被总署列为挂牌案件。深入开展“国门勇士2022”专项行动，立案侦办枪支弹药刑事案件和行政案件各1起，抓获犯罪嫌疑人1人，查获气动力枪支2支、气动力枪支配件18件、气枪铅弹10发。

（四）促进外贸保稳提质取得积极成效

拓展出台专项支持措施。贯彻中央稳经济稳外贸部署，落实总署促进外贸保稳提质10条措施，出台我关促进外贸保稳提质15条措施，成立工作专班，狠抓跟踪问效。研究制订支持郑州E贸易核心功能集聚区专项方案、支持南阳建设省域副中心城市专项方案，我关促外贸“1+N”方案拓展至“1+14”共188条措施。许昌海关打造外贸增长新引擎，促进市场采购贸易健康快速发展。信阳海关靠前服务，促进老区特色食品农产品扩大出口。

减税降费有效落实。办理减免税1.68亿元，同比增长1.2倍。编撰《郑州海关RCEP百问百答》，强化对企业宣传引导，全力服务RCEP实施。

帮助企业纾困解难。对238家省“四保”白名单企业按需建立“一企一策”，各隶属海关对964家重点外贸企业实施“一对一”联络员帮扶，持续推进“问题清零”。新郑海关开展“稳外贸、促发展”大调研，出台外贸保稳提质13项40条具体措施。驻马店海关开展“走进企业，精准帮扶”活动。周口海关开展助企纾困专项行动。漯河海关组织企业开展外贸保稳提质政策专题宣讲。

口岸营商环境持续优化。实施“互联网+预约通关”和“货主可不到场查验”，引导企业灵活运用“提前申报”“两步申报”。进口、出口通关时间在去年基础上进一步压缩。济源海关实施“覆盖+精准”信用培育，提高企业国际市场竞争力。

统计分析研究进一步加强。多维度、多视角强化河南省外贸动态监测与预警分析，开展俄乌冲突等专题分析，有力服务科学决策。安阳海关深化外贸分析研判，积极向地方政府建言献策获肯定。

（五）推动高水平开放取得新进展

服务“一带一路”建设取得新成效。党委专题研究推进“三智”建设工作，成立关区外事工作领导小组和“三智”工作专班，以项目管理为抓手，加大郑州—布达佩斯关际合作推进力度。保障“7×24小时”通关，推广铁路快速通关模式，监管国际航空货邮量、中欧班列（中豫号）班列数实现两位数增长。推进跨境电商零售进口药品试点常态化运行，完成海外仓海关备案无纸化系统开发，验放跨境电商货值188.8亿元，同比增长4.7%。郑州车站海关践行“三智”理念提升监管效能，有力支持中欧班列高质量开行。郑州新区海关优化跨境电商监管模式，推进跨境电商产业高质量发展。

支持开放平台建设取得新进展。“跨境电商企业风险评估应用”创新举措获总署备案。开封综合保税区通过预验收。支持郑州获批建设全国重要国际邮件枢纽口岸，郑州进境国际邮包分拨业务正式开通。推进中欧班列郑州集结中心建设，关铁“大监管区”建设持续推进。金水海关积极推进自贸试验区监管创新，服务自贸试验区高质量发展。新乡海关规范保税监管场所建设，推动原阳保税仓库顺利通过验收。鹤壁海关支持地方开放发展，获市政府表扬通报和服务地方突出贡献奖。

（六）准军事化纪律部队建设扎实推进

全面从严治党从严治关纵深推进。细化加强对“一把手”和领导班子监督。开展巡视整改集中清查、“海关重点项目和财物管理以权谋私”专项整治，全面配合开展国家审计，巡察全覆盖任务提前完成，统筹各类监督贯通协同。

基层党建质量提升。深化“强基提质工程”，试点 53 个“书记项目”，评选模范机关先进单位 10 个。机关党委获 2021 年度省直机关党建考核先进，1 名同志获评全国海关“党务之星”。郑州新区海关党总支、关税处党支部获评全国海关党建示范和培育品牌。新郑海关党总支获评第一批省直机关党建示范点。开封海关实施“四坚持、四提升”支部工作法，强化党建业务深度融合。

队伍建设持续加强。加强准军事化纪律部队建设，坚持严管厚爱，激励担当作为，干部队伍精气神向上向好。洛阳海关发挥老同志经验优势，培养年轻骨干队伍，传播正能量，提振精气神。南阳海关严格落实党委工作规则、议事规则和决策程序，强化干部队伍管理和监督。

（七）综合保障效能稳步提升

法治建设扎实推进，首获全省法治建设考核优秀单位，权责清单编制工作稳步推进，新郑海关获评全省依法行政示范单位。科技支撑不断强化，完成生物媒介实验室搬迁改造，与省科技厅签署合作备忘录。做好网络安全防护，提升运行保障能力。防疫物资保障有力，严格落实“过紧日子”要求，进一步规范政府采购管理，关区闲置房地产整合利用完成三年规划任务的 97%。提升政务运行效能，统筹开展综合检查，强化正面清单动态管理，为基层减负成效持续巩固，民生实事有效落实。督察审计监督持续加强。配合做好国家审计，协调推进重大决策部署专项督察、经济责任审计、专项审计，健全问题整改长效机制。

老干部工作、后勤服务、基建管理效能持续提升，学会和工青妇工作进一步加强，党委派驻纪检组作用有效发挥，各事业单位发展取得新成效。

上半年成绩来之不易，这是我们坚持以习近平新时代中国特色社会主义思想为指导，坚决贯彻党中央、国务院重大决策部署的结果，是总署党委正确领导的结果，是郑州海关全体干部职工勠力同心、奋力拼搏的结果。在此，我谨代表关党委，向大家表示衷心的感谢和崇高的敬意！

二、当前面临的形势和总体要求

当前，营造平稳健康的经济环境、国泰

民安的社会环境、风清气正的政治环境，迎接党的二十大胜利召开，是最紧要的重大政治任务。我们要把迎接、学习、宣传、贯彻党的二十大作为头等大事，落实“疫情要防住、经济要稳住、发展要安全”重要要求，以扎实的工作成效为党的二十大胜利召开营造良好氛围。

一要聚焦“疫情要防住”，做好打“持久战”的工作准备。当前，全球新冠病毒毒株持续传播变异，各种新发突发传染病疫情接连出现，口岸疫情防控形势艰巨复杂。下一步随着入境客运航班调增和入境人员增加，外防输入难度进一步加大。总署“百名科长百日督查”通报检查发现了我关3个方面4项具体问题，提出了14条工作建议。我们必须牢记“坚持就是胜利”，始终保持清醒头脑，坚持“人、物、环境”同防、“多病同防”、水陆空同防，严格标准、严格规范、严格实施，科学精准执行好口岸疫情防控各项措施，落实好国务院联防联控机制新冠疫情防控方案第九版、海关总署口岸防控技术方案第九版及河南省常态化疫情防控工作方案3.0版，巩固关区疫情防控良好成果。

二要聚焦“经济要稳住”，助力稳住经济大盘。当前，我国发展的国际环境复杂严峻，叠加疫情影响，进出口不确定性增加。我们必须更加积极主动服务国家开放大局，全力支持“一带一路”建设、黄河流域生态保护和高质量发展；必须更加务实有效服务河南开放发展，全力支持河南省开放强省建设和“十大战略”推进实施；必须千方百计帮助企业渡难关，着力服务“白名单”重点企业，坚持抓大顾小，做好宏观政策配套衔接和各项支持措施的细化落实，落实“问题清零”，打通外贸保稳提质“最后一公里”。

三要聚焦“发展要安全”，防范化解重大、系统性风险。今年是党的二十大召开之年，保安全促稳定责任重大、任务艰巨。当前，我国仍处在各类矛盾和风险易发期，境外敌对势力对我渗透颠覆态势更加明显，维护政治安全风险挑战不断增大。“洋垃圾”、象牙等濒危物种及其制品走私屡禁不止，冻品以及重点涉税商品走私屡打不绝，外来物种入侵途径多元化。近期，国内安全事故频发多发，也给海关安全生产工作敲响了警钟。海关处在维护国门安全第一线，面临的风险挑战日益增多、防控压力日益增大。我们必须落实总体国家安全观，增强“时时放心不下”的责任感，未雨绸缪、抓早抓小，坚决筑牢国门安全屏障；必须着力提升从政治层面防控业务风险的能力，牢牢守住不发生重大、系统性风险底线；必须加强全链条监管，建立健全系统完备、科学规范、运行有效的安全监管体系，确保将各类风险消除在萌芽状态。

面对新形势新任务新要求，关区上下要完整、准确、全面贯彻新发展理念，坚持和加强党对海关工作的全面领导，坚持服务大局，坚持海关为民，坚持防范风险，坚持真抓实干，坚持严管厚爱，坚持稳中求进，高效统筹疫情防控和经济社会发展，统筹发展和安全，强化监管优化服务，全面履行职责，从讲政治的高度认真做好口岸疫情防控、促进外贸保稳提质、维护国门安全和社会稳定等各项工作，特别是要加强反恐应急演练、反宣品和枪支弹药查缉、值班值守、机要保密、舆情应对、网络安全保障等工作，当好“三个环境”的建设者、营造者、责任方。

三、扎实做好下半年重点工作

（一）持续加强政治机关建设

深入学习贯彻习近平新时代中国特色社会主义思想，认真学习《习近平谈治国理政》第四卷，通过党委中心组学习、专题培训、“三会一课”等多种方式，用党的创新理论武装头脑、指导实践、推动工作。党的二十大召开后，要根据党中央统一部署，按照总署党委工作要求，第一时间制订学习宣传贯彻方案，迅速掀起关区学习热潮，切实把思想和行动统一到党的二十大精神上来。严格规范“第一议题”制度，健全上下贯通、执行有力的抓落实工作机制，不折不扣贯彻习近平总书记重要指示批示精神。深化政治机关专项教育活动和“学查改”专项工作，扎实推进问题整改，做好国家审计整改后半篇文章，及时总结经验，形成长效机制。加强对党忠诚教育，推动党史学习教育常态化长效化，用好“我为群众办实事”实践活动形成的良好机制。维护风清气正政治生态，巩固干部队伍和谐稳定、积极向上、干事创业的良好环境。扎实推进党的建设，深化“强基提质工程”，增强党组织的政治功能。严格落实意识形态工作责任制，做深做实思想政治工作。持续发挥属地优势，助力乡村振兴。

（二）严格规范实施口岸检疫

加强入境人员卫生检疫。严格落实口岸疫情防控各项措施，统筹抓好总署新冠病毒口岸防控技术方案第九版、总署进口非冷链物品口岸环节疫情防控措施优化方案、省疫情常态化防控工作方案 3.0 版以及省新冠疫情应急处置指南的学习、培训、演练。进一步优化入境人员检疫作业流程，加快推进口岸疫情防控“技防”工作。加强检疫查验，防范疫情叠加风险。提前做好国际航班调增应对准备工作，加强梯队建设、业务培训、防护演练和检测设备、防护装备配备。

加强货物物品检疫。优化完善进口冷链食品和非冷链货物物品口岸疫情防控措施，防范疫情通过进口冷链食品、农产品和进口非冷链物品输入风险。严格做好“四类人员”行李消毒监督。稳妥推进寄递渠道疫情防控。

加强环境监测监督。进一步规范海关监管作业现场、人员封闭管理场所、实验室环境监测，科学优化消毒措施，确保消毒效果。持续提升实验室检测能力，强化实验室生物安全管理。

加强安全防护和内部疫情防控。从严规范执行高风险岗位人员封闭管理工作要求，加强对封闭管理人员的关心关爱，探索旅检“四班倒”，优化封闭管理模式。严格遵守工作纪律和属地防疫要求，压紧压实“四方责任”，持续做好公共区域管理、日常风险监测、“应检尽检”和常态化核酸检测。持续完善应急体系，综合运用各类检查督查手段，进一步提升疫情防控监督实效。督促干部职工做好个人防护。

加强动植物检疫。严防动植物疫情疫病传入，坚持“人病兽防、关口前移”，持续推进智慧动植检建设。深入开展“国门绿盾 2022”行动，强化外来入侵物种监测和防控，坚决打击非法引进行为。严防物种资源流失。做好动植物检疫除害处理监管。保障供港活猪、果蔬等农产品安全稳定供应。

（三）着力防范重大、系统性风险

强化“时时放心不下”的责任感。关区各单位要充分认识做好防范化解重大、系统性风险工作的极端重要性和现实紧迫性，对重大、系统性风险要心中有数，做到有预防、有预警、有预案。

切实扛牢主体责任。聚焦前期梳理出的 7 项重大风险、5 项政治管理风险和 17 项业务风险，夯实责任，细化措施，瞪大眼睛，守住底线。在政治方面，要紧盯贯彻落实习近平总书记重要指示批示精神，严防领悟不准确、部署不全面不及时、落实不严不实，可能影响全局的风险。在业务方面，要紧盯安全生产、重大疫病疫情、生物安全、食品安全、商品安全、税收征管、加工贸易监管、特殊区域监管、特大走私、新业态监管等领域，严防制度不健全、监管不到位、合成谬误等风险。在管理方面，要紧盯突发舆情、队伍思想动态、信息系统运行、数据安全、党风廉政建设等领域，严防失常、失控、失效的风险和腐败案件发生。

着力强化机制建设。成立郑州海关风险管理委员会，动态开展风险梳理排查，建立健全业务风险排查机制。深化国家审计发现问题整改，及时完善各领域的方案预案和应对处置措施，严防小风险转化为大风险、业务风险转化为政治风险，坚决防止发生“黑天鹅”“灰犀牛”事件。

切实做好安全生产工作。党的二十大召开在即，关区各单位要把安全生产作为工作的重中之重，聚焦重点领域、重点部位，整治排除各类安全生产风险隐患，坚决守牢安全底线、监管红线。

（四）千方百计促进外贸保稳提质

优化口岸营商环境。加强宣传引导、政策辅导，认真落实稳经济稳外贸和减税降费措施。持续巩固压缩通关时间成效。完善关长联系企业工作机制，深化现场“一站式”办理、12360 海关热线高效服务、通关政策深度解读等经验做法。稳妥推进 AEO 企业培育。充分发挥外贸形势分析会议机制作用，进一步提高外贸分析的深度、广度。推动加强“研究型海关”建设，高质量开展政策研究，多出高水平、有价值的研究成果和政策建议。

帮助企业纾困解难。加强重点企业帮扶，对“四保”白名单企业中涉及海关业务的，精准实施“一企一策”帮扶和“问题清零”。坚持“抓大顾小”，指导企业用足用好减免税、自贸协定、RCEP 等各项优惠政策。

推进开放平台建设。聚焦开放强省建设和“十大战略”，围绕《河南省“十四五”开放型经济新体制和开放强省建设规划重点任务分工方案》中涉及我关的 20 项工作任务，加快工作推进，持续抓好落实。加大支持航空港综合实验区纳入河南自贸试验区范畴力度。支持新郑综合保税区扩区。做好开封综保区验收工作，跟进指导鹤壁综合保税区以及条件成熟的地市保税物流中心申建工作。推进跨境电商零售进口药品试点常态化运行，支持海外仓建设。推动郑州机场与布达佩斯海关中转仓早日落地。支持河南申请陆路启运港退税试点。加强黄河流域内海关协作，推动海铁多式联运高效衔接。

（五）加强打击走私工作

强化重点打击。持续开展“国门利剑 2022”联合行动。严厉打击“洋垃圾”、象牙等濒危物种及其制品、“水客”以及涉枪爆、涉毒、政治类非法出版物、重点涉税商品等走私违法犯罪。联合税务、公安等部门，依法从快开展联合打击出口骗退税。推进全员打私。完善风险研判、监管查缉、打私办案、后续稽核查、支持保障的一体化工作链条，进一步提升刑事案件移交数量。强化反走私绩效分析，加强缉私反哺、以打促管。提高行政案件办案质效。强化财务、科技、后勤等服务支撑，全力保障缉私工作开展。深化综合治理。推动各地市成立专兼职打私办，压实地方政府反走私综合治理主体责任。完善“打、防、管、控”一体化的反走私综合治理格局。加强舆论宣传，营造良好社会氛围。

（六）持续深化干部队伍建设

坚持正确用人导向。坚持“一把尺”选人，突出政治标准，建立干部政治档案、加强政治素质考察；突出工作实绩和能力作风，坚持德才兼备，大力选拔忠诚干净担当的优秀干部，配好各级领导班子，优化职级职务等晋升工作。坚持“一张单”识人，突出公平、公正，用好的作风选人用人，建立优秀处科级领导干部库。坚持“一盘棋”规划，统筹用好机关与基层、行政与事业、各层级各年龄阶段干部。增强紧迫感、责任感，在急难险重任务中发现、培养、提拔和大胆使用年轻干部。

抓好作风建设。严格落实中央八项规定及其实施细则精神，严肃整治形式主义、官僚主义，树正气、遏邪气、易俗气。深化准军事化纪律部队建设，发扬“雷厉风行、令行禁止”的工作作风，提升两级想问题、下沉一级抓落实，着力解决推诿扯皮、不担当不作为和落实防疫责任不严不实等问题，打造“求实、扎实、朴实”的关区文化。全体干部职工特别是各级领导干部要坚持求真务实、担当作为，敢于解决矛盾，善于破解难题，防止推诿扯皮，做到平常时候看得出来、关键时刻站得出来、危难关头豁得出来。

加强关心爱护。认真落实关心关爱疫情防控一线人员的各项具体措施，继续开展“关长走进口岸封管区”，察实情、出实招、办实事。强化奖励激励，及时兑现相关待遇。落实“过紧日子”要求，加大存量资源盘活和内部挖潜力度，集中财力优先保民生、重点保运转、精准保发展。精心精细精准做好离退休干部工作。

（七）着力深化“三不腐”一体推进

坚持严的主基调，强化不敢腐的震慑。坚持执法领域和非执法领域廉政风险两手抓、同步防，强化打私反腐“一案双查”，严肃查处各类违纪违法行为。聚焦重点领域和关键环节，深入推进“海关重点项目和财物管理以权谋私”专项整治，总署反馈后，要抓紧研究整改方案，抓好问题整改。深化运用监督执纪“四种形态”，抓早抓小、防微杜渐、层层设防。推进精准规范问责，提高问题线索处置效率。

深化“制度+科技”反腐应用，扎紧不能腐的笼子。压紧压实“两个责任”，突出强化对“关键少数”的监督，发挥好“一把手”和领导班子重点事项监督自查报告制度作用。规范权力的运行，强化权力运行的监督，抓住政策制定、决策程序、监管执法等关键权力，紧盯“关键少数”和重点岗位人员，推动执法行为进系统、标准化、留痕迹、可追溯。

深化廉洁从政教育，增强不想腐的自觉。开展党性教育、常态化纪法教育，加强新时代廉洁文化建设。强化以案为鉴警示教育和以案促改，用身边案件教育身边人，筑牢思想道德防线。

（八）构建关区“三应”运行机制

俞署长多次强调“三应”，总署党委印发的《防范化解海关重大、系统性风险任务分工》中，将“业务流程响应、呼应、反应失灵风险”作为重大风险明确提出来，陆续制定了一系列措施防范化解风险。我们要结合实际，构建关区“三应”运行机制。

强化下对上的响应。严格落实请示报告制度要求，职能部门要按照职责落实需向总署党委请示报告事项，隶属海关单位重要情况要及时向总关请示报告。健全完善制度管理体系，推进执法规范性统一性建设，进一步规制自由裁量权，防范执法风险。强化职能部门对业务现场的指导监督，加强对制度规范和措施要求的辅导培训，打通贯彻执行“最后一公里”。

强化左和右的呼应。加强部门间协作配合，进一步厘清职责边界。科学合理配置人力资源，推动业务、人员、需求更加匹配。

强化上对下的反应。建立职能部门对隶属海关单位反映请示问题推诿扯皮情况记录报告制度。用好改革问题收集机制，及时解决基层反映的堵点难点问题。总结推广基层好的经验做法和创新项目，充分调动积极性和能动性。

此外，俞署长在全国海关年中工作会议最后点了6个题目，要围绕这6个题目，结合关区实际，认真思考研究，融入工作落实，用改革的思维和方法切实答好题目。

同志们，做好下半年工作，完成全年目标任务，推动郑州海关事业持续进步，需要我们付出更大的努力。让我们更加紧密地团结在以习近平同志为核心的党中央周围，在总署党委的坚强领导下，凝心聚力、踔厉奋发、笃行不怠，守国门、促发展，以实际行动迎接党的二十大胜利召开！

全面学习　全面把握　全面落实党的二十大精神 奋力谱写中国式现代化的“出彩郑关”新篇章

——在郑州海关党委理论学习中心组（扩大）学习暨处级主要负责同志学习贯彻党的二十大精神集中培训动员部署会议上的讲话

郑州海关党委书记、关长　于　洋

（2022年11月10日）

同志们：

中国共产党第二十次全国代表大会于10月16日至22日在北京举行。这是在全党全国各族人民迈上全面建设社会主义现代化国家新征程、向第二个百年奋斗目标进军的关键时刻召开的一次十分重要的大会，是一次高举旗帜、凝聚力量、团结奋进的大会，在党和国家发展进程中具有极其重大的历史意义。

10月24日，海关总署党委召开全国海关学习宣传贯彻党的二十大精神视频会议。10月26日，关党委第一时间召开专题会议，迅速学习传达党的二十大精神，研究关区学习宣传贯彻工作。随后参加了海关总署党委理论学习中心组（扩大）学习暨司局级主要负责同志学习贯彻党的二十大精神培训班相关会议。总署党委明确要求，全国海关要迅速兴起学习宣传贯彻党的二十大精神的热潮。今天，我们组织郑州海关党委理论学习中心组（扩大）学习暨处级主要负责同志学习贯彻党的二十大精神集中培训，全面学习、全面把握、全面落实党的二十大精神。下面，我讲四点意见：

一、见证历史时刻，吹响奋进号角，参加党的二十大的切身体会

2021年12月，关区各基层党组织按程序推荐我为出席党的二十大代表候选人推荐人选，经过组织考察、会议选举、大会资格审查等各环节，我成为66名河南省出席党的二十大代表之一，代表全省23万多个党组织、600多万名党员出席党的二十大。这是在总署党委的正确领导下，郑州海关加强政治机关建设、全面履职尽责勇担使命、强化监管守好国门、积极作为助力河南外贸发展，所做工作得到海关总署党委、河南省委省政府认可和支持的结

果，是全体干部职工共同努力团结奋斗的结果，激励着我以强烈的政治责任感和历史使命感，以饱满的工作热情和昂扬的精神状态，忠诚履行代表的职责。

10月16日，党的二十大开幕会当天，我走进人民大会堂，眺台上悬挂的红色横幅鲜明宣示了会议的主题，身临其境，内心的荣誉感、自豪感油然而生，会场庄重热烈的氛围让我终生难忘。当习近平总书记健步走向主席台时，亲眼看见领袖风采，我心潮澎湃、肃然起敬，聆听总书记的报告，沉稳洪亮的声音直抵内心，产生强烈共鸣。

总书记首先提出了党的二十大主题，回顾总结了过去五年的工作和新时代十年的伟大变革。当讲到“十年来，我们经历了对党和人民事业具有重大现实意义和深远历史意义的三件大事”“面对突如其来的新冠肺炎疫情，我们坚持人民至上、生命至上……统筹疫情防控和经济社会发展取得重大积极成果”“实行更加积极主动的开放战略……我国成为一百四十多个国家和地区的主要贸易伙伴，形成更大范围、更宽领域、更深层次对外开放格局”这些举世瞩目、彪炳史册、凝聚着海关人奉献和心血的成就时，我为自己是历史的亲历者、见证者而骄傲，为自己是海关的一员而自豪。特别是多年来，总署党委因地制宜、精准帮扶，郑州海关举全关之力，打造七大扶贫工程，2020年，总署定点帮扶的河南鲁山、卢氏、民权三县全部脱贫摘帽，在决胜全面建成小康社会、决战脱贫攻坚的大战大考中交出了海关满意答卷，掀开了助力乡村振兴的新篇章。

总书记深刻阐述了开辟马克思主义中国化时代化新境界、中国式现代化的中国特色和本质要求等重大问题，提出了新时代新征程中国共产党的使命任务，对全面建设社会主义现代化国家、全面推进中华民族伟大复兴进行了战略谋划。振奋人心的话语，让现场不时响起热烈的掌声，充分表达了代表们对以习近平同志为核心的党中央的信任和拥护，对中国未来美好发展前景的憧憬和信心。我深切体会到，全面建设社会主义现代化国家、全面推进中华民族伟大复兴，是中华民族的最高利益和根本利益，是我们党矢志不渝的奋斗目标，必须以强劲有力的实践行动落实好各项战略部署。

总书记对统筹推进“五位一体”总体布局、协调推进“四个全面”战略布局作出了全面部署。当讲到要“加快构建新发展格局，着力推动高质量发展”时，强调“要坚持以推动高质量发展为主题，把实施扩大内需战略同深化供给侧结构性改革有机结合起来，增强国内大循环内生动力和可靠性，提升国际循环质量和水平”“推进高水平对外开放，加快建设贸易强国，推动共建‘一带一路’高质量发展”“优化区域开放布局，巩固东部沿海地区开放先导地位，提高中西部和东北地区开放水平，加快建设西部陆海新通道，加快建设海南自由贸易港，实施自由贸易试验区提升战略，扩大面向全球的高标准自由贸易区网络”，以及报告中强调的“统筹传统安全和非传统安全”“中国坚持对外开放的基本国策，坚定奉行互利共赢的开放战略”“中国坚持经济全球化正确方向，推动贸易和投资自由便利化”“反对保护主义”“反对‘筑墙设垒’、‘脱钩断链’”“反对单边制裁，极限施压”等。我不禁拿起手中的笔跟着在报告中勾画出醒目的标记，在后来几天的媒体采访中，我积极思考谋划，宣传介绍了郑州海关促进外贸保稳提质、大力培育新业态、深化跨境电商领域改革、推动市场主体享惠、支持河南实施制度型开放战略、打造高水平对外开放平台等工作举措，促进关区工作开创新的局面。

其间，我还参加了会议安排的预选、讨论和正式选举，参观“奋进新时代”主题成就展等活动。深刻认识到，新时代十年，我国发展所取得的每一次进步，都离不开习近平总书记的指路领航，“两个确立”是党在新时代取得的重大政治成果，是新时代引领党和国家事业从胜利走向新的胜利的政治保证，是战胜一切艰难险阻、应对一切不确定性的最大确定性、最大底气、最大保证。我们要更加坚定自觉地忠诚核心、拥护核心、跟随核心、捍卫核心，确保在任何时候任何情况下都坚决听从习近平总书记命令、服从党中央指挥，确保习近平总书记重要指示批示精神和党中央重大决策部署在郑州海关坚决有效贯彻落实。

二、全面学习、全面把握，切实把思想和行动统一到党的二十大精神上来

习近平总书记的报告，为新时代新征程党和国家事业发展、实现第二个百年奋斗目标指明了前进方向、确立了行动指南，是党和人民智慧的结晶，是党团结带领全国各族人民夺取中国特色社会主义新胜利的政治宣言和行动纲领，是马克思主义的纲领性文献。会议审议通过的《中国共产党章程（修正案）》，体现了党的十九大以来党的理论创新、实践创新、制度创新成果，体现了党的二十大报告确定的重要思想、重要观点、重大战略、重大举措，对坚持和加强党的全面领导、坚定不移推进全面从严治党、坚持和完善党的建设、推进党的自我革命提出了明确要求。

学习宣传贯彻党的二十大精神是当前和今后一个时期全党全国的首要政治任务，必须坚持全面准确，深入理解内涵，精准把握外延，着重把握以下六个方面。

（一）深刻领会党的二十大的主题和主要成果，牢牢把握在新征程上举什么旗、走什么路、以什么样的精神状态、朝着什么样的目标继续前进的重大问题

党的二十大的主题是：高举中国特色社会主义伟大旗帜，全面贯彻新时代中国特色社会主义思想，弘扬伟大建党精神，自信自强、守正创新，踔厉奋发、勇毅前行，为全面建设社会主义现代化国家、全面推进中华民族伟大复兴而团结奋斗。其中包含五层含义：一是高举中国特色社会主义伟大旗帜、全面贯彻新时代中国特色社会主义思想，郑重宣示了全党必须坚持以马克思主义中国化时代化最新成果为指导，坚定中国特色社会主义道路自信、理论自信、制度自信、文化自信，坚持道不变、志不改，确保党和国家事业始终沿着正确方向胜利前进。二是弘扬伟大建党精神，郑重宣示了全党必须恪守伟大建党精神，保持党同人民群众的血肉联系，保持谦虚谨慎、艰苦奋斗的政治本色和敢于斗争、敢于胜利的意志品质，确保党始终成为中国特色社会主义事业的坚强领导核心。三是自信自强、守正创新，踔厉奋发、勇毅前行，郑重宣示了全党必须保持自信果敢、自强不息的精神风貌，保持定力、勇于变革的工作态度，永不懈怠、锐意进取的奋斗姿态，使各项工作更好体现时代性、把握规律性、富于创造性。四是全面建设社会主义现代

化国家、全面推进中华民族伟大复兴。郑重宣示了全党必须紧紧抓住新时代新征程党的中心任务，集中一切力量，排除一切干扰，坚持以中国式现代化全面推进中华民族伟大复兴。五是团结奋斗，郑重宣示了我们必须不断巩固全党全国各族人民大团结，加强海内外中华儿女大团结，形成同心共圆中国梦的强大合力。

大会首次提出“三个务必”：全党同志务必不忘初心、牢记使命，务必谦虚谨慎、艰苦奋斗，务必敢于斗争、善于斗争，坚定历史自信，增强历史主动，谱写新时代中国特色社会主义更加绚丽的华章。这是以习近平同志为核心的党中央坚守党的初心使命，立足中华民族伟大复兴千秋伟业，面对世界百年未有之大变局加速演进的复杂国际形势，在深刻把握党情国情世情的清醒和自觉中，对全党全国各族人民在新时代新征程，全面建设社会主义现代化国家、全面推进中华民族伟大复兴历史进程提出的新要求，进行的新告诫，具有极为重大而深远的历史意义。

党的二十大主要成果有：一是批准了习近平总书记所作的报告；二是批准了十九届中央纪律检查委员会工作报告；三是审议通过了《中国共产党章程（修正案）》；四是选举产生了新一届中央委员会和新一届中央纪律检查委员会；五是党的二十届一中全会选举产生了以习近平同志为核心的新一届中央领导集体，习近平同志继续当选中央委员会总书记，充分体现了全党共同意志，充分反映了亿万人民共同心愿，有以习近平同志为核心的党中央领航掌舵，全国人民就有了最可靠的主心骨、定盘星。

关区各部门单位要牢记“三个务必”，始终保持奋发有为的精神状态，心往一处想、劲往一处使，坚定坚决贯彻习近平总书记重要指示批示精神和党中央决策部署，确保郑州海关事业发展始终保持正确政治方向，为谱写新时代中国特色社会主义更加绚丽的华章贡献郑州海关力量。

（二）深刻领会过去五年的工作和新时代十年的伟大变革，深刻领悟“两个确立”的决定性意义

党的十九大以来的五年，是极不寻常、极不平凡的五年。五年来，以习近平同志为核心的党中央，推动党和国家事业取得举世瞩目的重大成就。有效应对了四个方面重大挑战和考验：一是面对突如其来的新冠肺炎疫情，坚持人民至上、生命至上，坚持“外防输入、内防反弹”总策略和“动态清零”总方针不动摇，开展抗击疫情人民战争、总体战、阻击战，最大限度保护了人民生命安全和身体健康，统筹疫情防控和经济社会发展取得重大积极成果；二是面对香港局势动荡变化，依照宪法和基本法有效实施对特别行政区的全面管治权，落实“爱国者治港”原则，香港局势实现由乱到治的重大转折；三是面对“台独”势力分裂活动和外部势力干涉台湾事务的严重挑衅，坚决开展反分裂、反干涉重大斗争，展示了我们维护国家主权和领土完整、反对“台独”的坚强决心和强大能力；四是面对国际局势急剧变化，坚持国家利益为重、国内政治优先，保持战略定力，发扬斗争精神，在斗争中维护国家尊严和核心利益，牢牢掌握了我国发展和安全主动权。

党的二十大报告以“3+16+4”的结构，全面回顾总结了新时代十年伟大成就、伟大变

革。三件大事彪炳史册。党的十八大召开十年来，我们经历了对党和人民事业具有重大现实意义和深远历史意义的三件大事：一是迎来中国共产党成立一百周年，二是中国特色社会主义进入新时代，三是完成脱贫攻坚、全面建成小康社会的历史任务，实现第一个百年奋斗目标。这是中国共产党和中国人民团结奋斗赢得的历史性胜利，是彪炳中华民族发展史册的历史性胜利，也是对世界具有深远影响的历史性胜利。总结了党和国家事业取得和发生的十六个方面历史性成就、历史性变革：一是创立了新时代中国特色社会主义思想；二是全面加强党的领导；三是对新时代党和国家事业发展作出科学完整的战略部署；四是实现了小康这个中华民族的千年梦想，打赢了人类历史上规模最大的脱贫攻坚战；五是提出并贯彻新发展理念，着力推进高质量发展，推动构建新发展格局；六是以巨大的政治勇气全面深化改革；七是实行更加积极主动的开放战略；八是坚持走中国特色社会主义政治发展道路；九是确立和坚持马克思主义在意识形态领域指导地位的根本制度；十是深入贯彻以人民为中心的发展思想；十一是坚持绿水青山就是金山银山的理念；十二是贯彻总体国家安全观；十三是确立党在新时代的强军目标；十四是全面准确推进“一国两制”实践；十五是全面推进中国特色大国外交；十六是深入推进全面从严治党。这些伟大变革是深层次的、根本性的，是全方位的、开创性的，是在以习近平同志为核心的党中央坚强领导下、在习近平新时代中国特色社会主义思想指引下，全党全国各族人民团结奋斗取得的。党确立习近平同志党中央的核心、全党的核心地位，确立习近平新时代中国特色社会主义思想的指导地位，反映了全党全军全国各族人民共同心愿，对新时代党和国家事业发展、对推进中华民族伟大复兴历史进程具有决定性意义。“两个确立”是党在新时代取得的重大政治成果，是推动党和国家事业取得历史性成就、发生历史性变革的决定性因素。四个里程碑意义启迪未来。报告指出，新时代十年的伟大变革，在党史、新中国史、改革开放史、社会主义发展史、中华民族发展史上具有里程碑意义。一是走过百年奋斗历程的中国共产党在革命性锻造中更加坚强有力，党的政治领导力、思想引领力、群众组织力、社会号召力显著增强，党同人民群众始终保持血肉联系，中国共产党在世界形势深刻变化的历史进程中始终走在时代前列，在应对国内外各种风险和考验的历史进程中始终成为全国人民的主心骨，在坚持和发展中国特色社会主义的历史进程中始终成为坚强领导核心。二是中国人民的前进动力更加强大、奋斗精神更加昂扬、必胜信念更加坚定，焕发出更为强烈的历史自觉和主动精神，中国共产党和中国人民正信心百倍推进中华民族从站起来、富起来到强起来的伟大飞跃。三是改革开放和社会主义现代化建设深入推进，书写了经济快速发展和社会长期稳定两大奇迹新篇章，我国发展具备了更为坚实的物质基础、更为完善的制度保证，实现中华民族伟大复兴进入了不可逆转的历史进程。四是科学社会主义在21世纪的中国焕发出新的蓬勃生机，中国式现代化为人类实现现代化提供了新的选择，中国共产党和中国人民为解决人类面临的共同问题提供更多更好的中国智慧、中国方案、中国力量，为人类和平与发展崇高事业做出新的更大的贡献！

关区各部门单位要深刻领悟“两个确立”的决定性意义，更加自觉地维护习近平总书记党中央的核心、全党的核心地位，更加自觉地维护以习近平同志为核心的党中央权威和集中统一领导，全面贯彻习近平新时代中国特色社会主义思想，坚定不移在思想上政治上行动上同以习近平同志为核心的党中央保持高度一致。

（三）深刻领会开辟马克思主义中国化时代化新境界，把握好习近平新时代中国特色社会主义思想的世界观和方法论，坚持好、运用好贯穿其中的立场观点方法

首先是重点把握“两化两结合”。“两化”就是马克思主义中国化、时代化。“两个结合”就是坚持和发展马克思主义必须同中国具体实际相结合、同中华优秀传统文化相结合。党的十八大以来，我们党把马克思主义基本原理同中国具体实际相结合、同中华优秀传统文化相结合，取得重大理论创新成果，集中体现为习近平新时代中国特色社会主义思想。党的十九大、十九届六中全会提出的“十个明确”“十四个坚持”“十三个方面成就”概括了这一思想的主要内容，必须长期坚持并不断丰富发展。其次，要完整、准确、全面理解把握蕴含其中的世界观和方法论。党的二十大提出要坚持人民至上、坚持自信自立、坚持守正创新、坚持问题导向、坚持系统观念、坚持胸怀天下，在新时代伟大实践中不断开辟马克思主义中国化时代化新境界。“六个坚持”是习近平新时代中国特色社会主义思想的世界观和方法论，是贯穿其中的立场观点方法。

关区各部门单位要深刻领悟其中的道理学理哲理，做到知其言更知其义、知其然更知其所以然，在认真学习领会中理清工作思路，在贯彻落实中深化规律性认识，切实把党的创新理论转化为坚定理想、淬炼党性和指导实践、推动工作的强大力量。

（四）深刻领会新时代新征程中国共产党的使命任务，系统把握中国式现代化的中国特色和本质要求

党的二十大报告关于新时代新征程中国共产党的使命任务概括起来就是“1、5、1、5”。“1”是指中国共产党的中心任务：团结带领全国各族人民全面建成社会主义现代化强国、实现第二个百年奋斗目标，以中国式现代化全面推进中华民族伟大复兴。第一个“5”是指中国式现代化的五个中国特色：中国式现代化是人口规模巨大、全体人民共同富裕、物质文明和精神文明相协调、人与自然和谐共生、走和平发展道路的现代化。第二个“1”是指中国式现代化本质要求：坚持中国共产党领导，坚持中国特色社会主义，实现高质量发展，发展全过程人民民主，丰富人民精神世界，实现全体人民共同富裕，促进人与自然和谐共生，推动构建人类命运共同体，创造人类文明新形态。第二个“5”是指必须牢牢把握的重大原则：坚持和加强党的全面领导，坚持中国特色社会主义道路，坚持以人民为中心的发展思想，坚持深化改革开放，坚持发扬斗争精神。这是对党和人民奋进历程宝贵经验的深刻总结，体现了强烈的历史自信和历史担当，为我们提供了根本遵循和行动指南。党的二十大还对全面建成社会主义现代化强国两步走战略安排进行了宏观展望，重点部署了未来五年的战略任务和重大举措。提出的“五个必由之路”，是我们党在长期实践中得出的至关紧要的规律

性认识，必须倍加珍惜、始终坚持。

关区各部门单位要增强忧患意识，坚持底线思维，做到居安思危、未雨绸缪；要牢记初心使命，聚精会神，真抓实干，切实将中国式现代化的本质要求落实到关区各项工作之中，在新征程上展现郑州海关新作为。

（五）深刻领会党的二十大作出的重大部署，全面准确把握建设社会主义现代化国家的任务要求

党的二十大报告第四至十四部分，从各个方面、各条战线、各个领域提出了社会主义现代化国家的目标、任务和要求。《中共中央关于认真学习宣传贯彻党的二十大精神的决定》中明确要求，要深刻领会社会主义经济建设、政治建设、文化建设、社会建设、生态文明建设等方面的重大部署，加快构建新发展格局，着力推动高质量发展；发展全过程人民民主，保障人民当家做主；推进文化自信自强，铸就社会主义文化新辉煌；增进民生福祉，提高人民生活品质；推动绿色发展，促进人与自然和谐共生。深刻领会教育科技人才、法治建设、国家安全等方面的重大部署，实施科教兴国战略，强化现代化建设人才支撑；坚持全面依法治国，推进法治中国建设；推进国家安全体系和能力现代化，坚决维护国家安全和社会稳定。深刻领会国防和军队建设、港澳台工作、外交工作等方面的重大部署，实现建军一百年奋斗目标，推进祖国统一，推动构建人类命运共同体。

关区各部门单位要牢牢把握习近平经济思想、法治思想、生态文明思想、强军思想、外交思想等重要思想，牢牢把握高质量发展这个全面建设社会主义现代化国家首要任务，对“国之大者”了然于胸，完整、准确、全面贯彻新发展理念，坚定不移推进高水平开放，助力加快构建新发展格局，确保党的二十大各项部署不折不扣落实到位。

（六）深刻领会坚持党的全面领导和全面从严治党的重大部署，牢记全面从严治党永远在路上、党的自我革命永远在路上

党的二十大报告指出，全面建设社会主义现代化国家、全面推进中华民族伟大复兴，关键在党。我们党作为世界上最大的马克思主义执政党，要始终赢得人民拥护、巩固长期执政地位，必须时刻保持解决大党独有难题的清醒和坚定。经过党的十八大以来全面从严治党，我们解决了党内许多突出问题，但党面临的“四大考验”“四大危险”将长期存在。自我革命，是我们党区别于其他政党最显著的标志，是跳出治乱兴衰历史周期律的第二个答案，也是我们党不断从胜利走向新的胜利的关键所在。必须持之以恒推进全面从严治党，深入推进新时代党的建设新的伟大工程，以党的自我革命引领社会革命。要落实新时代党的建设总要求，健全全面从严治党体系，坚持和加强党中央集中统一领导，坚持不懈用习近平新时代中国特色社会主义思想凝心铸魂，完善党的自我革命制度规范体系，建设堪当民族复兴重任的高素质干部队伍，增强党组织政治功能和组织功能，坚持以严的基调强化正风肃纪，坚决打赢反腐败斗争攻坚战持久战。

关区各部门单位要以自我革命永远在路上的清醒和坚定，永远吹冲锋号，加强干部斗争精神和斗争本领养成，把各级党组织建设得更加坚强有力，一体推进“三不腐”，打造堪当新时代重任的准军事化纪律部队。

三、铸忠诚、担使命、守国门、促发展、齐奋斗，联系实际、全面落实“12个必”工作要求

党的二十大明确了新时代新征程党的中心任务，很多工作与海关密切相关。我们要切实增强责任感、使命感，围绕俞建华署长提出的“12个必”工作要求，紧密结合关区工作实际，铸忠诚、担使命、守国门、促发展、齐奋斗。

（一）讲政治铸忠诚，坚定拥护“两个确立”，坚决做到“两个维护”

对党忠诚是共产党人的首要政治品质。铸忠诚是强关之魂，是海关始终保持正确政治方向的根本保证。习近平总书记指出：“全党上下，任何一级组织、任何一名党员和干部都要严格遵守党的组织制度和党的法规纪律，对党忠诚，光明磊落，公道正派。”海关首先是政治机关，必须忠于党、忠于人民、忠于党的领袖。

对党忠诚，不是抽象的而是具体的，不是有条件的而是无条件的，要以铁的纪律为标尺。“对党忠诚”“永不叛党”，是党章中明确规定的每一位党员的义务。“对党忠诚老实”“说老实话、办老实事、做老实人”是《关于新形势下党内政治生活的若干准则》对党的各级组织和全体党员提出的明确要求。守纪律、讲规矩是对党员干部对党忠诚度的重要检验。必须一心一意、一以贯之，必须表里如一、知行合一，任何时候任何情况下都不改其心、不移其志、不毁其节。

关区广大党员干部要自觉强化理论武装，坚持不懈用习近平新时代中国特色社会主义思想武装头脑，深刻领会“两个确立”的决定性意义，自觉做到“两个维护”，不断筑牢信仰之基、补足精神之钙，以坚定的理想信念砥砺对党的赤诚忠心，永葆对党绝对忠诚的政治本色。要大力发扬历史主动精神，坚持“第一议题”制度，坚决贯彻落实党中央决策部署，自觉做到党中央提倡的坚决响应、党中央决定的坚决执行、党中央禁止的坚决杜绝，自觉把对党忠诚体现在实实在在的行动上，做到平常时候看得出来、关键时刻站得出来、危难关头豁得出来。要严格遵守党规党纪，把严守党的政治纪律和政治规矩摆在首位，守好、种好、管好党组织交给的“责任田”，以纪律“红线”扎牢扎实对党绝对忠诚的思想和行为之篱，把对党的绝对忠诚内化于心、外化于行。

（二）顾大局担使命，奋力谱写中国式现代化的郑州海关篇章

初心和使命是激励共产党人前赴后继、英勇奋斗的根本动力。担使命是强关之本，必须强化系统观念，增强大局意识、战略思维、统筹能力，把郑州海关工作放到以中国式现代化全面推进中华民族伟大复兴的使命中去定位、去谋划、去推动，立足海关本职，全面履职尽责，以一域增光为全局添彩。

一是共建“一带一路”郑州海关必贡献。党的二十大要求，推动共建“一带一路”高质量发展。海关处在对外开放的前沿，也是推动“一带一路”建设的最前沿，必须紧紧围绕高质量共建“一带一路”的新形势新要求，健全关区“三应”运行机制，坚持以拓展“空中丝绸之路”建设为引领，优化监管模式，助力“四路协同”，进一步推动提升河南与共建“一带一路”国家（地区）贸易合作水平，在促进

政策沟通、设施联通、贸易畅通中做出更大贡献。助力“空中丝绸之路”越飞越广。全力支持郑州—卢森堡“空中丝绸之路”建设，支持郑州国际航空货运枢纽建设，保障高效通关，助力郑州机场国际航空货运量“保5争4”。践行“三智”理念，在总署统一部署下，扎实推进与匈牙利海关关际合作项目。推进“陆上丝绸之路”扩量提质。持续提升智能监管水平，培育“班列+运贸一体化”，保障班列物流畅通，积极推动中欧班列郑州集结中心建设，支持河南申请陆路启运港退税试点。积极服务“网上丝绸之路”建设。完善跨境电商正面监管体系，创新推动跨境电商零售进口药品试点工作取得实效、争取更多成果。规范跨境电商健康发展，维护行业良好秩序。积极服务“海上丝绸之路”建设。加强与沿海沿边口岸海关、黄河流域九省区内海关的协作，推动河南海铁多式联运高效衔接，打造向海联运通道。支持河南省周口中心港、信阳淮滨港等内河港口申建保税物流中心，助力河南“通江达海”。

二是实施自由贸易试验区提升战略郑州海关必担当。党的二十大要求，加快建设海南自由贸易港，实施自由贸易试验区提升战略。自贸试验区是我国深化改革和扩大开放的重要试验平台，实施自贸试验区提升战略是实现我国更高水平对外开放的重要载体。河南自贸试验区挂牌五年多来，围绕“两体系、一枢纽”战略定位，全方位积极参与五大服务体系建设，围绕“四路协同”发展，深化“放管服”改革和监管制度创新，助力打造内陆开放高地；持续推动河南自贸试验区发展，海关责任重大、责无旁贷，必须以更大的担当、更大的作为，全力支持、全力推动。围绕“扩围”，支持河南自贸试验区扩展区域。依托郑州航空港经济综合实验区，设立河南自贸试验区扩展区域，拓展探索创新领域，实施更高水平的投资贸易自由化政策和制度，建设国际物流枢纽、新型国际贸易中心、先进制造业基地和航空经济先行示范区，打造更具国际竞争力的自由贸易园区。围绕“增效”，形成更多可复制可推广的监管服务经验。更好发挥自贸试验区“试验田”作用，推动海关特殊监管区域与自贸试验区统筹发展，助力打造新时代对外开放高地。围绕“提质”，助力夯实自贸试验区产业支撑。支持开展保税、非保税货物同仓存储和集拼分拨等业务，通过业务融合、制度融合促进“两区”深层次融合，充分发挥特殊监管区域开放型经济重要平台和自贸试验区制度创新“试验田”作用。

三是确保粮食、能源资源、重要产业链供应链安全郑州海关必尽责。党的二十大要求，要加强重点领域安全能力建设，提升产业链供应链韧性和安全水平。当前，百年变局和世纪疫情交织，全球产业链供应链区域化、短距化、本土化加剧，国际粮食、能源资源保供形势更趋严峻。要充分发挥技术性贸易措施、贸易禁限等海关职责作用，支持先进技术、重要设备、关键零部件等扩大进口，支持河南省优势产品出口，提升产业链供应链韧性和安全水平。要拓展多元化进口来源，保障粮食、能源资源、重要产业原材料等重点商品供应，支持原油、煤炭、天然气等能源类大宗商品战略储备，服务河南省市场保供稳价。要优化完善综合保税区功能政策定位，更好发挥连接国内国际两个市场两种资源作用，积极支持企业“走出去”“引进来”开展国际产能合作。

（三）守国门保安全，坚决维护国家安全和人民利益

国家安全是民族复兴的根基。守国门是强关之基，是海关最基本、最重要的职责。必须坚持人民海关为人民，把人民至上贯彻到郑州海关工作的全过程各领域，全面推进国门安全体系和能力现代化，以国门安全保障开放安全和新发展格局安全，有效应对各类安全挑战，为高水平开放高质量发展保驾护航。

一是口岸疫情防控郑州海关必坚守。党的二十大要求，健全公共卫生体系，有效遏制重大传染性疾病传播。当前，口岸疫情形势依然严峻复杂，口岸是外防输入的主战场，海关是外防输入的主力军。面对病毒持续变异，传染力不断增强，入境航班人员增加等情况，必须坚持“外防输入、内防反弹”总策略和“动态清零”总方针，牢记“坚持就是胜利”“‘躺平’死路一条”，深入贯彻“疫情要防住、经济要稳住、发展要安全”重要要求，保持战略清醒、坚定信心决心，持之以恒打好疫情防控持久战。要坚持“人、物、环境”同防、“多病同防”、“人病兽防”，筑牢“三道防线”，构建“水陆空”立体防控网，严防疫情叠加。要因时因势优化调整完善防控措施，构建形成常态化长效化制度机制，克服麻痹思想、厌战情绪、侥幸心理、松劲心态，持续保持队伍战斗力，做到工作要严格、流程要严密、作风要严谨、关员要严管。坚持科学精准，不搞层层加码，严格做好内部防控，确保疫情零输入、关员零感染、操作零失误、通关零延误。

二是国门生物安全关口郑州海关必把牢。党的二十大要求，健全生物安全监管预警防控体系。生物安全是国家安全的重要组成部分。海关作为国门生物安全第一道防线，必须织密织牢安全防护网，坚决筑牢口岸安全屏障。要强化源头管控，坚持关口前移，强化境外动植物疫病疫情信息收集和风险预警，加强潜在风险分析，完善监测预警体系。强化检疫查验，深入开展“国门绿盾”行动，加强口岸检出截获，提升实验室能力水平，有效拦截重大动植物疫情和外来物种入侵。强化后续监管，完善智慧动植检建设，提升海关动植检现代化水平，提升应急能力，做到快速感知、精准识别、提前应对。

三是防范化解重大风险郑州海关必上心。党的二十大要求，提高防范化解重大风险能力，严密防范系统性安全风险。当前，我国发展进入战略机遇和风险挑战并存、不确定难预料因素增多的时期，各种“黑天鹅”“灰犀牛”事件随时可能发生。海关面临的传统安全与非传统安全交织，防风险、保安全任重道远。要增强底线思维、风险意识、斗争精神，动态感知各类风险，主动识变、应变、求变，完善对风险的预判、预警、预案、预演机制，坚定维护进出口领域安全。要进一步构建有效管用的口岸安全防控体系，运用“制度+情报+科技”手段，坚决守牢安全底线、监管红线。要聚焦关区前期梳理出的 7 项重大风险、5 项政治管理风险和 17 项业务风险，以“时时放心不下”的责任感，夯实责任，细化措施，瞪大眼睛，守住底线，有效推进防范措施的落地落实，确保不发生系统性风险、颠覆性错误。

（四）促发展助开放，以高水平开放促进高质量发展

发展是党执政兴国的第一要务，高质量发展是全面建设社会主义现代化国家的首要任

务。促发展是强关之要，是海关服务构建新发展格局，推动高质量发展的必然要求。必须立足国内国际双循环“交汇枢纽”积极主动作为，充分发挥职能作用，以高水平开放促进高质量发展。

一是建设贸易强国郑州海关必要强。党的二十大要求，推动货物贸易优化升级，加快建设贸易强国。2021年河南外贸总值是2012年的2.5倍，十年间年均增长10.8%，高于全国平均水平5.43个百分点，规模连续十年稳居中部第一。2022年前三季度，河南外贸总值同比增长12.1%，但在外贸结构、产业基础、制度创新等方面还有一定差距，存在“大而不强”等问题。特别是受新冠疫情以及地缘政治冲突等因素冲击，外贸面临的不确定性增加，进出口稳定增长的压力增加，必须将贯彻中央要求和立足河南实际相结合，根据河南开放强省建设“路线图”，充分发挥海关职能作用，促进货物贸易“优进优出”，稳定外贸产业链供应链，发展外贸新业态新模式，在河南加快从外贸大省向外贸强省转变进程中做出郑州海关贡献。要促进外贸质的有效提升。助力做强做大一般贸易，推动加工贸易提档升级，促进出口商品结构更加优化、出口国际市场更加多元。持续完善并创新监管模式，促进跨境电商、市场采购贸易等新业态健康发展。支持保税维修、保税研发、融资租赁等业态发展，不断激发外贸发展新动能。推动外贸量的合理增长。扩大河南省优势产品出口市场及份额，助力新产品出口市场壮大，支持郑州航空港实验区建设进口贸易促进创新示范区，巩固河南省外贸发展的良好基础。密切跟踪全省外贸的规模、结构、质量、效益，持续优化外贸形势分析，加强技术性贸易措施等政策研究，强化进出口数据发布和解读，稳定市场预期。加强对重点外贸企业、“专精特新”企业、中小微企业、俄乌冲突涉及的企业等专题外贸分析调研，积极转化为稳外贸的举措和建议，服务省委省政府科学决策。助力外贸市场主体发展。聚焦企业通关痛点、堵点、难点，进一步落实和完善助企降本增效措施，完善送政策上门、“问题清零”、12360海关热线、信用管理等服务企业长效机制。坚持“抓大顾小”，优化“白名单”企业服务，指导企业用足用好减免税、自贸协定、RCEP等各项优惠政策，激发市场主体活力。

二是促进高水平开放郑州海关必作为。党的二十大要求，要推进高水平对外开放，稳步扩大规则、规制、管理、标准等制度型开放。海关处在国内国际双循环“交汇枢纽”，必须加强守正创新，持续提升制度创新和治理能力建设水平，打造先进的、在国际上最具竞争力的海关监管体制机制，做到“管得住、放得开、通得快”。要着力推进制度型开放。对接国际经贸规则，持续深化改革创新，探索开展规则、规制、管理、标准等制度型开放新举措，探索开展首创性、集成化、差异化创新举措，助力企业进一步提升对外贸易合规能力，推进河南开放强省建设和制度型开放战略实施，加快打造内陆开放高地。着力优化开放环境。持续推动通关便利化，促进跨境贸易便利，提升国际贸易“单一窗口”建设水平，降低制度性交易成本，打造市场化、法治化、国际化一流口岸营商环境。着力推动开放平台提质增效。围绕发挥好航空港区开放引领作用，建设河南自贸试验区2.0版，打造RCEP示范区，加强海关监管制度创新经验提炼和复制推广，推动海关特殊监管区域与自贸试验区统筹发展。支持口岸和海关指定监管场地业务发展，推动郑州国际邮件枢纽口岸做优做强，支持河南建设口岸经济高质量发展示范区。

三是多双边合作郑州海关必促进。党的二十大要求，推进双边、区域和多边合作，促进国际宏观经济政策协调，共同营造有利于发展的国际环境，共同培育全球发展新动能。海关是对外开放的窗口，必须坚定不移促进对外开放，积极参与多双边合作，促进构建多元稳定国际经贸关系。“三智”是中国海关现代化建设的重要路径，是促进国内国际双循环的重要举措。要进一步从战略和全局高度提升对“三智”合作的认识和理解，积极探索、丰富内涵，将“三智”合作与关区深化改革和“十四五”关区中心工作有机融合，更好服务国家外交大局和高水平对外开放。要以中国—中东欧国家领导人峰会成果——中匈航空货运枢纽共建项目为依托，在总署对口司局指导下，深入落实“三智”合作工作要求，围绕海关贸易安全和通关便利化主题，积极推进与匈牙利布达佩斯空港口岸海关建立关际合作关系，为“空中丝绸之路”发展提供新支点、注入新动力。

（五）聚合力齐奋斗，凝心聚力开创社会主义现代化海关建设新局面

团结奋斗是中国人民创造历史伟业的必由之路。齐奋斗是强关之志，是海关奋进新征程、建功新时代的集结号、动员令。必须发扬延安精神和红旗渠精神，团结在伟大旗帜下、凝聚在伟大事业中，在岗一天、奋斗一天、奉献一天，以团结凝聚力量，以奋斗开创未来，确保红色海关永不褪色，勇立潮头，走在前列。

一是建设堪当民族复兴重任的高素质干部队伍郑州海关必力推。党的二十大指出，全面建设社会主义现代化国家，必须有一支政治过硬、适应新时代要求、具备领导现代化建设能力的干部队伍。培养造就大批德才兼备的高素质人才，是国家和民族长远发展大计。我们必须坚持党管干部原则，突出忠诚干净担当要求，坚持德才兼备、以德为先、五湖四海、任人唯贤，把新时代好干部标准落到实处。要选优配强各级领导班子和领导干部，做到“一把尺”“一张单”“一盘棋”，树立重政治、重品行、重基层、重担当、重实绩的鲜明选人用人导向。要着力锻造准军事化纪律部队，加强干部队伍作风锻炼、实践历练、业务训练，提升防风险、迎挑战、抗打压能力，增强干部推动高质量发展本领、服务群众本领和防范化解重大系统性风险本领，做到对党忠诚、纪律严明、作风过硬、团结奋进。要坚持严管和厚爱相结合，落实从严管理干部的制度体系，切实解决不担当不作为、庸政懒政、“躺平摆烂”等问题，让实干者得实惠、让奋斗者有奔头、让善为者有预期，形成能者上、优者奖、庸者下、劣者汰的良好局面。关心关爱干部职工，特别是抗疫一线和辛苦岗位上的干部职工。

二是青年工作郑州海关必远谋。习近平总书记高度重视青年工作，在党的二十大上专门强调，要把青年工作作为战略性工作来抓。青年是海关事业发展的“生力军”，是海关事业的未来和希望，青年关员的成长事关海关事业长远发展，必须培养一支有理想、敢担当、能吃苦、肯奋斗的新时代青年队伍。要健全培养选拔年轻干部常态化工作机制，让年轻干部到艰苦复杂环境和急难险重任务中经受锻炼，提拔使用政治过硬、历练扎实、实绩突出、廉洁自律的干部，确保关区事业后继有人、后继有力。要着力增强年轻干部的政治和业务素养，坚定理想信念，提高专业化水平。要培养年轻干部增强应对复杂局面的能力，敢于斗争、善于斗争，在斗争中经风雨、见世面、壮筋骨。

三是正风肃纪反腐败斗争攻坚战持久战郑州海关必打赢。党的二十大强调，腐败是危害党的生命力和战斗力的最大毒瘤，反腐败是最彻底的自我革命。全面从严治党永远在路上，党的自我革命永远在路上。要压紧压实全面从严治党主体责任，强化政治机关建设，增强党组织政治功能和组织力，引导关区党员干部在口岸疫情防控、落实重大改革、维护国门安全、优化口岸营商环境等重大工作中走在前、干在先。要坚持以严的基调强化正风肃纪，锲而不舍落实中央八项规定精神，持续深化纠治“四风”，重点纠治形式主义、官僚主义，树正气、遏邪气、易俗气，坚决破除特权思想和特权行为，坚决克服空喊口号、消极应付、机械执行等突出问题。要坚决打赢反腐败斗争攻坚战持久战，把党风廉政建设和业务工作同谋划、同部署、同落实，一体推进“三不腐”同向发力、同时发力、综合发力，精准有效运用监督执纪“四种形态”，保持惩治腐败高压态势，加强新时代海关廉洁文化建设，打造清廉海关。

四、迅速行动，掀起学习宣传贯彻党的二十大精神热潮

关区各级党组织和广大党员干部要学习好、宣传好、贯彻好党的二十大精神，既要整体把握、全面系统，又要突出重点、抓住关键。要把着力点聚焦到习近平总书记是党中央的核心、全党的核心，习近平新时代中国特色社会主义思想是党必须长期坚持的指导思想上；聚焦到党的十九大以来的重大成就和新时代十年的伟大变革上；聚焦到把握好马克思主义中国化时代化最新成果的世界观和方法论，坚持好、运用好贯穿其中的立场观点方法上；聚焦到中国式现代化在理论和实践的创新突破上；聚焦到贯彻落实党的二十大作出的重大决策部署上；聚焦到以习近平同志为核心的新一届中央领导集体是深受全党全国各族人民拥护和信赖的领导集体上；聚焦到习近平总书记是全党拥护、人民爱戴、当之无愧的党的领袖上。

今天上午，关党委已经审议通过关区学习宣传贯彻党的二十大精神工作方案，各部门各单位要认真落实党中央关于学习宣传贯彻党的二十大精神工作部署，落实总署党委和关党委工作安排，重点抓好以下几项工作：

（一）切实负起领导责任

关区两级党委要切实扛起政治责任，党委带头、上下联动。前期，关区各部门单位通过视频会议形式收听收看了全国海关学习宣传贯彻党的二十大精神和海关总署党委理论学习中心组（扩大）学习暨司局级主要负责同志学习贯彻党的二十大精神培训班相关会议，深化了认识、提高了站位、振奋了士气、鼓舞了斗志。各部门各单位主要负责同志是学习宣传贯彻党的二十大精神的“最初一公里”和“第一棒”，必须政治站位更高、标准要求更严、行动更加自觉，充分发挥示范带头作用。关党委首先示范领学，集中 4 天时间组织这次党委理

论学习中心组（扩大）学习暨处级主要负责同志学习贯彻党的二十大精神集中培训，关党委委员将同各分管部门围绕全面落实党的二十大涉及海关工作的“12 个必”工作要求，结合关区实际开展学习研讨交流。其间，依托“郑关讲堂”和“思想理论学用讲坛”，集中组织党的二十大精神学习专家辅导。各隶属海关党委要跟进组织一次党委理论学习中心组专题学习。各级领导干部要深入基层一线开展调查研究，广泛听取基层意见，查找解决突出问题，研究新思路，提出新举措。关区近期将召开处级领导干部、执法一线科长等专题座谈会，结合总结 2022 年工作、谋划 2023 年工作，筹备关区工作会议、关区全面从严治党工作会议等重要会议，群策群力、集思广益。机关党委要根据不同层级、不同类型党组织和党员的实际情况，因地制宜、精准指导，确保学习内容充实、过程扎实、效果务实。各基层党组织要以“深入学习习近平总书记视察安阳重要讲话精神，大力弘扬红旗渠精神”为主题召开专题组织生活会，通过“三会一课”、主题党日活动等形式，全覆盖深化学习研讨；要针对一些基层单位岗位人员相对分散、倒班作业、防疫封闭管理等实际，细化学习和培训安排，务实设计灵活多样的学习载体，激发基层学习的主动性和创造性。人教处要根据疫情防控形势，集中抓好教育培训，分期分批完成对关区处科级领导干部（处科级党支部书记）的集中轮训，通过“线上+线下”多种形式开展培训，组织参加“海关全员培训网络学习课堂”专题学习，确保每一名党员、干部全面深刻准确领会党的二十大精神。

（二）牢牢把握正确方向

各部门单位要扎实做好党的二十大宣传工作，营造学习宣传贯彻党的二十大精神浓厚氛围。办公室、机关党委等部门单位要组织好“奋进新征程 郑关更出彩”系列宣传，广泛宣传各部门单位优秀做法和亮点工作，依托“风华郑貌”微信公众号进行系列推送，开展微交流、微互动，做新、做实、做活宣传工作，全方位、多角度、立体化宣传党的二十大精神。各隶属海关单位要在业务现场通过标语、展板等开展党的二十大精神宣传，积极打造线上宣传阵地，及时向各载体报送有关信息稿件，充分展示我关学习宣传贯彻党的二十大精神的丰富成果。要坚持团结稳定鼓劲、正面宣传为主，弘扬主旋律、传播正能量，巩固壮大主流思想舆论，着力用党的二十大精神统一思想、凝聚力量。严格按照党中央精神全面准确开展宣传，把准方向、把牢导向，牢牢把握宣传引导的主导权、话语权。加强对热点敏感问题的阐释引导，全面客观、严谨稳妥，解疑释惑、疏导情绪，最大限度凝聚共识。要落实意识形态工作责任制，按照谁主管谁负责和属地管理原则，切实加强对各类宣传文化阵地的管理，防止错误思想言论和有害信息传播。

（三）着力提升实际效果

各部门单位要创新形式载体，丰富方法手段，充分运用新技术新手段，强化互动化传播、沉浸式体验，努力扩大工作的覆盖面和影响力，通过展览、征文、理论研究等方式，增强学习宣传贯彻党的二十大精神的吸引力感染力和针对性实效性。要与推动当前各项工作结合起来，与郑州海关服务河南开放发展的实践结合起来，围绕“12 个必”要求，深入思考研究推进海关各项改革和建设的新思路、新举措，把学习宣传贯彻党的二十大精神激发出来的热情和干劲，转化为推动郑州海关发展的强大动力，高质量地全面落实好党的二十大各项部署要求。当前，要扎实做好年底各项重点工作：一要科学精准高效做好疫情防控。严格落实总署口岸疫情防控各项措施要求，严格规范做好一线高风险岗位人员封闭管理，严格一线关员自我防护。针对当前河南本轮疫情防控形势，坚决扛牢各级责任，从严从紧、从实从细抓好疫情内部防控。加强对干部职工的关心关爱，尽力协调解决存在的实际困难，让一线干部职工切身感受到关党委的关心关爱。二要千方百计促进外贸稳增长。认真落实俞建华署长、吕伟红副署长对近期我关疫情防控和保通保畅工作批示要求，坚决做好安全稳定工作。围绕省政府提出的全年外贸的增长目标，用足用好国家稳经济一揽子政策和总署、我关促进外贸保稳提质措施，优化问题清零、关长联系企业等工作机制，对“四保”白名单企业精准帮扶，保障富士康等重点企业通关顺畅，为全省稳外贸担当尽责、多作贡献。三要保质保量完成好全年各项工作。坚持统筹兼顾，对照年初和年中工作会议部署，加快全年工作任务收官。持续跟踪做好税收形势研判和风险防控，依法科学征管，严格依法加强监管，开展好“国门绿盾”专项行动、“国门利剑 2022”行动、“跨境电商寄递‘异宠’综合治理”专项行动，确保关区各方面工作高质量完成。四要认真做好 2023 年工作谋划。围绕学习贯彻党的二十大精神，聚焦总署党委提出的“铸忠诚、担使命、守国门、促发展、齐奋斗”工作要求，和省委省政府最新工作要求，深入思考 2023 年工作的基本思路、目标任务和工作安排，确保明年学习贯彻党的二十大精神开局之年起好步、赢得主动。

同志们，新征程是充满光荣和梦想的远征。让我们更加紧密地团结在以习近平同志为核心的党中央周围，弘扬伟大建党精神，牢记“三个务必”，坚定历史自信，增强历史主动，守正创新，团结奋斗，为全面建设社会主义现代化国家、全面推进中华民族伟大复兴贡献郑州海关力量！

第二篇

专记

郑州海关强化政治机关建设专项教育活动

2022年，郑州海关深入学习贯彻习近平新时代中国特色社会主义思想，持续强化政治机关建设，着力提升干部职工政治意识和政治能力，推动习近平总书记重要指示批示精神和党中央决策部署在关区落地见效。根据海关总署党委部署要求，郑州海关组织开展历时9个多月的政治机关专项教育活动，同步组织开展“学查改”专项工作（简称“两个专项”工作），深入学习研讨、查摆问题和改进提高，取得了扎实的成效。

一、总体情况

在关党委的统一领导下，关区各部门单位以习近平新时代中国特色社会主义思想为指导，深刻领悟“两个确立”的决定性意义，把坚定拥护“两个确立”、坚决做到“两个维护”作为最高政治原则和根本政治责任，贯穿“两个专项”工作全过程。在督导组和工作专班的组织推动下，各部门单位认真深入开展学习研讨，做到全员学、深入学，筑牢思想根基；组织党员干部全面梳理政治要求，深刻检视自身问题，深入剖析思想根源，精准查摆问题，狠抓整改提高。坚持目标导向、问题导向、效果导向相统一，把“两个专项”工作与海关基层党建“双提升”行动、模范机关创建、审计整改、巡视巡察整改相结合，与迎接服务党的二十大各项工作结合起来，促进关区各项工作稳步提升。

二、统筹联动，深学细查实改

（一）强化组织领导，统筹强力推进

一是关党委统一领导。成立以关长、党委书记于洋为组长的领导小组，统筹组织推动专项工作开展。关长于洋7次主持召开关党委会和关长办公会研究部署，关党委委员深入各部门单位督促指导47人次，政治部主任4次召开专题会议推动落实。

二是工作机制高效运转。领导小组办公室、督导组、工作专班分工明确、配合紧密，较好地形成工作合力。领导小组办公室细化实施方案，确定学习研讨重点，明确时间节点和工作要求，适时通报专项工作开展情况。督导组细化23项督导要点，灵活采取材料审核、电话沟通、实地督导等方式进行督促指导，推动“两个专项”工作开展。工作专班积极发挥作用，及时梳理发布海关总署及我关工作最新要求，为各部门各单位开展问题查摆提供精准政策指导。

三是基层党组织狠抓落实。机关各部门党支部，特别是12个与经济工作关联度高的部门单位党支部，对标对表习近平总书记重要指示批示精神和党中央决策部署，站在关区全局的角度全面梳理政治要求，精准查摆问题，同步推进关党委和部门两本台账的整改落实，以整改落实有效促进工作提升，推动关区2022年度重点工作落实。各隶属海关党委自觉扛起主体责任，制订政治机关专项教育活动工作方案，深入开展学习研讨，精准查摆问题并狠抓整改落实，切实提高政治意识和政治能力。

（二）深入学习研讨，筑牢思想根基

一是突出重点学。聚焦习近平总书记关于加强党的政治建设的重要论述、习近平总书记重要指示批示精神，分季度确定29篇重点学习篇目、13个研讨题目。系统深入学，与《习近平谈治国理政》第四卷、《习近平经济思想学习纲要》等内容结合起来，与学习贯彻全国海关年中工作会议精神结合起来，发挥“郑关讲堂”和“思想理论学用讲坛”平台作用，运用“读、讲、研、评、考”五步学习法，提升学习研讨实效。周口海关实行“周学周知”计划，共推送荐学篇目46期；漯河海关组织开展“党员上讲台”特色活动，全体党员走上讲台，交流感悟，接受点评。

二是示范引领学。坚持把学习贯穿始终、覆盖全员，以上率下，做到干部职工全员学。发挥党委理论学习中心组领学促学作用，开展党委理论学习中心组（扩大）学习9次，集中学习研讨习近平总书记重要讲话和指示批示精神等内容82项，关党委委员研讨发言23次。组织参加“海关e课堂——讲政治见行动，做忠诚国门卫士”专题培训3期，各基层党组织结合“三会一课”、主题党日等开展集中学习研讨逾800次。深入实施青年理论学习提升工程，团青组织围绕“稳外贸：青年怎么看、怎么办”等深入开展主题联学。新郑海关深化“学习专列”移动平台，开通“学习专列”258班次，组织专项教育“每周一练”32期。郑州机场海关、济源海关立足年轻人为主的队伍结构，充分发挥团青组织作用，深入实施青年理论学习提升工程。

三是激励促进学。在政务办公网开辟专栏，及时发布工作要求、动态信息和学习研讨56期，营造良好氛围。组织开展“政治与业务大家谈”专题征稿并做好成果转化，共征集稿件198篇。郑州机场海关、金水海关、新郑海关、漯河海关积极组织开展“政治与业务大家谈”活动，撰写报送稿件均超过10篇。统计处、政工办、洛阳海关、周口海关学习研讨文章获海关总署政工办网站刊发。

（三）深入查摆问题，狠抓整改落实

一是抓好统筹结合。坚持融会贯通，将“两个专项”工作问题查摆与民主生活会、组织生活会问题检视相统筹，与重大隐患风险排查和“海关重点项目和财物管理以权谋私”专项整治相贯通，确保查摆问题前后一致、互相印证。风控分局积极发挥职能作用，注重前期重大风险隐患排查成果的转化应用，为关党委和各部门单位精准高效查摆问题提供了有力支持。

二是精准查摆问题。坚持聚焦重点，聚焦政治机关建设这一主题，对照“四个是否”和“六对照六看六查”，深入检视剖析。坚持分级分类、上下联动、全领域查找。动植处、稽查处、人教处、数据分中心以扎实的作风查摆问题，力求把问题研判透。

三是按时保质整改提高。各部门单位针对查摆出的问题，深入剖析原因，远近结合制定整改措施，形成两级工作台账。狠抓查摆问题整改落实，督导工作组积极发挥作用，督促指导各部门各单位深入整改落实。关党委和各部门单位两级台账整改完成率均达100%。办公室、法规处、财务处、督审处、巡察办制定的整改措施与年度重点工作紧密结合，任务目标明确，可操作性强，整改提高效果明显。

三、担当作为，巩固拓展成效

（一）党的建设持续加强

关党委书记于洋当选党的二十大代表，出席党的二十大。关区各单位和广大干部职工政治意识显著增强，从政治上谋划、部署、推动工作，从业务上提高落实政治任务、政治要求的能力水平显著提升。各级党组织的政治功能和组织力持续提升，郑州新区海关党总支、关税处党支部分别新获全国海关党建示范品牌和培育品牌，保健中心党支部、新郑海关综合业务一科党支部通过全国海关党建示范品牌复核，技术中心党支部、洛阳海关党总支通过全国海关党建培育品牌复核，张黎虎同志获评全国海关“党务之星”，新郑海关党总支获评第一批河南省直机关党建示范点，办公室、关税处、财务处、政工办、郑州机场海关、新郑海关、周口海关、技术中心8个党组织的11项典型做法入选全国海关“五个一百”党务干部岗位练兵成果；评选模范机关先进单位10个、隶属海关优秀“书记项目”19项；海关总署专项教育活动网站等采编综合处、安阳海关、新乡海关、济源海关等部门单位报送的经验做法13期。

（二）守国门更加严密高效

全面梳理政治要求，深入查找并整改工作中业务与政治脱离的问题，成立郑州海关风险管理委员会，统一研究部署关区业务风险管理工作，着力防范和化解重大、系统性业务风险。全力做好口岸疫情防控工作。全面落实总体国家安全观，查获象牙等濒危物种及其制品，查获疑似枪爆类物品。

（三）促发展更加积极有效

建立月度外贸形势分析会议制度，调整设立促进外贸保稳提质工作专班，深入落实中央关于稳住经济大盘和促进外贸保稳提质的新部署新要求，出台实施郑州海关促进外贸保稳提质工作方案，有力促进外贸保稳提质和河南省高水平开放高质量发展。2022年，河南省外贸进出口总值8524.1亿元，同比增长4.45%，居全国第九位，进出口值和排名均创历史新高。

撰稿人

刘延森

郑州海关疫情防控工作

2022年，郑州海关深入贯彻落实习近平总书记重要指示批示精神，按照海关总署统一部署，全面深入总结疫情斗争实践，从中汲取力量，深刻领悟“两个确立”的决定性意义，坚定夺取疫情防控战争最后胜利的信心信念。

一、切实做到守土有责、守土担责、守土尽责

（一）坚持一贯到底

国家疫情防控政策重大调整、海关总署疫情防控方案更新时，坚持第一时间做好政策解读，第一时间召开关区专题会议，直接传达至关区每一名关员，确保传达到每一根“神经末梢”。

（二）强化扁平化指导

分管关领导跟班指导一线班组建立完善业务学习、流程优化、制订预案等班前准备制度，成立郑州海关口岸疫情防控工作指导组，直插业务现场，进行“人、物、环境同防”全方位跟班指导，累计下发指导意见16条，23次派出指导组现场跟班指导，督促一线“钉好每颗钉子”，更加科学精准落实落细海关总署各项防控措施。

（三）严格信息报告

累计向海关总署报送各类疫情数据2074条，连续3年在海关总署数据报送专项通报中实现零迟报、零误报和零差错。

（四）固化联防联控成效

主动加强与地方省、市疫情防控指挥部以及卫生健康、外事、公安、移民、民航等单位的沟通交流，固化联防联控成效。协调河南省疫情防控指挥部从3家三甲大型综合医院选派34批1069名精干专业医护人员、疾病预防控制机构选派12批181名流调“尖兵”支援郑州机场口岸卫生检疫工作。

二、织密织牢口岸立体防护网

（一）发挥信息化建设成效，率先落实电子健康申报

疫情初期，海关总署重启口岸健康申报制度，郑州海关紧急协调机场集团配合做好作业区域、作业流程调整。按海关总署健康申报要求，对当时郑州海关信息化作业系统进行优化升级，在全国率先实现电子申报、智能核验，切实发挥郑州机场口岸信息化建设基础作用，高效落实疫情防控措施。

（二）检出恶性疟病例，“多病同防”取得突破性成效

海关总署要求在做好新冠疫情防控的同时，坚决严防埃博拉、鼠疫等其他重要传染病输入。郑州海关立即召开指挥部专题会议，将“多病同防”工作作为指挥部例会的专项议题进行研究部署。疫情期间，累计检出疟疾、甲型流感、细菌性痢疾等其他传染病，并从某入境航班中首次检出恶性疟病例。

（三）探索建设口岸应急指挥平台，纳入海关总署“三智”先行先试项目库

2021年全国海关卫生检疫会就“破题常态化防控”“健全口岸应急管理体系”做出部署，郑州海关立足工作实际，持续完善智能触发、远程会商、即时指挥、在线督查等主要功能，探索建设常态与应急无缝衔接的口岸卫生应急指挥平台。

（四）建言海关总署开通卫生处置模块作业数据接口获采纳，为全国海关口岸“技防”贡献郑州海关智慧

根据郑州海关工作实际，结合全国海关情况，及时向海关总署建言开通新旅通系统卫生处置模块有关作业数据接口，推动充分发挥口岸卫生检疫设施设备智能化查验功能，被海关总署主管司局采纳，为推进提升全国海关口岸“技防”能力水平贡献郑州海关智慧。

（五）持之以恒从严顶格抓好安全防护，实现“打胜仗、零感染”

郑州海关关党委多次专题研究部署安全防护工作，压紧压实“一把手负总责、业务条线各负其责、一线部门具体负责”的安全防护管理责任，建立健全“岗前检查、工作巡查、全程督查”和“双人作业、互相监督”的“3+2”安全防护监督制度，落实每月自查、定期督查、随时检查的常态化督导机制，发现问题并全部整改到位。科学优化、严格做好高风险一线岗位人员封闭管理，一线工作人员1475人次进入封闭管理，未发生职业暴露感染情事。

三、千方百计促进外贸稳增长

（一）优化作业流程，单航班总体通关时长压缩1/3

海关总署部署全国海关主动做好入境航班和人员的检疫保障以来，郑州海关进一步优化疫情防控措施、科学精准做好疫情防控工作，在海关总署规定作业流程的基础上，进一步优化口岸卫生检疫作业流程，进一步解放现场人力，尽可能减少现场工作人员配备，最大限度减少一线人员工作量。新的作业流程自2022年6月1日开始运行，仅健康申明卡核验一个岗位工作人员就压缩3~5名，每个航班总体通关时长缩短1/3左右。

（二）坚持“一机一案”，保障人员货物安全流动

郑州海关坚定扛起政治责任，认真落实海关总署包机检疫方案，全面排查风险隐患、立即补齐短板隐患，按照“一机一案”原则，实施科学精准检疫措施，有效保障国际人员安全流动，有力保障国际产业链供应链安全、通畅。

四、创新提升海关口岸现代化治理能力建设水平

（一）着眼提升口岸应对重大疫情能力

在持续做好疫情防控的同时，紧贴疫情防

控实战需要，对郑州机场口岸智能查验设施不断进行优化完善，实现红外体温自动实时监测、旅客健康申报精准智能核验、重点人员自动拦截控制、流调排查采样情况自动识别、入境旅客智能分流，尽可能减少现场工作人员配备，最大限度减少一线人员工作量，探索建设常态与应急无缝衔接的口岸卫生应急指挥平台。

（二）着眼提升口岸公共卫生应急能力

疫情防控实践中，郑州海关部门间密切协作，建立了一套协同高效的应急处置运行机制。疫情防控抗疫实践促进业务理论体系长足发展，口岸卫生应急体系化管理理念日益深入，口岸公共卫生应急预案体系持续完善。疫情防控期间，科学、规范、高效处置单航班检出新冠病毒核酸阳性等入境聚集性发病事件，成功经受重大考验。

撰稿人

杜远举

郑州海关打击走私重点专项工作

2022年，郑州海关贯彻落实习近平总书记关于打击走私工作的重要指示批示精神，按照海关总署开展打击走私“国门利剑2022”联合行动统一部署，以坚决维护国门安全为主线，锲而不舍、一以贯之保持高压严打态势，不断提高专业打私能力，切实深化全员打私，全力推进综合治理，为全面建设社会主义现代化国家贡献打私力量。

一、扎实开展联合行动

强化领导，明确分工，细化责任分工，明确目标任务，确保行动统筹推进。召开2022年关区缉私工作会议，对行动进行充分部署、动员。提高站位，强化意识，召开全员打私暨重点工作推进座谈会，始终将打击走私作为关区全局性工作，推动关区进一步提升全员打私效能。明确目标，加强推动，将打私工作纳入关区整体工作一体谋划、一体推进、一体落实，统筹发挥监管“堤坝”作用和缉私“利剑”作用，共同筑牢国门安全防线。提高各业务部门移交缉私部门案件线索占比，通报任务进度，督促主动作为。优化机制，形成体系，在联合行动中，严格贯彻落实海关总署党委“1+6”文件精神，持续优化“防控、监管、打击”三位一体海关反走私工作体系，健全完善全员打私工作机制。

二、重点打击突出领域走私

（一）严厉打击涉枪涉爆走私

深入开展夏季治安打击整治“百日行动”和“国门勇士2022”专项行动，立案侦办涉枪刑事案件、行政案件，查获气动力枪支、气动力枪支配件、气枪铅弹。联合地方公安缴获枪管、铅弹，摧毁制造消音器作坊和仓库。

（二）严厉打击毒品和精麻类药品走私

落实国家禁毒委“清源断流”行动工作部署，立案办理毒品与国家管制的精神麻醉药品走私、非法邮寄案件。

（三）严厉打击“洋垃圾”、象牙等濒危物种及其制品走私

始终保持对查缉“洋垃圾”走私的高度敏感性，立案办理走私禁止进出口货物、物品案，涉及二手医疗器械、废旧计算机、废人发等。对损害人民群众身体健康、造成疫情防控新隐患的旧医疗设备等，会同地方公安机关追查来源、封控窝点、扣押涉案二手医疗器械，切实维护人民群众生命安全。加强联合研判和综合分析，在邮递、快件等渠道持续高压严打

濒危物种及其制品走私行为。

（四）严厉打击“水客”及重点涉税商品走私

刑事立案查获医疗器械、陨石、手表、洋酒、化妆品等走私物品。立案侦办跨境电商渠道走私犯罪案件。

（五）严厉打击非法出版物走私

贯彻落实习近平总书记关于打击走私、加强文化建设、确保意识形态领域安全等工作的重要指示批示精神，强化口岸查缉，坚持动态监控、滚动打击。

三、缉私专业能力持续强化

（一）探索警务运行机制改革

一是推动完善情报工作机制。树立情报主导警务理念，集中缉私情报资源，打造专业化走私线索处置力量，规范线索处置流程、明确处置实效，实现对关区所有走私线索的集中统一管理。二是推动缉私指挥体系重塑。按照“线索统一处置、作战扁平指挥、部门协同高效”的思路，改造情报指挥中心平台，重塑缉私执法办案体系，掌握侦查主动权，在开展专项行动上更加有力。全年组织关区专项行动30余次，调度异地协查办案100余次。三是推进侦查信息化。先后选派多名技术骨干参加电子证据培训班，取得鉴定人资格。

（二）推动“智慧缉私”建设

一是硬件基础不断夯实。统筹资金高标准开展“四个中心”建设，以数据池建设为牵引，引流海关、公安、社会等数据，推动互联网、大数据与缉私工作的融合。公安网前端信息化建设初步实现了与河南省公安厅、海关总署缉私局数据的双向接入，为执法办案提供了支撑。二是软件应用不断强大。深化大数据智能化应用，加强同相关科技企业的合作，紧盯新型走私犯罪，研发新应用、搭建新模型。研发的跨境电商走私研判等算法模型，为打击跨境电商渠道走私犯罪提供了有力支持。三是形势分析、“战法”提炼不断精准。针对关区打私走私的新形势新任务，借助“智慧缉私”平台，对重点领域、地区、商品走私态势进行分析研判，共形成形势分析文章10篇，其中2篇在相关刊物予以刊登。对侦办的案件复盘总结，形成“战法”用以指导工作实际，提炼的跨境电商案件“战法”在海关总署缉私局“缉私广议”大讲堂上进行介绍。

（三）推进执法规范化建设

一是全面落实严格执法要求。健全刑事案件“两统一”工作机制，落实防止干预司法“三个规定”、规范异地办案协作“六个严禁”、禁止逐利执法“七项规定”。开展执法质量考评和执法检查，制发整改意见书，确保整改到位。二是深化同检法机关协作。会同郑州市检察院成立侦查监督与协作配合办公室，在重大疑难复杂案件会商、案件侦办提前介入、全程指导案件诉讼等方面推动流程融合。三是深化执法信息化建设。建设缉私执法办案场所，设置人身安全检查、信息采集、证据保管、询问讯问和候问室等功能区。建设涉案财物专门管理场所，上线涉案财物管理信息系统，实行管办分离机制，对涉案财物流转全过程进行实时动态管理。推进案管中心建设，利用案管系统开展执法情况巡查。四是打造执法规范化内陆标杆。郑州海关缉私局东站分局被选树为全国缉私部门执法示范单位，是内陆17个海关缉私局的唯一一个基层执法示范单位。

四、打私工作格局不断深化

（一）完善多警种合成作战模式

一是深度融入缉私作战格局。加强与其他海关缉私局的信息共享，协作配合。二是健全同地方公安联系配合机制。深化与河南省公安厅各警种联系配合机制，与食品药品环境犯罪侦察总队、森林警察总队、禁毒总队签订合作备忘录，保持与刑侦、经侦、网侦和技侦总队的传统合作模式，就新形势下横向加强情报研判、侦控手段、警力资源、执法协作等方面细化具体措施，围绕全链条打击犯罪，掌握打击走私主动权。

（二）不断优化海关全员打私机制

一是强组织，明重点。印发“国门利剑2022”联合行动方案，细化责任分工，明确目标任务，确保行动统筹推进。印发关于进一步加强全员打私工作的通知，召开全员打私暨重点工作推进座谈会，始终将打击走私作为海关的全局性工作，推动关区进一步提升全员打私效能。二是抓跟踪，重问效。将推进“国门利剑2022”专项行动列为关区单项督察，进一步推动责任单位落实。加强业务培训，通过海关e课堂开展行政执法案件办理和案件系统运用培训。定期发布关区移交缉私刑事立案工作进展的通报，通报任务进度，督促主动作为。配合开展“蓝天行动”、打击整治枪爆危险物品违法犯罪专项行动、“口岸危险品综合治理”百日专项行动。三是重反哺，防风险。2022年9月28日，针对正在侦办的跨境电商渠道涉嫌走私咖啡因案件主动向郑州海关党委提出重大走私风险研判建议，化解涉案商品在关区违规进口。

（三）持续深化打击走私综合治理工作格局

推动地方政府进一步落实打私主体责任，以“五个聚焦”为着力点，构建“打、防、管、控”一体化格局。一是聚焦组织领导，坚持高位推动。召开全省打击走私领导小组工作部署会，下发“国门利剑2022”联合行动方案和综合治理要点，明确各单位各部门职责和任务分工。二是聚焦主体责任，推动地方机构下沉。推动地方政府履行好打击走私综合治理主体责任，推动全省18个地市的17个地市政府成立打私办机构。三是聚焦疫情防控，筑牢安全屏障。统筹疫情防控和打击走私工作，突出走私冻品等农产品冷链货物为重点，从源头上防控重大公共卫生风险。组织召开冻品市场打击走私综合治理座谈会。四是聚焦高压严打，形成强效震慑。以“国门利剑”联合行动任务为重点，推动各成员单位各司其职、协同作战，地方公安机关在打击肉类冻品、毒品走私贩卖方面的案件数量大幅增长。五是聚焦夯实基础，强化支撑保障。以“智慧缉私”为平台，拓展跨区域、跨部门打击走私信息共享渠道，全力建设全国反走私调查研究中心河南工作站，以立法调研、信息技术支撑、宣传氛围营造为切入点，夯实综合治理工作基础。形成河南省反走私综合治理立法调研报告，在各平台编发宣传文章48篇次。六是聚焦评价考核。发挥平安建设考核“指挥棒”的作用，客观评价各地市反走私综合治理工作开展情况。

五、锻造过硬缉私队伍

（一）压紧压实从严管党治警主体责任

一是明确责任。制定印发纪检工作要点，

制定主体责任清单、年度重点任务清单、领导班子成员“一岗双责”清单。各部门每月组织工作例会汇报从严治党工作情况、研究下月工作计划。二是强化督查。每季度进行“三大风险”分析，常态化开展党内法规和规范性文件贯彻落实情况的监督检查，推动责任落实。开展“一案双查”工作 23 次，专项督察、日常检查等 33 次。三是狠抓整治。认真贯彻落实公安部“六项规定”，开展违规宴请饮酒问题专项整治工作。通过全局大会、“三会一课”、文件通知、布设展板等多种方式学习宣传，签订“六项承诺”。四是深化教育。开展警示教育，用好公安机关及缉私局民警违纪违法典型案例以及《警钟》《零容忍》《迷途当归》等警示教育片，分级分类开展案例警示教育，撰写心得体会 76 篇。

（二）切实加强基层党建工作

一是严格落实党建工作责任制。印发 2022 年党建工作要点，将党组织书记党建述职和评议考核作为年度考核的重要环节。机关党总支不定期抽查支部党建工作开展情况，指导各支部扎实开展党建工作，提升党建工作质量。二是加强党建工作规范化建设。以推进党支部标准化建设为重点，规范“三会一课”、组织生活会、主题党日、党员领导干部双重组织生活等党内生活制度。审议制定党总支议事规则，明确党总支会议制度，对各支部定期开展检查、评比、通报。各支部共召开党员大会 33 次、组织生活会 21 次、支委会 72 次，党员领导干部讲党课 31 次，开展主题党日活动 84 次，发展党员 1 名。2 名民警分别被评为全国缉私部门优秀共产党员和优秀党务工作者，机场缉私分局党支部被评为全国海关缉私部门先进基层党组织。三是深入推进党建品牌创建。挖掘有特色有潜力的党组织，按照“一支部一特色”进行重点培育。东站缉私分局党支部结合“缉私工匠”党建品牌创建实际和执法规范化建设要求，成立以民警名字命名的“亚飞工作室”，使党建品牌进一步具化、细化。

（三）着力锻造高素质干部队伍

一是做细做实日常监督。严格“枪车酒赌毒密网”各项管理措施，加强对民警执行警容风纪、请销假、“八小时”外管理、外出及返岗报告等制度的检查，开展日常监督检查、专项督察、随案督察、作风纪律督察检查。二是加强干部队伍能力素质建设。推进全警实战大练兵，建设警体训练中心，组织开展实战化实案化训练和应急应战专攻精练。强化干部培养激励，加强典型选树和表彰奖励工作，充分发挥正向激励和示范引领作用。2 名民警先后分别荣获全国缉私系统优秀青年称号和河南省优秀人民警察称号。三是落实暖警惠警政策。坚持好干部标准，协助海关总署缉私局党组开展处级干部选拔工作。建设“缉思书屋”阅览室，开展日常慰问和重要节日专项慰问，组织民警常规体检和特例体检。

撰稿人

郑　博

郑州海关定点帮扶及推动乡村振兴工作

2022年，郑州海关持续发挥属地优势，整合系统内外资源，推进组织、产业、消费、文化、健康、智力“六个帮扶”，不断凝聚助推海关总署3个定点帮扶县（鲁山、卢氏、民权）乡村振兴合力。

一、突出产业振兴引领作用，助力鲁山定点帮扶

一是扎实开展结对共建。联合海关总署驻鲁山县帮扶工作队与鲁山县董周乡签订“四送一助力”结对帮创协议，开展党建联学、文化下乡、消费帮扶、海关健康行等帮扶活动，发挥海关在技术、资源等方面优势，选派技术骨干为驻村第一书记所在村提供技术指导，联系引进专业水果生产合作社，解决果树施肥、用药、病虫害防治等问题16项，无偿为该村展览馆制作23种标本，与驻村第一书记所在村集体开展合作，利用当地土地、气候、人力等优势，共同培育发展“鲁山酥梨”品牌。二是积极开展政策宣讲指导。鉴于平顶山辖区缺乏海关监管平台，联系平顶山海关安排业务骨干多次到鲁山现场办公，“手把手”指导鲁山县先行开展保税仓库建设，帮助当地吸引更多外贸企业“安家落户”，目前仓库已安排当地就业30余人。结合鲁山县卫材、纺织及食品农产品等产业发展和特色优势，重点开展通关、加工贸易、检验检疫等政策宣讲6次，进一步为企业出谋划策，叠加政策红利。广泛开展企业调研，挖掘外贸增长潜力，促进当地食用菌、服装纺织、耐火材料、石墨制品、医疗用品出口。2022年，鲁山县进出口总值1.26亿元，同比增长74.60%。三是积极帮助特色农产品开拓海外市场。依托鲁山县地标特产五里岭酥梨为主打产品，申请注册出境水果果园和包装厂，帮助引进鲁山县首台智能数字化分拣线，带动周边就业200余人，目前合作果园55.3万平方米，2023年计划向俄罗斯、东南亚地区出口660吨。围绕当地特色农产品干香菇、黑木耳等食用菌生产出口，指导企业采取“公司+农户”的种植模式，协调专业技术人员到户指导无公害栽培，从源头保证产品质量安全，帮助产品销往东南亚、欧洲、中东等多个国家和地区，2022年出口食用菌制品1.2亿元，带动周边就业1200余人。提前介入辅导，指导当地最大的禽蛋养殖企业进行供港澳禽蛋资质备案，在企业获得“绿色食品”“全国名特优新产品”等资质方面提供力所能及的帮助。

二、全力支持特色产业发展，助力卢氏定点帮扶

一是擦亮特色农产品品牌。联合海关总署驻卢氏县帮扶工作队巩固拓展产业富农成果。帮助该县与国家重点高新技术企业签订合作协议，每年收购全县70%的连翘，第一期133.3平方千米连翘标准化基地已开建；协调引进优质香菇加工企业，每年预计收购货值不少于1亿元，提供就业岗位150个；提前介入鲜苹果出口资质申请，完成133.3平方米苹果基地备案工作，实现果园与包装厂双注册，帮扶相关企业获得出口资质；推动连翘红茶、风味核桃仁、橡子仁淀粉等特色产品首次出口。二是突出信息技术支持。协调专家指导当地道地中药材质量标准体系和药品溯源建设；对7家香菇出口企业开展技术帮扶，提出技术建议12条；指导企业有效应对国外技术贸易壁垒，积极开拓海外市场，所属三门峡海关实验室无偿为当地核桃仁企业提供黄曲霉毒素等6个项目检测服务，每年为企业节约成本3万余元；把驻村第一书记所在村果园纳入国门生物安全监测计划，设置6个监测点。三是支持驻村第一书记所在村全面发展。扎实开展支部共建，帮助村党支部建立健全20多项工作制度，改建多功能综合性党群活动中心，强化村集体“三有五中心”建设，添置完善“数字乡村”建设软硬件；推动党建引领合作社，协助合作社流转土地建设20万平方米标准化果园；帮助村域果品企业入驻脱贫地区农副产品网络销售平台，进一步拓宽农产品销售渠道；协助对接海关系统和相关企业、平台，帮助销售苹果20余吨、蜂蜜2.1吨，为村集体创收8.62万余元；协调资金为村集体配备3台套农机具，助力春耕秋耕农业生产；2021年积极推荐果岭村获评基层党建示范村、基层党建标兵村、“美丽乡村”标兵村，2022年成为三门峡市党建工作观摩点。

三、充分发挥海关职责作用，助力民权产业迭代升级

一是帮助发展枢纽经济。联合海关总署驻民权帮扶工作队，积极依托民权保税物流中心助推当地打造枢纽经济，培育外贸经济增长极。携手国铁集团共同帮助该县改造升级铁路场站，推动与中原新丝路国际多式联运有限公司战略合作，开通中欧、中亚多式联运及铁海联运班列，将协同推动海关总署定点帮扶县外贸经济发展纳入南宁海关、郑州海关服务“一带一路”高质量发展合作备忘录，为民权县经广西口岸进口农产品设立“绿色通道”。二是推进产业扩容增项。联合中国检验认证集团河南有限公司成立中检合作实验室，推动民权国家冷冻冷藏设备质量检验检测中心顺利通过CNAS（中国合格评定国家认可委员会）换证复评审，并获得空调等6个家电扩项。收集、解决企业发展环节中涉及海关业务的痛点难点问题，与中原银行合作开展供应链金融服务，帮扶企业解决资金困难。推动保税跨境电商仓集公共仓、菜鸟仓一体化运营，建立电商孵化园，提供“海关通关+市场监管+检验检测”“一站式”服务，开创线上线下、前店后厂新销售模式。三是充分发挥贴身帮扶作用。精准服务民权助力海关总署定点帮民权县“三夏”生产。邀请农业技术人员到驻村第一书记所在村开展田间授课10余次，指导农户做好“三

夏”农作物防灾保收、抗旱保种工作；与3家农机合作社建立合作机制，协调大型收割机11台、玉米播种机50余台，对排查出的20余户低保户、五保户及因疫情无法返乡家庭开展“点对点”帮扶，顺利完成100万平方米小麦收割及玉米播种任务。协调解决务工返乡人员本地就业问题，联合地方政府开展跨境电商、厨师等岗位技能培训3次，依托民权保税物流中心（B型）入驻企业提供就业岗位100余个。

四、持续做好属地定点帮扶

2022年12月，商丘海关完成定点帮扶村（商丘市梁园区水池铺镇张屯村）驻村第一书记轮换工作。持续组织开展“干群夜话”“党员联户”等活动。巩固拓展脱贫攻坚成果，2022年新纳入监测户4户14人。在定点帮扶村设置“三夏”生产服务点，协调多台收割机、玉米播种机，并配备一批灭火器等消防设备，对帮扶村进行全方位24小时监督检查，共助收小麦153.3万平方米，收获粮食1380吨，同比增长13.58%。深入开展“四送一助力”服务活动，慰问空巢老人、困境老人、留守儿童等，并向定点帮扶社区捐赠扩音器材、口罩等物资。

支持罗山县外向型经济发展。联合信阳市发展改革委、信阳市商务局组成调研组，利用3天时间深入罗山县家居、电子科技、钻石加工等外贸企业调研，收集企业诉求11条，全部协调解决。帮扶罗山县2家企业分别设立出境加工贸易电子化账册，帮助降低经营成本。开辟“零延时”专属“绿色通道”，提供“7×24小时”通关服务。2022年，监管供港活猪11760头，货值832.43万美元，同比分别增长22.14%、24.82%。指导企业用足用好优惠政策，助力企业积极开拓海外市场，全年监管出口木家具1219.91万美元。指导散热片、电脑散热器、LED光源出口实现连续两年增长。

撰稿人

孙怀兴

第三篇

大事记

2022 年郑州海关大事记

1 月

3 日　关长、党委书记于洋在郑州参加河南省疫情防控工作电视电话会议。

4 日　关长、党委书记于洋主持召开郑州海关疫情防控工作专题视频会议。

4—8 日　党委书记、关长于洋在郑州参加河南省第十三届人民代表大会第六次会议。

6 日　郑州海关组织参加全国海关专题会议。

11 日　郑州海关召开关区 2021 年度基层党组织书记述责述廉述党建工作会议。

12 日　郑州海关召开关区重大风险隐患梳理评估工作会议。

14 日　关长、党委书记于洋主持召开关长办公会。

党委委员、缉私局局长钟卫华组织召开郑州海关平安建设领导小组工作会议。

18 日　关长、党委书记于洋主持召开郑州海关党委理论学习中心组（扩大）学习会、第四十五次形势分析及工作督查例会（关务会）暨关区统筹口岸疫情防控和促进外贸稳增长工作指挥部第四十三次会议。

20 日　郑州海关召开关党委党史学习教育专题民主生活会。

24 日　郑州海关组织参加 2022 年全国海关工作会议、全国海关全面从严治党会议。

25 日　党委委员、党委纪检组组长许顺华在郑州海关分会场参加 2022 年全国海关纪检监察工作会议。

26 日　郑州海关召开 2022 年关区工作会议。

郑州海关召开关领导班子和署管干部 2021 年度考核总结述职暨干部选拔任用工作“一报告两评议”会议。

郑州海关召开 2022 年关区全面从严治党工作会议。

27 日　郑州海关召开关区统筹口岸疫情防控和促进外贸稳增长工作指挥部办公室（扩大）会议。

28 日　郑州海关组织参加全国海关安全生产电视电话会议。

党委委员、缉私局局长钟卫华在郑州海关缉私局分会场参加全国公安机关党风廉政建设电视电话会议。

29 日　关长、党委书记于洋在郑州参加河南省委疫情防控工作第十一次专题会议。

2月

8日 关长、党委书记于洋参加2022年全国海关缉私工作会议暨全国打私办主任会议。

10日 河南省委常委、宣传部部长王战营听取郑州海关工作汇报。

关长、党委书记于洋主持召开关长办公会。

15日 关长、党委书记于洋主持召开郑州海关党委理论学习中心组（扩大）学习、第四十六次形势分析及工作督查例会（关务会）暨关区统筹口岸疫情防控和促进外贸稳增长工作指挥部第四十四次会议。

16日 关长、党委书记于洋在郑州海关分会场参加驻署纪检监察组“海关重点项目和财物管理以权谋私”专项整治工作动员部署视频会议。

关长、党委书记于洋在新乡参加郑州海关与新乡市政府战略合作协议签约仪式。新乡市委书记李卫东参加仪式并致辞。新乡市市长魏建平主持签约仪式。

17日 郑州海关召开2022年缉私工作会议。

党委委员、党委纪检组组长许顺华主持召开郑州海关“海关重点项目和财物管理以权谋私”专项整治工作推进会。

21日 党委书记、关长于洋在河南省委参加由省委书记楼阳生主持召开的工作汇报会。

河南省安全生产委员会考核巡查组到郑州海关开展安全生产实地考核。

22日 关长、党委书记于洋到郑州机场口岸调研并参加《郑州海关　河南机场集团共同推进郑州国际航空枢纽高质量发展合作备忘录》签署仪式。

关长、党委书记于洋主持召开专题会议审议关区“海关重点项目和财物管理以权谋私”专项整治工作实施方案。

23日 副关长唐诗婷参加2022年全国海关政策研究和统计工作视频会议。

副关长李兆明参加2022年全国海关商品检验工作视频会议。

24日 副关长唐诗婷主持召开关区统筹口岸疫情防控和促进外贸稳增长工作指挥部办公室会议。

25日 共青团郑州海关第二次代表大会顺利召开，差额选举产生共青团郑州海关第五届委员会委员。

党委委员、政治部主任谢永亮在郑州海关分会场参加2021年全国海关党委委员、政治部主任会议。

3月

1日 郑州海关召开“海关重点项目和财物管理以权谋私”专项整治工作动员部署会议。

关长、党委书记于洋主持召开关长办公会。

2日 副关长唐诗婷参加2022年全国海关进出口食品安全工作视频会议。

3日 党委委员、政治部主任谢永亮主持召开2022年第一轮常规巡察动员部署会。

4日 关长、党委书记于洋到开封SOS儿童村参加“海关妈妈”志愿服务活动。

党委委员、党委纪检组组长许顺华专题研究执纪审查工作。

党委委员、政治部主任谢永亮主持召开专

项教育活动问题查摆整改工作推进会。

9日　关长、党委书记于洋在河南省政府参加省推进外经贸高质量发展领导小组会议。

11日　关长、党委书记于洋参加全国海关疫情防控专题视频会议。

12日　关长、党委书记于洋参加河南省委新冠肺炎疫情防控工作第十二次专题会议。

13日　副关长唐诗婷在河南省政府参加省疫情防控指挥部口岸专班工作会议。

15日　关长、党委书记于洋主持召开郑州海关疫情防控工作专题视频会暨关区统筹口岸疫情防控和促进外贸稳增长工作指挥部第四十五次会议。

关长、党委书记于洋主持召开党委理论学习中心组（扩大）学习暨第四十七次形势分析及工作督查例会（关务会）。

关长、党委书记于洋主持召开《郑州海关年鉴（2022）》编纂委员会第一次会议。

17日　关长、党委书记于洋参加河南省委新冠肺炎疫情防控工作第十三次专题会议。

18日　关长、党委书记于洋主持召开疫情防控指挥部办公室（扩大）会议。

19日　关长、党委书记于洋在河南省政府收听收看全国新冠肺炎疫情防控工作电视电话会议。

20日　关长、党委书记于洋在河南省政府参加专题会议。常务副省长孙守刚主持会议，副省长何金平参加会议。

22日　关长、党委书记于洋主持召开郑州海关疫情防控工作专题视频会。

关长、党委书记于洋主持召开郑州海关统筹口岸疫情防控和促进外贸稳增长工作指挥部办公室（扩大）会议。

23日　关长、党委书记于洋会见郑州市副市长潘开名。

24日　关长、党委书记于洋参加全国海关持续推进审计问题整改工作视频会议。

关长、党委书记于洋主持召开关长办公会。

副关长黄勇参加2022年全国海关企业管理和稽查工作视频会议。

25日　郑州海关召开2022年精神文明建设工作推进会。

27日　关长、党委书记于洋参加河南省委新冠肺炎疫情防控工作第十五次专题会议。

30日　副关长黄勇参加2022年全国海关属地查检工作部署推进会、全国海关企管系统审核监督工作部署推进会。

31日　副关长黄勇参加2022年全国海关企业管理条线工作会议。

4月

1日　关长、党委书记于洋主持召开关长办公会。

党委委员、政治部主任谢永亮参加全国海关2022年机关党建工作视频会议。

党委委员、政治部主任谢永亮与海关总署驻卢氏帮扶工作组会谈。

副关长唐诗婷主持召开郑州海关统筹口岸疫情防控和促进外贸稳增长工作指挥部办公室会议。

2日　郑州海关组织收听收看海关总署党委理论学习中心组（扩大）学习讲座。

党委书记、关长于洋主持召开巡察工作领导小组会。

7日　关长、党委书记于洋主持召开郑州海关统筹口岸疫情防控和促进外贸稳增长工作指挥部办公室（扩大）会议。

8日　关长、党委书记于洋主持召开关长办公会。

党委委员、政治部主任谢永亮主持召开2022年第一轮常规巡察集中反馈会。

11日　关长、党委书记于洋主持召开关长办公会。

副关长黄勇出席河南省跨境电商零售进口药品试点落地运营仪式。

副关长唐诗婷主持召开“百名科长百日督查”配合督查工作专班会议。

12日　党委委员、党委纪检组组长许顺华组织召开关区“海关重点项目和财物管理以权谋私”专项整治工作专班会议。

副关长黄勇参加全国海关风险防控专项行动推进视频会。

14日　关长、党委书记于洋参加十一届河南省委深改委第一次会议。

副关长唐诗婷参加2022年全国海关口岸监管工作视频会。

15日　关长、党委书记于洋主持召开郑州海关党委理论学习中心组（扩大）学习、第四十八次形势分析及工作督查例会（关务会）暨关区统筹口岸疫情防控和促进外贸稳增长工作指挥部第四十六次会议、关区安全生产工作领导小组会议暨安全生产会议。

郑州海关组织参加海关总署安全生产工作领导小组会议暨全国海关安全生产电视电话会议。

关长、党委书记于洋召开郑州海关疫情防控指挥部办公室扩大会议。

16日　关长、党委书记于洋参加河南省中欧班列（中豫号）统一命名暨国际班列统筹开行仪式。

18日　关长、党委书记于洋主持召开郑州海关统筹口岸疫情防控和促进外贸稳增长工作指挥部办公室（扩大）会议。

关长、党委书记于洋在河南省政府收听收看全国保障物流畅通促进产业链供应链稳定电视电话会议。

19日　副关长唐诗婷主持召开郑州海关统筹口岸疫情防控和促进外贸稳增长工作指挥部办公室会议。

20日　关长、党委书记于洋主持召开“海关重点项目和财物管理以权谋私”专项整治工作领导小组会议。

副关长黄勇在河南省政府参加全省保障物流畅通促进产业链供应链稳定电视电话会议。

副关长唐诗婷在河南省政府参加全省安全生产大检查和打非治违动员会。

21日　关长、党委书记于洋主持召开关长办公会。

22日　关长、党委书记于洋参加河南省一季度经济形势分析会。

24日　副关长黄勇在河南省交通运输厅参加国务院物流保通保畅工作领导小组办公室视频调度会议及常务副省长孙守刚主持召开的省物流保通保畅工作专题会议。

副关长唐诗婷主持召开郑州海关统筹口岸疫情防控和促进外贸稳增长工作指挥部办公室会议。

25日　关长、党委书记于洋参加河南省委新冠肺炎疫情防控工作第十六次专题会议。

党委委员、党委纪检组组长许顺华在河南省人民会堂收看国务院第五次廉政工作会议。

25—29日　郑州海关组织参加全国海关厅局级干部学习贯彻党的十九届六中全会精神网上专题培训班。

党委委员、政治部主任谢永亮在郑州海关分会场参加全国海关青年政治理论学习交流会。

26日　关长、党委书记于洋主持召开郑州海关统筹口岸疫情防控和促进外贸稳增长工作指挥部办公室（扩大）会议。

27日　关长、党委书记于洋主持召开关长办公会研究“三智”项目推进等工作。

5月

4日　关长、党委书记于洋主持召开郑州海关统筹口岸疫情防控和促进外贸稳增长工作指挥部办公室（扩大）会议。

7日　关长、党委书记于洋主持召开郑州海关统筹口岸疫情防控和促进外贸稳增长工作指挥部（扩大）专题视频会。

9日　关长、党委书记于洋在河南省政府收听收看全国促进外贸外资平稳发展电视电话会议。

关长、党委书记于洋在河南省政府收听收看全国新冠肺炎疫情防控工作电视电话会议。

党委委员、党委纪检组组长许顺华主持召开统筹做好疫情防控和推动外贸保稳提质监督工作视频会议。

10日　关长、党委书记于洋主持召开郑州海关统筹口岸疫情防控和促进外贸稳增长工作指挥部办公室（扩大）会议。

郑州海关组织收听收看庆祝中国共产主义青年团成立100周年大会直播。

11日　关长、党委书记于洋通过视频形式向海关总署署长、党委书记俞建华汇报郑州海关工作。

副关长黄勇参加河南省政府第152次常务会议。

党委委员、党委纪检组组长许顺华主持召开“海关重点项目和财物管理以权谋私”专项整治工作推进会。

12日　关长、党委书记于洋在河南省机场集团有限公司参加常务副省长孙守刚召开的会议。

16日　关长、党委书记于洋主持召开疫情防控视频调度会。

副关长黄勇在河南省政府参加助企纾困专题会议。

17日　关长、党委书记于洋主持召开郑州海关党委理论学习中心组（扩大）学习、第四十九次形势分析及工作督查例会（关务会）暨关区统筹口岸疫情防控和促进外贸稳增长工作指挥部第四十八次会议。

19日　关长、党委书记于洋参加河南省稳外贸稳外资促消费工作电视电话会议。

关长、党委书记于洋主持召开关长办公会。

副关长黄勇参加河南省开发区改革工作推进会。

21日　关长、党委书记于洋参加河南省委新冠肺炎疫情防控工作第十八次专题会议。

24日　关长、党委书记于洋主持召开审计自查整改推进会。

副关长黄勇参加河南省政府第153次常务会议。

25日　关长、党委书记于洋主持召开郑州海关专项整治工作领导小组会议。

副关长唐诗婷主持召开郑州海关统筹口岸疫情防控和促进外贸稳增长工作指挥部办公室会议。

26日 关长、党委书记于洋参加中国（郑州）重要国际邮件枢纽口岸业务开通仪式。

关长、党委书记于洋主持召开2022年郑州海关综合治税电视电话会议。

副关长李兆明参加2022年全国海关科技工作视频会议。

27日 党委书记、关长于洋在郑州参加河南省委常委会。

30—31日 党委书记、关长于洋在郑州参加中国共产党河南省代表会议。

党委书记、关长于洋当选河南省出席中国共产党第二十次全国代表大会代表。

副关长李兆明参加全国海关网络安全保障工作电视电话会议。

6月

7日 审计署郑州特派办正式进驻郑州海关并召开审计进点会。

副关长李兆明主持召开配合国家审计工作专班（扩大）会议。

一级巡视员张纪英参加标准河南建设工作专班暨省实施标准化战略工作领导小组会议。

8日 关长、党委书记于洋主持召开郑州海关统筹口岸疫情防控和促进外贸稳增长工作指挥部办公室（扩大）会议。

党委委员、政治部主任谢永亮出席青年文明号授牌仪式，为获评2019—2020年度河南省青年文明号的单位颁发奖牌。

副关长李兆明召开配合国家审计专项工作组座谈会。专项工作组全体成员参加。

12日 党委委员、党委纪检组组长许顺华听取郑州海关专项整治工作重点项目核查情况汇报。

14日 关长、党委书记于洋主持召开专项整治工作领导小组会议。

关长、党委书记于洋召开郑州海关防汛工作视频调度会。副关长李兆明主持会议。

15日 关长、党委书记于洋主持召开郑州海关党委理论学习中心组(扩大)学习、第五十次形势分析及工作督查例会(关务会)暨关区统筹口岸疫情防控和促进外贸稳增长工作指挥部第四十九次会议、《郑州海关年鉴（2022）》编纂委员会第二次会议。

16日 党委委员、党委纪检组组长许顺华参加2022年第二轮常规巡察、第一轮综合检查动员部署会。

党委委员、党委纪检组组长许顺华召开专项整治工作专班迎检专题会。

一级总监、学会会长谢书升参加2022年度郑州海关学会会长全体工作会议。

17日 河南省打击走私综合治理工作领导小组会议在郑州召开。

郑州海关召开“海关重点项目和财物管理以权谋私”专项整治迎检工作动员部署会。

关长、党委书记于洋分别为缉私局和金水东路办公区3个单位挂牌。

党委委员、党委纪检组组长许顺华参加海关总署专项整治工作第一批视频督导检查培训会。

副关长李兆明主持召开配合国家审计工作推进会。

18日 关长、党委书记于洋在河南省委参加“中原大讲堂”开发区建设主题学习报告会。

副关长黄勇参加现代化建设高端论坛暨第十三届中原智库论坛。

20日 副关长李兆明主持召开配合国家审计工作推进会。

21日 郑州海关召开“海关重点项目和财物管理以权谋私”专项整治工作督导检查见面沟通视频会。

党委委员、党委纪检组组长许顺华召开专项整治工作专班会议。

副关长唐诗婷参加海关总署口岸监管司组织召开的部分海关工作视频研讨会。

22日 国务院安委会第六考核组对郑州海关开展安全生产工作视频考核。

23日 郑州海关与河南省科学技术厅举行合作备忘录签署仪式。

关长、党委书记于洋主持召开郑州海关统筹口岸疫情防控和促进外贸稳增长工作指挥部办公室（扩大）会议。

27日 党委委员、党委纪检组组长许顺华召开专项整治督导检查视频质询工作专题会。

副关长唐诗婷主持召开郑州海关统筹口岸疫情防控和促进外贸稳增长工作指挥部办公室会议。

副关长李兆明主持召开配合国家审计工作推进会。

28日 关长、党委书记于洋主持召开配合国家审计专项工作领导小组会议。

29日 郑州海关组织参加全国海关疫情防控工作专题视频会议。

30日 关长、党委书记于洋主持召开郑州海关疫情防控工作专题视频会议。

7月

1—2日 郑州海关组织参加全国海关年中工作会议。

2日 副关长唐诗婷在郑州参加国务院联防联控机制新冠肺炎疫情防控工作指导汇报会。

4日 关长、党委书记于洋参加河南省委新冠肺炎疫情防控工作第十九次专题会议。

5日 党委委员、党委纪检组组长许顺华参加全国海关“海关重点项目和财物管理以权谋私”专项整治工作第二、三批视频督导检查培训会。

6日 关长、党委书记于洋主持召开郑州海关统筹口岸疫情防控和促进外贸稳增长工作指挥部办公室（扩大）会议。

7日 副关长黄勇在河南省卫健委参加整治疫情防控“层层加码”问题专班座谈会。

党委委员、政治部主任谢永亮参加2022年“郑关讲堂——关区综合政务培训”暨关区“三智”工作会议并讲话。

副关长唐诗婷在福建厦门参加全国海关政策研究工作专题会议。

副关长李兆明参加海关总署召开的防止口岸危险化学品积压问题专题视频会议。

8日 关长、党委书记于洋与“百名科长百日督查”驻郑州海关督查组开展座谈。

党委委员、缉私局局长钟卫华参加郑州海关行政处罚培训视频会议。

副关长李兆明召开配合国家审计业务协调会。

一级巡视员田新强在河南省卫健委参加全省新冠肺炎疫情防控工作电视电话会议。

11日 关长、党委书记于洋在河南省政府参加全国安全生产电视电话会议。

副关长李兆明主持召开配合国家审计业务协调会。

12日 党委委员、缉私局局长钟卫华在河南省分会场参加全国禁毒工作电视电话会议。

副关长唐诗婷主持召开郑州海关统筹口岸疫情防控和促进外贸稳增长工作指挥部办公室会议。

13日 关长、党委书记于洋在河南省政府参加省口岸工作部门联席会议暨省推进外经贸高质量发展领导小组会议。

14日 党委书记、关长于洋主持召开党委会议。

关长、党委书记于洋主持召开郑州海关疫情防控指挥部办公室（扩大）会议。

15日 关长、党委书记于洋主持召开2022年郑州海关年中工作会议暨党委理论学习中心组（扩大）学习、第五十一次形势分析及工作督查例会（关务会）、关区统筹口岸疫情防控和促进外贸稳增长工作指挥部第五十次会议。

党委书记、关长于洋讲授专题党课。

19日 党委书记、关长于洋向河南省委副书记、政法委书记周霁汇报工作。

关长、党委书记于洋参加河南省上半年经济运行调度暨优化营商环境工作电视电话会议。

党委委员、党委纪检组组长许顺华召开“海关重点项目和财物管理以权谋私”专项整治工作督导检查动员会议。

20日 关长、党委书记于洋主持召开巡察工作领导小组会暨关长办公会议。

关长、党委书记于洋参加海关总署“口岸危险品综合治理”百日专项行动部署动员视频会议。

21日 关长、党委书记于洋在财政部河南监管局参加驻豫中央预算单位预算监管工作座谈会。

副关长李兆明在河南省政府参加全省中欧班列扩量提质及机场、内河航运一体化运营管理会议。

22日 郑州海关组织参加全国海关疫情防控工作专题视频会议。

关长、党委书记于洋参加郑州海关“口岸危险品综合治理”百日专项行动工作部署动员会。

25日 党委委员、政治部主任谢永亮参加河南省党内法规和信息工作会议。

副关长李兆明召开配合国家审计业务推进会。

26日 关长、党委书记于洋主持召开配合国家审计工作推进会。

27日 关长、党委书记于洋主持召开配合国家审计工作推进会。

郑州海关与河南省税务局签署合作备忘录。

28日 郑州海关与河南财经政法大学召开合作共建特色智库座谈会。

29日 关长、党委书记于洋主持召开郑州海关第一次外贸形势分析会议。

党委委员、党委纪检组组长许顺华召开专项整治第六督导检查组专题会议。

8月

2日 海关总署政策法规司在郑州海关召

开2022年度第二批海关规章立法后评估工作推进会。

关长、党委书记于洋主持召开配合国家审计工作推进会。

4日 关长、党委书记于洋主持召开郑州海关统筹口岸疫情防控和促进外贸稳增长工作指挥部第五十一次会议。

河南省打私办常务副主任、党委委员、缉私局局长钟卫华组织召开郑州市冻品市场打击走私综合治理座谈会。

副关长唐诗婷参加郑州海关政策研究工作会议。

副关长李兆明主持召开配合国家审计业务协调会。

5日 副关长唐诗婷参加河南省政府“研究农业农村经济运行情况”专题工作会议。

一级巡视员田新强在河南省疫情防控指挥部参加全省新冠肺炎疫情防控工作会议。

8日 关长、党委书记于洋主持召开配合国家审计工作推进会。

关长、党委书记于洋陪同中国品牌建设促进会理事长刘平均在郑州调研。

9日 关长、党委书记于洋在郑州参加第六届全球跨境电子商务大会开幕式暨跨境电子商务高峰会。

副关长黄勇陪同海关总署“两仓”专项检查组到开封检查指导工作。

党委委员、政治部主任谢永亮在郑州参加第六届全球跨境电子商务大会中国跨境电商50人论坛暨中欧跨境电商合作论坛。

11日 郑州海关召开“海关重点项目和财物管理以权谋私”专项整治整改工作动员部署会。

郑州海关缉私局召开下半年工作部署会。

12日 关长、党委书记于洋主持召开郑州海关风险管理委员会第一次会议。

15—16日 副关长黄勇在山东青岛参加海关服务黄河流域生态保护和高质量发展集中工作。

16日 关长、党委书记于洋主持召开郑州海关党委理论学习中心组（扩大）学习、关指挥部第五十二次（扩大）会议暨关务会（形势分析及工作督查例会）。

17日 关长、党委书记于洋主持召开郑州海关第二次外贸形势分析会议。

19日 河南省打私办组织召开全省打击走私综合治理工作领导小组成员单位工作推进会。

河南省直工委党委理论学习中心组学习示范班考核组到郑州海关开展实地考核。

22日 郑州海关组织参加全国海关加强新时代廉洁文化建设暨警示教育大会。

关长、党委书记于洋主持召开疫情内部防控专题会议。

25日 副关长黄勇在河南省政府参加全省稳外贸稳外资扩消费工作电视电话会议。

26日 副关长唐诗婷参加“平安2022”郑州机场反恐演习暨郑州机场应急救援综合演练。

29日 关长、党委书记于洋在郑州参加全国深化“放管服”改革持续优化营商环境电视电话会议。

关长、党委书记于洋在河南省政府参加全省疫情防控工作电视电话会议。

副关长黄勇主持召开郑州海关业务风险跨部门联合研判机制会商。

副关长唐诗婷参加2022年河南省食品安全宣传周启动仪式。

副关长李兆明召开配合国家审计工作推进会。

30日 郑州海关召开加强新时代海关廉洁文化建设暨警示教育大会。

31日 郑州海关组织参加海关总署“人民满意的公务员”宣讲报告会。

9月

2日 关长、党委书记于洋主持召开配合国家审计工作推进会。

副关长唐诗婷在河南省卫健委参加全省疫情防控视频调度会议。

4日 副关长黄勇在河南省政府参加全省落实稳经济接续政策专题工作会议。

5日 全国文明单位考察组对郑州海关文明单位创建工作进行实地考评。

6日 关长、党委书记于洋在河南省政府参加全省稳住经济大盘专题工作会议。

副关长唐诗婷在河南省政府参加全省食品安全工作电视电话会议。

7日 关长、党委书记于洋主持召开郑州海关统筹口岸疫情防控和促进外贸稳增长工作指挥部第五十三次会议。

8日 关长、党委书记于洋视频调度疫情防控等工作。

副关长唐诗婷参加郑州航空口岸进口冷链食品安全监管及应急处置演练并担任总指挥。

9日 关长、党委书记于洋在河南省政府收听收看全国新冠肺炎疫情防控工作电视电话会议。

关长、党委书记于洋参加全国海关疫情防控工作专题视频会议。

关长、党委书记于洋主持召开郑州海关疫情防控工作专题视频会议。

15日 关长、党委书记于洋在广西南宁参加第十九届中国—东盟博览会期间，随河南省政府代表团陪同省长王凯一起会见东盟国家驻华使节。

关长、党委书记于洋在广西南宁参加第十九届中国—东盟博览会期间，参加中国（河南）—RCEP成员国开放共享经贸合作洽谈会。

关长、党委书记于洋在广西南宁参加第十九届中国—东盟博览会期间，随河南省政府代表团到中新物流园等地调研。

16日 关长、党委书记于洋在广西南宁参加第十九届中国—东盟博览会开幕式，并陪同省长王凯一行参加巡馆活动。

20日 关长、党委书记于洋向河南省委书记楼阳生专题汇报海关工作，围绕大力支持河南融入“一带一路”建设、维护国门安全、促进全省外贸保稳提质等作专项工作汇报。

21日 关长、党委书记于洋主持召开郑州海关党委理论学习中心组（扩大）学习、关指挥部第五十四次（扩大）会议暨关务会（形势分析及工作督查例会）。

关长、党委书记于洋参加河南省委书记楼阳生主持召开的设计河南建设工作会议。

22日 关长、党委书记于洋主持召开郑州海关第三次外贸形势分析会议。

关长、党委书记于洋召开疫情防控实地督查工作见面会。工作专班全体成员参加会议。

23日 关长、党委书记于洋参加全国海关“防风险、保稳定、迎二十大”专题视频会议，并主持召开郑州海关“防风险、保稳定、迎二十大”专题视频会议。

党委委员、政治部主任谢永亮参加《中国海关年鉴（2022）》编纂总结暨（2023）年鉴编纂启动部署视频会议。

27日 关长、党委书记于洋在河南省政府参加标准河南建设工作会议。

副关长黄勇参加全国海关技术性贸易措施交涉应对视频会议。

28日 关长、党委书记于洋在河南省政府参加全省深化“放管服效”改革优化营商环境暨稳经济重要项目集中攻坚会议。

30日 关长、党委书记于洋主持召开郑州海关风险管理委员会第二次会议。

党委委员、党委纪检组组长许顺华在郑州海关分会场参加海关系统纪检监察干部监督工作会议。

副关长李兆明在河南省政府参加全省集中打击整治危害药品安全违法犯罪工作领导小组第一次会议。

10月

10日 副关长唐诗婷在河南省卫健委参加全省新冠肺炎疫情防控工作电视电话会议。

11日 郑州海关召开关区统筹口岸疫情防控和促进外贸稳增长工作指挥部第五十五次（扩大）会议。

12日 副关长黄勇主持召开郑州海关财务工作领导小组2022年第三次会议、事业单位监督管理委员会2022年第二次会议。

副关长唐诗婷在河南省卫健委参加全省新冠肺炎疫情防控工作电视电话会议。

13日 郑州海关参加全国海关全力以赴做好党的二十大召开期间安全生产相关工作电视电话会议。

14日 副关长黄勇主持召开郑州海关全力以赴做好党的二十大期间相关工作电视电话会议。

副关长唐诗婷参加国务院联防联控机制新冠肺炎疫情防控工作督查组汇报会。

15—23日 党的二十大代表、党委书记、关长于洋在北京参加中国共产党第二十次全国代表大会等活动。

16日 郑州海关组织收听收看中国共产党第二十次全国代表大会开幕会。

党委委员、缉私局局长钟卫华主持召开缉私局学习党的二十大报告研讨交流会。

副关长黄勇主持召开学习党的二十大报告研讨交流会。

18日 郑州海关组织收看海关总署办公厅青年理论学习小组学习党的二十大精神交流学习活动。

郑州海关组织开展党的二十大精神集中研讨会。

22—23日 河南广播电视台《连线二十大》栏目、《河南新闻联播》采访党的二十大代表、党委书记、关长于洋。

24日 郑州海关组织参加全国海关学习宣传贯彻党的二十大精神视频会议。

26日 党委书记、关长于洋主持召开郑州海关党委会议。

27日 关长、党委书记于洋召开驻郑隶属海关单位视频调度会。

副关长黄勇在河南省政府参加全省知识产权战略实施工作联席会议全体会议。

28日 关长、党委书记于洋召开驻郑外隶属海关单位视频调度会。

郑州海关组织参加海关总署党委理论学习中心组（扩大）学习暨司局级主要负责同志学习贯彻党的二十大精神培训班开班动员视频会议。

副关长唐诗婷参加河南省委新冠肺炎疫情防控工作第二十次专题会议。

30日 海关总署署长俞建华对郑州海关报送的值班信息作出批示。

31日 海关总署副署长吕伟红对郑州海关报送的值班信息作出批示。

11月

1日 党委书记、关长于洋主持召开郑州海关关党委学习贯彻党的二十大精神分组研讨会。

2日 郑州海关组织参加海关总署党委理论学习中心组（扩大）学习暨司局级主要负责同志学习贯彻党的二十大精神培训班宣讲会和辅导讲座视频会议。

3日 郑州海关组织参加海关总署党委理论学习中心组（扩大）学习暨司局级主要负责同志学习贯彻党的二十大精神培训班视频交流会。

郑州海关组织参加海关总署“口岸危险品综合治理”百日专项行动总结暨常态化工作部署电视电话视频会议。

4日 郑州海关组织参加海关总署党委理论学习中心组（扩大）学习暨司局级主要负责同志学习贯彻党的二十大精神培训班宣讲报告会和视频交流会。

5日 郑州海关组织参加海关总署党委理论学习中心组（扩大）学习暨司局级主要负责同志学习贯彻党的二十大精神培训班视频交流及总结会。

6日 党委书记、关长于洋在郑州参加学习贯彻党的二十大精神中央宣讲团报告会。

7日 党委委员、政治部主任谢永亮通过视频参加亚欧会议“三智”国际研讨会。

9日 关长、党委书记于洋主持召开郑州海关统筹口岸疫情防控和促进外贸稳增长工作指挥部第五十六次会议。

郑州海关召开关区“口岸危险品综合治理”百日专项行动总结暨常态化工作部署视频会议。

10日 党委书记、关长于洋主持召开郑州海关党委会议。

郑州海关召开关区党的二十大精神宣讲暨学习贯彻动员部署会。

11日 关长、党委书记于洋主持召开郑州海关风险管理委员会第三次会议。

关长、党委书记于洋在河南省委收听收看全国疫情防控工作电视电话会议。

党委委员、党委纪检组组长许顺华在郑州海关分会场参加全国海关纪检机构学习宣传贯彻党的二十大精神专题辅导视频会议。

12日 郑州海关组织参加全国海关疫情防控工作专题视频会议并召开专题会议研究部署关区贯彻落实工作。

14日 郑州海关组织学习党的二十大精神辅导讲座视频会议。

郑州海关召开疫情防控工作专题视频会议。

关长、党委书记于洋参加河南省政府第164次常务会议。

15日 关党委委员参加郑州海关党委理论学习中心组（扩大）学习暨处级主要负责同志

学习贯彻党的二十大精神集中培训分组研讨。

郑州海关缉私局召开党的二十大精神宣讲暨学习贯彻动员部署会。

党委委员、党委纪检组组长许顺华主持召开郑州海关纪检干部学习宣传贯彻党的二十大精神专题辅导视频会议。

16日 关长、党委书记于洋参加郑州—卢森堡“空中丝绸之路”国际合作论坛开幕式及主论坛。

副关长黄勇参加郑州—卢森堡“空中丝绸之路”国际合作论坛航空货运工商领袖峰会。

副关长唐诗婷参加郑州—卢森堡“空中丝绸之路”国际合作论坛国际航空货运枢纽分论坛。

副关长唐诗婷在郑州机场海关主持召开航空口岸出入境邮件总包业务交接工作协调会。

17日 郑州海关召开党委理论学习中心组（扩大）学习暨处级主要负责同志学习贯彻党的二十大精神集中培训总结会议。

关长、党委书记于洋主持召开郑州海关指挥部第五十七次（扩大）会议暨关务会（形势分析及工作督查例会）。

关长、党委书记于洋主持召开《郑州海关年鉴（2022）》编纂委员会第三次会议。

关长、党委书记于洋参加河南省委新冠肺炎疫情防控工作第二十一次专题会议。

18日 关长、党委书记于洋主持召开关长办公会。

党委书记、关长于洋在郑州列席河南省委常委会会议。

21—22日 关长、党委书记于洋陪同河南省副省长何金平到焦作、洛阳、巩义调研稳外贸稳外资工作。

23日 党委书记、关长于洋主持召开郑州海关第四次外贸形势分析会议。

党委委员、政治部主任谢永亮参加全国海关政治部门学习宣传贯彻党的二十大精神学习宣讲视频会议并做交流发言。

24日 关长、党委书记于洋陪同河南省副省长何金平到濮阳调研稳外贸稳外资工作。

29日 关长、党委书记于洋在郑州参加河南省委第十一届四次全会。

党委委员、党委纪检组组长许顺华主持召开监督工作视频会议。

副关长唐诗婷参加海关总署召开的进口危险化学品检验模式改革试点工作说明视频会。

30日 副关长唐诗婷组织召开郑州海关优化新冠肺炎疫情防控措施调度会。

12月

1日 党委书记、关长于洋主持召开郑州海关党委会议。

关长、党委书记于洋在郑州参加河南省委经济工作会议筹备会。

2日 关长、党委书记于洋陪同河南省副省长何金平在郑州调研稳外贸稳外资工作。

关长、党委书记于洋主持召开执法一线科长暨青年干部专题座谈会。

副关长李兆明组织召开国家审计查出问题整改推进会。

5日 党委委员、党委纪检组组长许顺华主持召开纪检监察工作会议。监察室相关人员参会。

6日 郑州海关组织收听收看江泽民同志追悼大会。

7日 关长、党委书记于洋主持召开疫情内部防控专题工作会议。

8日 一级巡视员田新强在河南省卫健委参加全国新冠肺炎疫情防控工作电视电话会议。

9日 关长、党委书记于洋在郑州参加河南省委新冠肺炎疫情防控工作第二十二次专题会议。

12日 关长、党委书记于洋主持召开郑州海关统筹口岸疫情防控和促进外贸稳增长工作指挥部第五十八次（扩大）会议。

13日 关长、党委书记于洋主持召开关长办公会。

14日 关长、党委书记于洋视频调度保健中心疫情防控相关工作。

15日 关长、党委书记于洋主持召开疫情内部防控专题会议。

16日 党委委员、政治部主任谢永亮主持召开机关党委视频会。

19日 关长、党委书记于洋在郑州参加河南省委经济工作会议。

20日 关长、党委书记于洋在郑州参加河南省民营经济高质量发展大会。

22日 关长、党委书记于洋主持召开郑州海关年度工作视频汇报会。

25日 副关长黄勇在河南省委参加全国新冠肺炎疫情防控工作电视电话会议。

27日 郑州海关以视频形式召开打私反腐“一案双查”风险分析研判会议。

副关长黄勇参加河南省委新冠疫情防控工作第二十三次专题会议。

28日 郑州海关组织参加全国海关新冠病毒感染疫情防控工作专题视频会议。

29日 关长、党委书记于洋主持召开郑州海关新冠病毒感染疫情防控工作专题视频会议。

30日 关长、党委书记于洋参加全国海关全面加强审计问题整改工作专题视频会议。

党委委员、政治部主任谢永亮出席河南对外贸易高质量发展研究院成立大会并致辞。

第四篇

党的建设

党建工作

概况

2022年，郑州海关以习近平新时代中国特色社会主义思想为指导，围绕迎接学习宣传贯彻党的二十大主题主线，凝心聚力抓落实。党委书记、关长于洋当选党的二十大代表全程出席大会，带头进机关、到企业、下基层宣讲党的二十大精神。研究制订专项方案，举办郑州海关党委理论学习中心组学习暨处级干部集中培训，召开弘扬红旗渠精神专题组织生活会，开展"奋进新征程、郑关更出彩"系列宣传，推动学习宣传贯彻党的二十大精神走深走实。深入开展"学查改"专项工作和政治机关专项教育活动，广泛开展"政治与业务大家谈"，查摆问题254项全部完成整改。深入推进清廉海关建设，推动落实全面从严治党57项重点任务，细化进一步加强纪律作风建设36条措施、加强新时代海关廉洁文化建设48条措施，完成关区党建述职评议三年全覆盖、巡察五年一轮全覆盖。拓展"强基提质工程"，深入开展基层党建"双提升"行动，新创建和通过复核"四强"党支部31个，评选模范机关先进单位10个，新获和通过复核全国海关基层党建示范培育品牌6个，入选全国海关"五个一百"党务干部岗位练兵成果12项，1人获评全国海关"党务之星"，机关党委获省直机关党建考核先进。深化"党建+文明创建"，通过全国文明单位复查，"萤火虫"志愿服务队获评省疫情防控优秀志愿服务组织，"金秋支教"获评河南省2022年文明实践志愿服务优秀项目。"风华郑貌"微信公众号影响力持续提升。完成团组织换届，创新设立青年工作委员会，获评一星级全国青年文明号5个，省级青年文明号、青年岗位能手等省级荣誉12个。郑州海关工会获评河南省直规范化建设示范点。

宣传思想文化

【宣传思想工作】2022年，郑州海关以政治建设为统领，把宣传思想工作融入事业发展大局，围绕迎接学习宣传贯彻党的二十大这条主线，心怀"国之大者"、守正创新，唱响时代奋进凯歌，汇聚磅礴力量。《人民日报》、海关总署门户网站、《河南日报》、"豫直党建"等多个平台采用文章50篇。海关总署政工办网站采用党建信息140余条，"金钥匙杂志"微信公众号采用信息128条，郑州海关“风华郑貌”微信公众号推送文章245篇、郑州海关政治部网站采编信息6368条。

【理论武装工作】2022年，郑州海关深入学习习近平新时代中国特色社会主义思想。制订2022年度郑州海关党委理论学习中心组学习计划，通过关领导领学、交流研讨、专家辅导，组织学习《习近平谈治国理政》第四卷和习近平经济思想，召开党委会30次、党委理论学习中心组扩大学习会11次，及时跟进学习习近平总书记重要讲话和文章146篇。优化党委中心组示范领学、党支部精准深学、党员重质自学“三级联学”机制，党委理论学习中心组获评河南省第一批学习示范班，推广运用“读、讲、研、评、考”五步学习法，各级党组织通过“三会一课”、主题党日活动、专题培训等多种形式，开展党的十九届六中全会精神全员轮训，实施青年理论学习提升工程，把党的二十大精神同党的十八大、十九大精神结合起来学、贯通起来学、全面系统学，完整准确全面领会。

【意识形态工作责任制落实】2022年，郑州海关党委、关区各隶属海关党委两级党委深入学习习近平总书记关于意识形态工作的重要讲话和重要指示批示精神，每半年开展工作分析研判，加强网络等意识形态阵地建设管理，开展干部队伍思想动态分析，召开郑州海关风险管理委员会会议，及时掌握意识形态形势和动态，避免出现意识形态事件的风险。

【党的二十大精神学习宣传贯彻】2022年，郑州海关把学习宣传贯彻党的二十大精神作为首要政治任务，精心谋划部署，推动广大党员干部全面学习、全面把握、全面落实党的二十大精神。组织关区全体人员通过电视、广播、新媒体等途径收听收看中国共产党第二十次全国代表大会开幕会、闭幕会实况。党的二十大代表，郑州海关党委书记、关长于洋全程出席大会，现场聆听习近平总书记作报告，深刻领悟精神内涵，在海关总署党委理论学习中心组（扩大）学习暨司局级主要负责同志学习贯彻党的二十大精神培训班上做宣讲交流，撰写《凝心聚力擘画新蓝图　团结奋力共创新事业》在《中国国门时报》等载体刊发。召开党的二十大精神专题学习研讨会，关党委委员逐一做交流发言。研究制订郑州海关学习宣传贯彻党的二十大精神工作方案，对关区学习宣传贯彻党的二十大精神进行安排部署。

▲2022年10月26日，郑州海关组织召开关党委学习党的二十大精神专题会议　（郑州海关机关党委　供图）

组织党委理论学习中心组（扩大）学习暨处级主要负责同志学习贯彻党的二十大精神集中培训，党委书记、关长于洋做动员部署并面向关区宣讲党的二十大精神，采取集中学习、专家辅导、分组研讨相结合方式，观看中央宣讲团成员学习党的二十大精神辅导报告视频和专题片《根脉——红旗渠精神》，围绕“铸忠诚、担使命、守国门、促发展、齐奋斗”以及党的二十大涉及海关工作的12个方面工作要求，分6个小组开展研讨，23个隶属海关党委班子同步开展学习研讨。组织处科级和青年干部座谈会，集思广益谋划落实工作。各基层党组织通过“三会一课”、主题党日活动等形式，全覆盖深化学习研讨，以“深入学习习近平总书记视察安阳重要讲话精神，大力弘扬红旗渠精神”为主题召开专题组织生活会，党委委员以普通党员身份参加，学习贯彻党的二十大精神和习近平总书记视察安阳重要讲话精神，领会红旗渠精神的丰富内涵和时代价值。开展“奋进新征程、郑关更出彩”系列宣传，广泛宣传各部门单位优秀做法和亮点工作，全国海关“深入学习宣传贯彻党的二十大精神”专题网站、“河南机关党建”网站等署省载体平台刊发学习成果49篇次，“风华郑貌”微信公众号推送31篇次。

【精神文明建设】2022年，郑州海关坚持“河南开放、海关先行，中原出彩、海关添彩”理念，深化“党建+精神文明”模式，组织召开关区精神文明建设工作推进会，印发2022年度全国文明单位创建工作方案和任务分解；每月聚焦一个主题深化创建活动，先后开展新春慰问、雷锋月、文明实践周、爱国卫生月、纪律教育月、内务强化月等系列活动；开展春节、元宵节、端午节、中秋节等“我们的节日”传承中华传统文化；开展“赶考路上有我、走好第一方阵”系列活动、“建功新时代　青春献国门”微视频展播、“奋进新征程　建功新时代”主题展等迎接党的二十大系列活动。发挥全国文明单位示范作用，组织志愿者下沉社区42个788人次。关心关爱疫情一线封闭管理干部职工，建立节日、重要纪念日等关党委视频连线慰问和困难家庭上门慰问机制，与郑州大学心理咨询机构建立合作机制，成立“心灵驿站”开展心理疏导。年内，郑州海关完成全国文明单位年度考评验收，指导隶属海关新申报

▲2022年1月28日，郑州海关关党委到郑州海关所属郑州车站海关开展春节慰问　（郑州海关所属郑州车站海关　供图）

省级标兵2家、省级文明单位2家、市级文明单位3家，结对帮扶2家企业创建省级文明单位。被河南省省直爱国卫生运动委员会评为河南省无烟党政机关示范单位、河南省卫生先进单位，“海关妈妈”志愿服务项目被河南省精神文明建设指导委员会评为河南省优秀志愿服务项目。

【准军事化纪律部队建设】2022年，郑州海关每月组织开展视频检查并组织通报，“点对点”反馈，各业务大厅办公秩序提升明显；4月开展内务规范强化月活动，结合疫情防控形势，组织机关各部门队列教练员培训，规范关区队列训练内容，有关做法获海关总署“金钥匙杂志”微信公众号刊发；4—9月，组织关区专兼职党务干部开展党务干部岗位练兵；9—12月，组织关区105人参加稽查岗位练兵，金水海关程菲入围海关总署稽查岗位练兵个人技能比武百强。

基层组织建设

【政治机关建设】2022年，郑州海关按照海关总署统一部署，在关区各基层党组织中开展“强化政治功能，组织力凝聚力提升行动”，在党组织书记和党务干部中开展“强化政治意识，党建工作能力提升行动”，即“双提升”行动，推进党建高质量发展。以党的政治建设为统领，将“双提升”行动与“学查改”专项工作、政治机关专项教育活动紧密结合，围绕习近平总书记关于党的政治建设的重要论述等一系列学习材料，分季度确定29篇重点学习篇目、13个研讨题目，深化学习研讨，查摆问题全部整改落实，增强基层党组织的政治功能和组织力。着力压实基层党支部书记责任，组织开展2021年度基层党组织书记党建述职评议考核，15个隶属海关党委书记以及机关、风控分局和事业单位基层党支部书记进行大会述职，31个党组织书记进行书面述职。规范党务工作，指导63个任期届满党组织换届，新发展党员12名，按海关总署统一部署试点推动新版“智慧党建”系统运用。建强基层组织，新争创和通过复核“四强”党支部31个，评选模范机关先进单位10个，新郑海关党总支获评第一批河南省直机关党建示范点，机关党委获省直机关党建考核先进位次，党建课题研究成果获全省机关党建课题研究一等奖。

【离退休干部党建工作】2022年，郑州海关学习贯彻党中央《关于加强新时代离退休干部党的建设工作的意见》（简称《意见》）精神，落实新时代党的建设总要求，抓好离退休干部政治建设、思想建设、党组织建设，切实把老干部团结在党的旗帜下、凝聚到党的组织中，充分发挥广大老党员正能量作用，为建设出彩郑关贡献智慧力量。深入贯彻《意见》精神，进一步压实离退休干部党建工作责任。广泛宣传《意见》精神，制订相关工作方案，明确重点工作任务清单，推动把离退休干部党建工作纳入郑州海关党的建设总体布局，与其他领域党建工作同部署、同推进、同落实。持续深化理论武装，教育引导离退休干部党员永远听党话跟党走。把学习宣传贯彻党的二十大精神作为首要政治任务，组织关区离退休干部党员收看中国共产党第二十次全国代表大会直播，征订

《党的二十大报告学习辅导百问》等资料开展“送学上门”，迅速掀起学习贯彻党的二十大精神的热潮，引导老干部不断增强“四个意识”、坚定“四个自信”、做到“两个维护”。加强组织建设，有效提升离退休干部党组织凝聚力。如期完成4个离退休干部党支部换届选举工作。将18名退休党员纳入离退休干部党支部，参加组织生活。加强支部班子建设，举办2期离退休干部党支部书记及支委培训班。为2名老党员颁发“光荣在党50年”纪念章。

【党建品牌创建】按照“强化政治属性、体现工作特点、反映支部特色、展现党员特长”整体思路推动党建品牌提档升级，培育党建品牌“后备队”10个，郑州新区海关党总支“经彩新关”品牌、关税处党支部“金麦穗”品牌分别被海关总署党委评为全国海关党建示范品牌和培育品牌，保健中心党支部“国门卫士　健康同行”品牌、新郑海关综合业务一科党支部“蜂鸟”品牌通过全国海关党建示范品牌复核，洛阳海关党总支“洛阳红”品牌、技术中心党支部“技术争先”品牌通过全国海关党建培育品牌复核。

【党务干部岗位练兵】组织关区科级党支部书记、专兼职党务干部线上培训700余人次，开展深化“强基提质工程”等专题调研，评选隶属海关优秀“书记项目”19个，9个党组织典型做法入选全国海关“五个一百”12项练兵成果，实现各领域各载体全覆盖，张黎虎获评全国海关“党务之星”，郑州机场海关党总支“‘三零模式’擦亮为民服务靓丽窗口”案例获评全国海关系统基层党建创新案例，李静、樊龙龙党员事迹入选省直机关能力作风风采展。

【基层党组织书记抓党建工作述职评议考核会】2022年1月11日，郑州海关组织召开基层党组织书记述责述廉述党建工作会议。15个隶属海关党委书记以及机关、风控分局和事业单位基层党支部书记进行大会述职，31个党组织书记进行书面述职。党委书记、关长于洋对大会述职的6个隶属海关党委书记进行现场点评并做专题讲话，政治部主任、机关党委书记谢永亮对9个机关、事业单位基层党支部书记进行点评。

党风廉政建设

【落实全面从严治党主体责任】2022年，郑州海关党委以习近平新时代中国特色社会主义思想为指导，全面学习、全面把握、全面落实党的二十大精神，扭住主体责任落实、突出“关键少数”监督、加强廉洁文化建设、持续正风肃纪反腐。年初分解细化全面从严治党重点任务7个方面57项措施。关党委每半年分析研判全面从严治党形势、意识形态形势，加强政治生态研判，及时发现和解决问题。深入开展中央巡视整改自查评估，扎实开展海关系统巡视整改集中清查和共性问题自查自改。全面排查俞建华署长指出海关系统存在的“五个有之”问题，严明政治纪律政治规矩。党委班子成员赴联系单位调研51次，履行“一岗双责”。完成基层党组织书记现场述责述廉述党建全覆盖。组织14名新任职隶属海关党委“一把手”参加党风廉政建设研修班。加强网络行为管理，规范干部职工社交与网上言行，进行个人注册账号自查，强化纪律观念。关党委班子成员主动做好每季度重点事项监督自查报告，自觉接受监督。严格组织领导干部配偶、子女及其配偶从业情况自查，“一把手”单列，抽查比例提高至 25%。完成 2 轮对 11 个部门单位的巡察工作，顺利实现关区巡察全覆盖。开展“海关重点项目和财物管理以权谋私”专项整治，统筹开展政治教育、纪法教育、警示教育，443 人参加廉政学习答题测试，通过率 100%，组织 376 名干部职工及编外人员撰写个人剖析材料，制发监督意见书和建议书 12 份，健全制度机制 30 项。综合分析党的十八大以来党纪处分、“一案双查”工作，进一步把准风险点和薄弱环节。严格依规开展受处分党员回访教育和党纪处分决定执行情况检查，实施针对性教育监督。推行机关纪委发起、职能部门会商研判、事发单位全面整改、业务条线据实参与工作方法，开展以案促改警示教育。

【廉洁文化建设】2022 年，郑州海关研究制定加强廉洁文化建设细化措施 48 条，牵头组织协作区并参加“清风国门”廉洁文化创意作品征集活动，获评全国海关优秀组织奖，参评作品获得特别奖、一等奖各 1 个，三等奖 2 个。组织“党史中的清廉故事”专题学习，发布各类廉洁文化作品、家教家风故事 15 期。

【警示教育】2022 年 8 月下旬至 9 月中旬，郑州海关开展警示教育月活动，关党委书记带头讲授廉政党课，教育引导干部职工扣好廉洁从政的扣子。首次组织关区纪检委员培训，提升自我监督能力。

【纠治“四风”】2022 年，郑州海关严格落实中央八项规定及其实施细则精神，细化进一步加强纪律作风建设 36 条措施，一体推动落实。纠治形式主义、官僚主义，实施基层定期报送任务和机关精文简会正负面清单管理，持续为基层减负。每月组织内务规范随机检查，推进窗口作风提升。严格执行海关总署“八条措施”，遏制酒驾醉驾问题发生。

群团工作

【工会工作】2022 年，郑州海关党委加强工会组织建设，夯实基础工作，指导鹤壁、新乡、濮阳、漯河等隶属海关单位工会规范做好委员增补选和法人资格变更登记，更新使用电子化会计处理系统，首次开通网上银行。依法依规管理，精准使用经费，规范预算编制、执行、调整、决算、收支公示等各环节，

▲2022 年 1 月 24 日，郑州海关组织收听收看 2022 年全国海关全面从严治党工作会议 （郑州海关机关党委 供图）

开展消费惠农活动，落实“海关重点项目和财物管理以权谋私”专项整治部署要求，配合省直工会完成2021年经费使用情况审计工作。推动疫情防控常态化下群众性文体活动开展，组织“悦读新思想　喜迎二十大”经典诵读、“中国梦·劳动美——喜迎二十大建功新时代”省直机关职工演讲比赛、省直“赶考路上有我　走好第一方阵”主题系列活动。利用重要节庆和传统节日，举办猜灯谜、包粽子、“倡廉洁　话团圆”迎中秋做月饼、主题演讲、经典诵读、书画摄影、读书分享、文明健康生活方式宣传等活动。发挥桥梁纽带作用，关心关爱会员职工，帮扶困难职工12人，开展婚、丧、住院、生育、退休离岗5项日常慰问104人次，为18名职工申请获得大病互助金，向疫情防控一线封闭管理人员发放慰问品436人次，开展“夏送清凉”暑期集中慰问98人次。以创建促提升，夯实规范化建设，被河南省总工会授予基层工会规范化建设示范点，推荐郑州机场海关获得2020—2021年度河南省直机关“五一劳动奖状”。

【青年工作】2022年，郑州海关学习贯彻习近平总书记关于青年工作的重要论述，把青年工作作为战略性工作来抓，坚持党建带团建，推动青年工作呈现新局面。加强党的领导。关党委会专题学习习近平总书记在庆祝中国共青团成立100周年大会上的重要讲话精神，对加强关区青年工作进行安排部署。关领导两次主持召开青年干部座谈会，听取意见建议，提出殷切希望。机关党委加强对团青工作的领导，研究任命第一届青年工作委员会成员，从思想引领、组织保障等多方面加强对青年工作的领导。优化团青组织建设。组织团委换届，选举产生新一届团委，首次配备专职的副处级团委书记。优化调整基层团支部设置，4个团支部及时按程序完成换届。组建关区两级青年工作委员会（小组）29个，实现关区各单位青年组织全覆盖，夯实青年工作的群众基础。强化青年理论武装。发挥团青组织作用，深入实施青年理论学习提升工程，第一时间跟进学习党的二十大精神，组织各团青组织收听收看庆祝中国共青团成立100周年大会直播，围绕习近平《论党的青年工作》开展主题联学，共组织开展“青年思想理论学用讲坛”87场次。丰富教育实践活动。围绕迎接学习宣传贯彻党的二十大主题主线，结合共青团成立100周年，组织开展系列教育实践活动，举办青年演讲比赛，拍摄微视频2部，组织团员青年到河南省团史展览馆、廉政教育中心进行参观寻访，在活跃青年工作的同时教育引导广大青年听党话、跟党走。宣传培树先进典型。加大青年工作的宣传力度，讲好郑关青年的感人故事，《中国国门时报》《金钥匙》杂志等海关总署新闻媒体多次刊发郑州海关青年工作宣传稿件。加强青年文明号创建工作，5个集体被认定为一星级全国青年文明号，7个集体获评河南省青年文明号，复查并推荐22个河南省青年文明号参加星级认定。引导青年立足本职工作岗位建功，4名青年个人荣获河南省青年岗位能手称号，1名团员获评河南省优秀共青团员，首次推荐并成功获评全国青年安全生产示范岗集体 1 个。

【共青团郑州海关第二次代表大会】2022 年 2 月 25 日，共青团郑州海关第二次代表大会顺利召开。大会听取共青团郑州海关第四届机关委员会工作报告，审议通过共青团郑州海关第五届机关委员会选举方案，30 名团员代表以无记名投票的方式，差额选举产生共青团郑州海关第五届委员会委员。政治部主任谢永亮，机关党委专职副书记、机关党委组织委员参加。大会结束后，共青团郑州海关第五届委员会按程序召开第一次全体会议，选举产生共青团郑州海关第五届委员会书记、副书记并明确委员分工。

撰稿人

王雁青　刘延森　刘创党　孙怀兴　李金森　赵秀林

巡视巡察

概况

2022年，郑州海关党委深入学习贯彻习近平总书记关于巡视工作重要论述，贯彻落实中央巡视工作方针，落实海关总署党委关于巡视巡察工作的部署要求，履行管党治党政治责任，统筹推动巡视整改和巡察监督。常态化长效化推动巡视整改工作，定期研究部署，有力推动落实，整改成效持续巩固深化。坚持巡察政治监督定位，组织2轮对11个单位（部门）的常规巡察，实现五年巡察监督全覆盖。

巡视

【巡视整改工作】2022年，郑州海关对照原海关总署党组巡视整改方案和郑州海关党委整改方案，逐条逐项自查，全面系统评估，78项措施均已完成整改并取得新进展、新成效。开展海关总署党委巡视整改集中清查，细化制订实施方案，明确学习研讨、对照自查等14项重点任务，压紧压实责任，逐项推动落实，及时上报郑州海关党委巡视整改自查报告，对海关总署巡视办审核反馈的问题，研究制定整改措施，加强专项整改。开展巡视发现共性问题自查自改，组建工作专班，对照海关总署党委巡视发现的共性问题清单，深入研判核实，建立郑州海关共性问题整改清单，督促各部门认真制定整改措施，扎实推动整改，及时上报郑州海关党委自查自改情况报告。

▲2022年4月2日，郑州海关巡察工作领导小组召开会议听取第一轮常规巡察汇报　（郑州海关党委巡察工作办公室　供图）

巡察

【巡察工作】2022年，郑州海关做好巡察全覆盖收尾工作。制订巡察年度计划，加强总体统筹，先后组建4个巡察组，抽调巡察干部27人次，完成2轮对7个机关部门、4个新设隶属海关的巡察工作，顺利实现巡察全覆盖。加强巡察与其他监督贯通协同，统筹开展巡察和综合检查，联合组队、一次进驻、并行检查、结果共享，凝聚监督合力，减轻基层负担。明确各方职责，推动做好巡察“后半篇文章”。关领导5次带队进行巡察反馈，传导责任压力。被巡察单位履行整改主体责任，党委纪检组、人教处、机关党委等部门加强整改日常监督，巡察办强化统筹督促，合力推动巡察整改落实。系统梳理党的十九大以来郑州海关巡察工作，开展巡察整改事项集中清查，深入提炼好经验、好做法，及时上报五年巡察工作总结。

撰稿人

高玉琦

纪检监察

概况

2022年，郑州海关贯彻十九届中央纪委六次全会精神，准确把握全面从严治党战略部署，全面落实驻署纪检监察组、郑州海关关党委工作要求，聚焦主责主业、忠实履职尽责，充分发挥监督保障执行、促进完善发展作用，为关区事业发展提供坚强保障。

监督检查

【政治监督】2022年，郑州海关党委纪检组强化政治监督，推动党中央重大决策部署落地见效。把“两个确立”的政治共识转化为“两个维护”的实际行动，把习近平总书记对河南、对海关工作的重要指示批示精神和党中央重大决策部署作为政治监督的切入点、着力点，将党中央提出的“疫情要防住、经济要稳住、发展要安全”要求贯穿监督全过程，制发重点监督事项清单5期，推进政治监督具体化。

【疫情防控监督】2022年，郑州海关推行疫情防控专项监督“一周一专题一检查”工作机制，开展纪检干部进闭环体验式监督、视频监督、视频会商560次，提出进一步优化入境检疫流程和提升信息化水平、统筹疫情防控和提高口岸通关效能的意见建议；制发纪律检查建议书、监督建议书5份。2022年，郑州海关各口岸未发生因工作失误导致疫情传播和感染情事。

【促进外贸保稳提质监督检查】2022年，郑州海关开展促进外贸保稳提质监督，实地走访、电话调研68家企业，解决涉及海关问题19个，确保海关总署促进外贸保稳提质10项措施和郑州海关15项措施落到实处，力促河南省外贸稳中求进。

【安全生产检查】2022年，郑州海关开展安全生产监督，重点开展口岸危险化学品存放安全、通关效率监督。实地检查作业场所消防安全16次，发现各类安全隐患93个，提出整改意见19条。全年未发生安全生产事故情事。

【“海关重点项目和财物管理以权谋私”专项整治工作】2022年，郑州海关强化专项整治，推动非执法领域权力规范运行。党委纪检组以“规定动作全落实、重点人员全覆盖、档案材料全审核、风险隐患全排查、问题整改全到位”的要求落实“海关重点项目和财物管理以权谋私”专项整治工作。通过召开会议、组织谈话、撰写个人剖析材料和心得体会，深入排查重点项目；向责任单位制发监督建议书。通过专项整治，关区各级党组织全面从严治党“两个责任”进一步压实，干部职工思想认识进一步提高，制度机制进一步完善，权力运行进一步规范。

▲2022 年 3 月 1 日，郑州海关监察室在海关大厅张贴“海关重点项目和财物管理以权谋私”专项整治工作举报渠道公示海报　（郑州海关监察室供图）

【“一把手”和领导班子监督】 2022 年，郑州海关党委纪检组推动落实关于加强对“一把手”和领导班子监督措施，定期专题汇报落实全面从严治党监督责任情况，党委纪检组组长与 7 名党委委员逐一开展廉政工作谈话，通报其分管联系单位领导干部遵守党章党规、廉洁自律等情况；以“四不两直”方式开展全面从严治党专题调研；与 8 名新任职“一把手”开展任前廉政谈话。

【协同联动提质增效】 2022 年，郑州海关党委纪检组积极加强与人教、政工、巡察、督审等职能部门协作配合；协调督审、巡察、财务等部门骨干力量全程参与专项整治，选派纪检干部参与政治巡察、干部考核、综合性检查等。审核拟选拔任用干部 488 人次。加强与缉私部门的联系配合，定期召开联席会议，分析研判海关工作人员失渎职和腐败风险。落实党委派驻纪检组向关党委“季度书面报告、半年专题汇报”工作机制，党委纪检组每季度听取派驻纪检组“一对一”工作汇报。开展派驻监督工作质效专题调研，实地走访 6 家、问卷调研 28 家驻在单位，改进派驻监督定位不够精准、谈心谈话不够聚焦等 5 个方面主要问题。派驻纪检组共制发监督建议书 12 份。

执纪办案

【违纪违法案件查处】 2022 年，郑州海关党委纪检组强化“三不腐”一体推进，推动纪律规矩养成。坚持严的主基调不动摇，持续强化元旦春节等重要节点正风肃纪；依规依纪依法处置问题线索；推进“一案一剖析一整改”常态化制度化，剖析问题线索和案件背后存在的责任缺失、制度漏洞等问题，向主责单位制发纪律检查建议书；对给予处分和问责的案件进行通报，开展以案促改，用身边事警醒身边人；推动开展警示教育月活动，通过警示教育大会、廉政党课、集中通报案例、主题党日活动、参观廉政教育基地等多种方式，拓展教育覆盖面，深化教育成效；以惩治高压、制度规范、警示教育、文化浸润督促干部职工知敬畏、存戒惧、守底线。

撰稿人

杜　飞　李　昶　黄　伟　蔡宏森

干部队伍建设

概况

2022年，郑州海关以政治建设为统领，聚焦“配班子、调结构、强队伍、严管理、促提升”，树立重政治、重品行、重基层、重担当、重实绩的鲜明用人导向，坚持“一把尺”“一张单”“一盘棋”，选优配强处科级领导班子，合理配置人力资源，提升事业单位管理水平，严格干部队伍监督管理，凝心聚力关爱干部职工，精准实效实施教育培训，迎难而上、砥砺前行，为各项事业发展提供坚强组织保证。

人力资源管理

【行政机构编制人员配置优化】2022年，郑州海关落实海关总署、直属海关、隶属海关三级事权，在机构编制权限内不断优化机构、编制和职能配置，提升机构编制资源使用效益。统筹解决动植物检疫和食品安全、综合保税区监管职责、国际邮件监管业务等职责划分工作，确保工作连续不断档、把关服务不缺位、上下对接不错位。同时，坚持机构编制瘦身与健身相结合，以“总量控制、统筹使用、科学增减、动态平衡、保证重点、服务发展”为原则，调整职能逐渐弱化的科级机构，加强新增职能机构。为支持郑州建设全国重要国际邮件枢纽口岸，增设郑州邮局海关物流监控科，推动有限的机构编制资源向重点领域、关键环节和基层一线倾斜。

【口岸防疫人力资源调配】2022年，郑州海关克服人力资源紧缺，统筹调配多名关员到疫情防控一线单位。更新关区“233”人员梯队，制订口岸疫情防控人力资源保障Ⅲ级、Ⅳ级应急工作预案，确保紧急情事发生时随时到岗或整建制换防。科学编制公务员招录计划，结合招录计划具体情况，加大宣传力度，统筹人员需求和队伍长远发展，连续第三年扩招公务员。成立关区关心爱护疫情防控一线人员工作领导小组，制定22条具体工作措施，持续推进落实。为关区干部职工参保防疫险和航空意外险，共计2284人次。加大封闭管理轮次间隔，根据疫情防控实际及时调整封闭管理模式。

干部育选管用

【干部选拔任用】2022年，郑州海关坚持“二十字”好干部标准，优先选用政治素质过硬、综合素质全面的干部，优先选用在统筹疫情防控和经济社会发展等“大战大考”中积极作为、担当奉献的干部，优先选用扎根基层、业绩突出的干部。加大干部交流力度，坚持事业为上、以事择人，有计划、有重点开展轮岗交流，推动跨地区跨部门跨专业交流任职，把合适的干部放到合适的岗位上，让优秀干部，尤其是优秀年轻干部到吃劲岗位、重要岗位和急难险重任务中锻炼。持续释放职级改革红利，开展年度各层级职级晋升，在坚持“基层导向”前提下，扩大职级改革惠及面，优化职务职级并行双通道，拓宽干部成长路径；申报海关总署评审专业技术类公务员高级任职资格和郑州海关自主评审中级任职资格各2人。加大执法一线科长队伍建设，召开执法一线科长座谈会，专题举办执法一线科长网上培训班，职级晋升和表彰奖励持续向执法一线科长队伍倾斜，推荐3人参加海关总署“百名科长百日督查”行动。

【考察考核方式创新】2022年，郑州海关发挥正向激励作用，全年表彰奖励集体三等功5个、个人三等功27个、个人记功2个、集体嘉奖14个、个人嘉奖392个。加大疫情防控工作表彰奖励力度，在年度考核中，对参加封闭管理的公务员单独组织考核，优秀等次比例从35%提高至61%；对参加封闭管理5个工作轮次以上的，经考核100%确定为优秀等次；在年度专项表彰奖励工作中，1个工作集体和1名个人获得海关总署通报表扬，2个疫情防控集体获得三等功，并对实施“14+7+7”封闭管理的单位，将其工作人员嘉奖比例从20%提高至25%；在疫情防控及时奖励工作中，对封闭管理工作中表现突出的5名个人提请海关总署通报表扬，对封闭管理和“多病同防”工作中表现突出的14名个人予以嘉奖，对9名关员和76名协管员予以通报表扬。

【干部队伍管理】2022年，郑州海关严格执行“两项法规”，召开动员部署暨专题辅导会议，完成有关事项报告材料收集，报告率100%。规范审核登记、调查核实、个人确认，完成关区事业单位工作人员档案专审工作。配套研发编外人员管理系统，完成关区1000余名编外人员信息首次录入、审批。

人才队伍建设

【深化公务员分类管理】2022年，郑州海关深化公务员分类管理，按计划组织职级公务员和事业单位专业技术岗晋升；组织召开郑州海关中级职称评审委员会，向海关总署高级职称评审委员会推荐参加高级职称评审10人，其中2人取得副高级职称、3人取得正高级职称；委托地方评审2人副高级专业技术资格，完成3人初、中级任职资格评定。首次采取录像面试方式，完成2022年度2批次考试录用公务员面试工作，协助其他直属海关100余名考生完成面试，协助海关总署完成1名考生专业能力测试。

【军转干部接收安置工作】2022年，郑州海关做好军转干部接收安置工作。向海关总署报送郑州海关2022年度军转接收计划，得到海关总署人事教育司批准后，主动对接河南省退役军人事务厅报送军转接收安置计划。参加河南省退役军人事务厅接收安置转业军官政策通气会，报名参加省（中）直单位“双向选择”安置计划，参加“双向选择”见面会，经择优筛选，最终选拔出拟接收军转干部，对人事档案进行审核。

【统筹青年干部】2022年，郑州海关按照海关总署人事教育司相关要求，对关区事业单位青年干部情况进行梳理分析，对未来3年青年干部培养选拔提出细化措施。对关区事业单位3种人员岗位及人员配备进行全面梳理，对青年干部培养发展进行分析，并征求事业单位发展需求，对各单位队伍和事业发展进行评估。根据海关总署事业单位管理由人员管理向岗位转变的总要求，按照郑州海关关党委鼓励事业单位干事创业的思路，对未来3年队伍情况进行预测，对事业单位岗位空缺情况进行推演，立足优先培养使用青年干部，提出发现、培养、选拔、管理等方面细化措施。对郑州海关“十四五”以来人才队伍建设的现状及成效进行梳理，系统地分析问题及原因，提出相应对策及建议。

干部教育培训

【常态化疫情防控培训】2022年，郑州海关科学精准做好常态化疫情防控培训。坚持“不培训、不上岗”，监督指导各隶属海关开展岗位培训，在岗人员每季度参加疫情防控实训演练不少于4学时，配合有关单位、部门开展疫情防控专业能力培训。组织参加海关总署专题培训；组织参加海关总署系列网上培训班。组织重点岗位人员做好实操培训和模拟演练，对照海关总署最新操作规范要求，组织兼职教师开展专题培训，全年组织疫情防控专题培训6期。

【党的十九届六中全会精神培训】2022年，郑州海关按照海关总署关于深入开展学习贯彻党的十九届六中全会精神集中轮训工作的通知要求，依托中国海关管理干部学院，完成关区处、科级领导干部深入学习贯彻党的十九届六中全会精神暨党支部书记专题网上培训班。组织开展处级领导干部任职培训班，有效提升参训干部政治能力和领导力水平。配合海关总署开展党的十九届六中全会精神网上专题班培训、司局级党的理论和党性教育培训班、执法一线科长培训班等重点网上培训班次学习。定期督导检查学习进度，各重点网上培训班次各阶段完成率均为100%。

【完善教育培训工作方式】2022年，郑州海关根据疫情发展实际情况，及时调整完善教育培训工作方式方法，强化科技运用，大力推行线上培训、远程教学模式。针对不同类别干部，分级分类完成政治理论培训、业务条线培训、疫情防控培训、晋衔培训等33期。组织危包监管岗位、签证动植物检疫官、动植物检疫现场查验岗等资质类培训考试7期。组织开展2022年度执法资格考试1次。

【兼职教师聘任工作】2022年，郑州海关按计划组织开展兼职教师聘任工作，年度共增聘续聘24人加入郑州海关兼职教师队伍，关区兼职教师人数达到62人，授课领域实现对关区主要业务条线的全覆盖。举办关区2022年

▲2022年4月25日，郑州海关组织收听收看全国海关厅局级干部深入学习贯彻党的十九届六中全会精神专题培训班（郑州海关人事教育处 供图）

度兼职教师教学能力提升培训暨兼职教师新聘仪式，开展现场授课、研讨、试讲、点评等教学交流和研讨活动，政治部主任谢永亮为新聘兼职教师颁发聘书并作辅导讲话。持续优化提升“郑关e课堂+点对点预约送教”模式，全年共举办28期郑关e课堂，培训8200余人次，满意度均在98%以上。

撰稿人

任文森 刘 阳 张 亚 陈光辉 高化楠

第五篇

业务建设

口岸开放与运行管理

概况

2022 年，郑州海关立足海关职能精准发力，支持航空、铁路口岸和海关特殊监管区域（场所）以及整车、药品进口口岸及指定监管场地建设，不断健全监管制度，优化监管措施，提高监管效能，深入参与共建“一带一路”，助力口岸经济高质量发展，为河南开放强省建设提供支撑。

口岸开放与发展

【郑州航空口岸建设发展】 2022 年，郑州海关保障“7×24 小时”通关，开辟防疫物资、AEO 高级认证企业“绿色通道”，推出“机坪理货—机坪直提”“整板转运”等通关便利措施；加强海关政策解读和业务指导，支持快时尚跨境电商品牌希音、中外运—敦豪（DHL）口岸项目落地郑州，助力美国联合包裹运送服务公司（UPS）加密国际货运航班运营并将郑州航空口岸作为华北地区快件转运中心。2022 年，监管进出境航班 1.08 万架次，同比增长 4.44%，监管国际货邮量 52.21 万吨。

【郑州东站铁路货运口岸建设发展】 2022 年，郑州海关成立工作专班，靠前指挥、统筹支持中欧班列集结中心建设，推广“出口提前申报+自动运抵放行”便捷措施，场站周转效率提升 30%。先后支持中欧班列（中豫号）开通中老、中蒙线路，优化“东南亚—郑州—欧洲”过境货物快速通关监管方案，探索“班列+海铁”联运运输模式，支持企业开展班列组货业务及内外贸货物混编运输，助力中欧班列（中豫号）提质增效。2022 年，共监管中欧班列（中豫号）1367 班、货运量 97.33 万吨。

【郑州国际航空邮件枢纽口岸建设】 2022 年，郑州海关助力郑州成为继北京、上海、广州之后的第四个国际邮件枢纽口岸，于 5 月 26 日正式开展业务。与河南省口岸办、河南邮政分公司、河南省机场集团等相关部门健全联系配合机制，打通境外到郑州进境邮件总包直封通道。截至年底，监管经郑州进境分拨全国 40 余个互换局邮袋 3.98 万袋。

【整车、药品进口口岸及指定监管场地业务发展】 2022 年，郑州海关推进汽车保税仓储业务常态化运行，进口药品 3.2 亿元、同比增长 5.68 倍，进口杂粮 7.77 万吨、同比增长 39.17%。8 月 5 日，郑州新郑国际机场进境食用水生动物指定监管场地、进境水果

▲2022 年 12 月 28 日，郑州海关所属郑州机场海关监管 750 头进境法国种猪快速通关　（郑州海关所属郑州机场海关　供图）

指定监管场地、进境冰鲜水产品指定监管场地改扩建（新建）项目通过验收，新郑国际机场北货站海关监管作业场所通过验核。

优化口岸营商环境

【巩固压缩进出口货物整体通关时间成效】2022 年，郑州海关持续压缩货物整体通关时间。进口整体通关时间 32.64 小时，比全国海关平均水平快 7.54 小时，较 2017 年压缩 69.07%；出口整体通关时间 0.38 小时，比全国海关平均水平快 0.88 小时，较 2017 年压缩 94.87%。推进“双随机、一公开”监管，按照“双随机”要求完成行政检查 5.11 万次，通过在门户网站、国际贸易“单一窗口”、各级海关现场设立公告栏和显示屏等方式，根据海关总署确定的公开频次，公开检查结果。完成 2021 年度河南省营商环境评价跨境贸易部分填报，配合河南省发改委完成河南省营商环境系统性改革方案。

国际贸易“单一窗口”建设

【“单一窗口”功能建设】2022 年，郑州海关积极支持河南“单一窗口”建设，配合地方政府做好“单一窗口”的开发、建设、运行工作，上线河南省跨境电商零售进口药品管理系统，完善“技贸通”应用功能，为河南外贸企业提供影响调查、风险预警及特别贸易关注信息上报等服务，更好服务河南开放型经济发展。

“三智”国际合作工作

【构建“三智”国际合作】2022 年，郑州海关深入践行“三智”理念，积极探索开展“三智”项目培育提升和关际合作，推动共建“一带一路”高质量发展。

【建立完善工作机制】2022 年，郑州海关成立外事工作领导小组，组建中匈关际合作、卫生应急指挥平台、跨境电商企业风险评估应用等 4 个工作专班，结合外事人才库，构建形成“外事领导小组、外事办、工作专班+外事人才库”的外事工作机制，关区上下“一盘棋”推动外事工作全面开展。年内，关党委听取关区外事工作进展情况汇报 3 次，召开外事工作领导小组会 2 次。获批加入“三智”专项联系工作组；积极与驻欧盟使团海关处联合开展欧盟“单一窗口”、知识产权保护等研究。加强与有关直属海关、河南省委外办联络沟通，推进优势互补、经验互鉴，与青岛海关、南宁海关等签订合作备忘录；河南省委外办主要负责同志带队到郑州海关，双方在日常联络、信息共享、业务支持等方面建立日常工作联系配合机制。

【“三智”项目培育】 2022年，郑州海关持续深化“三智”理论实践探索。对“口岸卫生应急指挥平台”“跨境电商企业风险评估应用”2个先行先试项目申报材料进行更新升级。会同驻欧盟使团海关处开展欧盟“海关单一窗口”、欧盟知识产权执法等新规研究工作，联合供稿文章《欧盟建设智能化海关“单一窗口”》被相关刊物采用。围绕践行“三智”合作理念持续加强信息报送，全年被海关总署内部相关刊物采用信息2篇，海关总署国际合作司内网“三智”合作专题模块采用2篇。组织参加第十九届中国—东盟博览会，并同南宁海关签署《郑州海关 南宁海关服务“一带一路”高质量发展合作备忘录》，就推进西部陆海新通道建设等17项具体项目开展深度协作，促进豫桂东盟开放合作。参加第六届全球跨境电子商务大会、郑州—卢森堡“空中丝绸之路”国际合作论坛、线上亚欧会议、“三智”国际研讨会议，学习亚欧国家海关先进“三智”理念经验。成立郑州海关文体协会外语分会，吸纳关区外语人才32人。22名同志入选海关总署外事人才库。年内召开郑州海关“三智”工作会议，开展“三智”国际合作培训，邀请海关总署国际合作司专家就“三智”国际合作及项目管理做专题授课。年内派员前往海关总署国际合作司综合处参加专项集中工作。

【增强开放平台质效】 2022年，郑州海关支持新郑国际机场北货运区开通运营，北货运区海关监管场地顺利启用。拓展国际中转、集拼等业务，助推郑卢货运航线“空中丝绸之路”做大做强。年内新开中欧班列线路5条。支持跨境电商零售进口药品试点落地运营并常态化运行。成功争取成为跨境电商零售出口跨关区退货4个试点海关之一。支持郑州国际邮件枢纽口岸获批。落实促进综合保税区发展政策措施，在2021年度综保区绩效评估中，新郑综保区保持A类，排名全国第三位；郑州经开综合保税区和南阳卧龙综合保税区保持B类。牵头起草河南省自贸试验区监管服务体系2.0版建设专项方案，“跨境电商企业风险评估应用”“‘技贸通’服务应用”2项创新举措获海关总署备案。推进AEO国际互认合作，年内高级认证企业新增19家，现有86家，指导培育经核准出口商5家。发挥RCEP关税减让作用，大力推进原产地证书自助打印、智能审核等签证便利化举措。参与海关总署组织的推进技术法规、标准和合格评定互认工作，完成乌拉圭输华野生水产品双边议定书起草、中法非洲猪瘟防控体系互评互认工作，持续开展6国食品安全体系研究工作，向海关总署报送研究报告6篇。

撰稿人

孔令军 乔 雨 刘继远

法治建设

概况

2022年，郑州海关深入学习宣传贯彻习近平法治思想，坚持“第一议题”制度，关党委理论学习中心组开展集体法治学习7次，关党委专题听取法治建设工作情况汇报7次，贯彻落实海关总署和河南省委省政府工作部署，推动法治建设，为海关事业高质量发展提供法治保障。全年共办理行政处罚案件237件，实施行政强制13件，开展行政检查5.17万次，开具行政征收单12.85万单，受理行政许可926件。

法规管理

【海关规章立法】2022年，郑州海关加强制度规范建设。首次制订年度制度规范“立改废”计划。对关区82件现行制度规范开展执行效果评估。参与海关总署43部海关规章立法后评估工作，承办海关总署政策法规司2022年度第二批海关规章立法后评估工作推进会。对21件关区制度文件和2件自贸区创新案例进行法制审核，对海关总署、河南省52件法律规章规范性文件征求意见稿反馈意见建议。

▲2022年8月2日，郑州海关承办海关总署政策法规司2022年度第二批海关规章立法后评估工作推进会 （郑州海关法规处 供图）

复议应诉

【行政执法复议应诉模拟】2022年，郑州海关发挥执法一线在维护国门安全中“第一道防线”作用，推广运用新时代“枫桥经验”，助力矛盾纠纷源头化解，强化示范培育，打造“服务型”“枫桥式”行政执法样板。指导郑州邮局海关自编自导自演执法小品《美容产品不老美——小邮包进境历险记》并参加河南省学习贯彻习近平法治思想暨第二届全省服务型行政执法比武活动（模拟执法），再现海关真实执法场景，使矛盾纠纷依法解决的过程成为全民普法的公开课。

法制协调和法治宣传

【深化“放管服”改革】 2022年，郑州海关参加2022年度法治河南（法治政府）建设考核、河南省第二届服务型行政执法比武活动理论测试、全国海关法治工作第三协作区模拟法庭展演。指导新郑海关成功创建第三批河南省依法行政示范单位。推进深化“放管服”改革。围绕促进外贸保稳提质，推进“证照分离”改革，落实行政许可事项清单管理，完成河南省级清单编制任务。细化海关总署和河南省政府贯彻落实意见，形成7个方面12项具体措施。

【法治宣传教育】 2022年，郑州海关组织开展“4·15”全民国家安全教育日、“美好生活·民法典相伴”、“8·8”海关法治宣传日、“12·4”国家宪法日主题宣传和疫情防控专项法治宣传活动。联合海关缉私局开展行政处罚专题培训。报送的2条查获信息被《中国国门时报》等新闻媒体采用；4条宣传活动信息被海关总署相关刊物采用；制作的民法典微信宣传专刊被总署“金钥匙杂志”“晨读一刻”微信公众号采用。建立健全法治人才管理使用机制，聘任首批9名关区内部法律顾问，支持公职律师和法律顾问参与复议诉讼、法治审核等重点法治工作，审核193份民事合同，提出法律建议900余条。1名同志获评海关系统优秀公职律师。

▲2022年8月5日，郑州海关聘任首批9名关区内部法律顾问　（郑州海关法规处　供图）

撰稿人

李瑞焱

业务改革与发展

概况

2022年，郑州海关学习宣传贯彻党的二十大精神，坚决落实党中央重大决策部署，深化“放管服”改革，深化“双随机、一公开”监管，推进“两步申报”“提前申报”、全业务领域一体化、多元化税款担保、“多证合一”、企业集团加工贸易监管等改革。统筹协调业务平稳运行，加强贸易管制、技术规范和技术性贸易措施研究，强化知识产权海关保护，促进跨境电商健康发展，优化口岸营商环境，促进外贸保稳提质。

业务改革协调

【全业务领域一体化】2022年，郑州海关落实海关服务黄河流域生态保护和高质量发展重点举措，参加黄河流域陆海联动研讨会、黄河流域海关2022年度联席会。推进签订《南宁海关　郑州海关服务“一带一路”高质量发展合作备忘录》，促进豫桂东盟开放合作。落实海关总署系列措施，出台郑州海关促进外贸保稳提质15项举措，制订支持郑州E贸易核心功能集聚区、南阳建设省域副中心城市、鹤壁建设新时代高质量发展示范城市3个专项方案。推进全业务领域一体化，强化业务结合部协调配合，优化检查异常处置机制，推广应用检查异常处置功能。

通关运行管理

【“两步申报”通关改革】2022年，郑州海关提高业务运行管理质量，提升企业“两步申报”“提前申报”“两段准入”应用率，“两步申报”应用率32.28%，同比增长4.45%；“提前申报”比例为45.86%，同比增长6.90%。推进业务改革“问题清零”工作。积极推广应用“业务改革问题收集反馈系统”，提升主动发现、分析、上报业务改革问题的能力和效率。全年共收集业务改革问题21条，上报海关总署19条。保障疫情期间业务运行应急通关工作，印发疫情防控期间应急通关保障工作指引，推行业务全程网办，零接触，保障重点物资、重点企业通关顺畅。

【通关作业规范性提升】2022年，郑州海关开展2021年度滞报金减免专项检查，强化对综合岗人工单证审核、报关单修撤、报关单结关、滞报金减免等日常通关工作的运行监控。编制相关情况月报11期，不断提高郑州海关各现场通关运行管理效能。

贸易管制与技术规范

【技术规范宣传指导】2022年，郑州海关严格落实贸易管制措施，加强对涉濒危成分商品的监管和布控力度，明确对涉濒危成分商品的管理要求，做好退运、销毁等后续处置。推进技术性贸易措施工作。对852家企业开展技术性贸易措施影响调查，推荐6家企业作为国外技术壁垒交涉应对重点企业。做好特别贸易关注信息征集，及时反映企业诉求。依托河南“单一窗口”，优化“技贸通”特色服务应用，让企业提早了解商品进口国（地区）准入要求，助企提高应对能力，扩大出口。做好海关技术规范制修订工作，2项标准获海关总署立项。

知识产权海关保护

【知识产权保护专项执法行动及业务能力建设】2022年，郑州海关加强重点现场调研

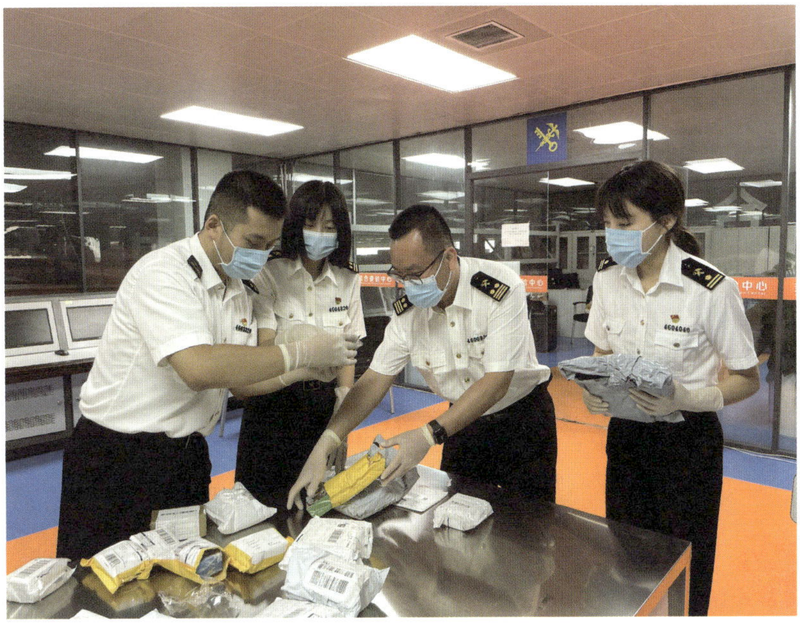

▲2022年8月17日，郑州海关综合处关员现场指导知识产权海关保护工作（郑州海关所属郑州新区海关 供图）

督导，推进“龙腾行动”“蓝网行动”“净网行动”等专项行动。成立知识产权工作专班，定期研究解决知识产权执法中的疑难问题。建设高素质专业化人才队伍，举办8期知识产权培训班。推进知识产权海关保护联系点制度，巩固重点企业培塑成果。构建关区知识产权侵权风险联防联控机制，成立常态化知识产权保护联合工作组，加强联合研判、风险布控、协同处置。

撰稿人

乔　雨　刘继远　温志宇

自贸区和特殊监管区域管理

概况

2022年，郑州海关推动自贸试验区与特殊监管区域统筹发展，深化自贸试验区改革创新和经验复制推广，推动开放平台提档升级，做好新设特殊区域验收以及申建工作，推进综合保税区高水平开放高质量发展，支持河南打造对外开放高地。

自贸试验区制度创新

【自贸试验区海关制度创新】2022年，郑州海关持续深化自贸试验区海关监管制度创新，牵头起草河南自贸试验区监管服务体系2.0版建设专项方案，总结提炼的“跨境电商企业风险评估应用”“‘技贸通’服务应用”2项创新举措获海关总署备案。截至年底，涉及海关公证电子送达、进出口商品智慧申报导航服务和保税航煤出口质量流量计量相关内容的3项改革试点经验已在郑州海关复制推广，前6批改革试点经验中海关牵头的53项，郑州海关已复制推广其中具备条件的39项。

【自贸试验区监管服务体系升级】2022年，郑州海关参与相关实施方案制订，联合河南省商务厅、河南省发改委等多部门，开展RCEP等高标准经贸规则研究。制定涵盖5个部分的27项支持措施，加强跨境贸易便利化改革系统集成和横向联动，打造规范专业、高效集成、监管有力的监管服务体系，通过释放机构改革红利提升监管服务体系效能。2022年，河南自贸试验区进出口值624.86亿元，同比增长4.67%，占同期河南省进出口总值的7.33%。其中，出口319.93亿元；进口304.93亿元，同比增长11.11%。自挂牌到2022年12月，河南自贸试验区累计有海关注册企业4446家。

【自贸试验区改革试验田作用】2022年，郑州海关总结提炼的“跨境电商企业风险评估应用”和“‘技贸通’服务应用”2项创新举措先后获得海关总署备案。加大改革试点经验复制推广力度，“海关公证电子送达系统”“进出口商品智慧申报导航服务”等5项改革试点经验已在河南省复制推广。国务院集中复制推广的自贸试验区改革试点经验共6批、143项，其中涉及海关（含原河南省检验检疫局）的达61项，海关牵头总结的53项，郑州海关已复制推广其中具备条件的39项。

【综合保税区与自贸试验区统筹发展】2022年，郑州海关跟进参与河南自贸试验区扩区方案制订，研究提出海关意见。支持综合保税区建设发展，指导河南自贸试验区实施范围内洛阳综合保税区封关运行，6月1日正式办理首票报关业务；推动开封综合保税区加快建设验收，6月30日牵头省发改委等7部门对开封综合保税区开展联合预验收。配合做好郑州经开综合保税区核减面积工作，获得国务院批复。河南自贸试验区3个片区实现综合保税区全覆盖。支持郑州重要国际邮件枢纽口岸获批运行，进境邮包经郑州分拨至全国40余个互换局。助力开封国家文化出口基地做大做强，丰富艺术品保税仓库功能。

▲2022年，郑州新郑综合保税区进出口总值居全国综合保税区第二位（郑州海关所属新郑海关　供图）

【自贸试验区开放型经济创新】2022年，郑州海关支持新兴业态健康规范可持续发展，激发外贸发展新动能。推进跨境电商创新发展，会同药监等部门首创协同监管方案，全国唯一的跨境电商零售进口药品试点顺利落地；自主开发备案无纸化系统，支持海外仓发展；作为全国4个试点海关之一，实现跨境电商零售出口跨关区退货；支持郑州商品交易所创新发展，协调解决期货保税交割出口障碍。推动保税维修业务发展。发挥“口岸+保税”功能联动，推进平行进口汽车保税仓储业务常态化开展。支持中欧班列扩量增效。深化河南“单一窗口”建设，与技术性贸易措施风险预警信息实现数据联通，帮助企业有效规避技贸壁垒，向企业推送警示信息3.1万条。

特殊监管区域管理

【综合保税区验收及发展绩效评估】2022年，郑州海关支持综合保税区建设发展，跟进鹤壁等综合保税区申建，完成开封综合保税区预验收，指导洛阳综合保税区运行，郑州经开综合保税区面积核减获国务院批复。跟进督导做好2021年度全国综合保税区发展绩效评估，新郑综合保税区年度绩效评估为A类、保持全国第三位，郑州经开综合保税区、南阳卧龙综合保税区均为B类。促进新兴业态高质量发展，全国唯一的跨境电商零售进口药品试点顺利落地；促进保税物流中心提档升级，督促相关地方政府落实主体责任，指导各中心围绕特色产业错位发展。2022年，河南省保税物流中心进出口62.78亿元，同比增长80.96%。

撰稿人

李　刚

风险管理

概况

2022年，按照海关总署统一部署，成立郑州海关风险管理委员会，组织召开3次关区风险管理委员会会议，全面梳理排查关区各业务领域重大风险隐患，议定16项重点工作并组织回头看，持续抓好推进落实。

▲2022年8月12日，郑州海关风险防控分局组织召开郑州海关风险管理委员会第一次会议　（郑州海关风险防控分局　供图）

风险信息监测预警

【风险信息监测及预警】2022年，郑州海关依托郑州关区业务风险防控协同机制，加强部门协同联动，发挥风险信息在风险防控中的基础性作用，提升整体风险防控能力。加强与海关总署风险防控局（上海、青岛、黄埔）、其他直属海关风险防控分局、郑州海关业务职能部门及隶属海关的协同防控，发挥风险预警在风险防控中的先导预警作用。

重点领域风险防控

【危险化学品专项风险防控】2022年，郑州海关开展危险化学品风险防控专项工作，建立口岸监管、风控、商检、属地查检、企管稽查多部门协同沟通机制，联合研判企业资质、取样送检等关键问题，加强单证审核岗和目的地检查岗人员专业技能培训，严格按照“指令+作业指导书”模式开展执法作业，保障企业急需进口危险化学品按期投产。

【“清邮”行动】2022年，郑州海关推进“邮快跨旅”渠道重点安全准入风险防控，加强与地方公安和安全部门联络，深挖境外端与境内端背景关系；在邮递渠道开展

▲2022年5月12日，郑州海关风险防控分局与海关缉私局开展打击走私联合研判 （郑州海关风险防控分局 供图）

反宣、涉毒、枪爆、国门生物安全等风险。强化海南离岛免税“套代购”专项防控。

风险业务改革

【风险管理工作机制】2022年，郑州海关贯彻落实海关总署防范化解重大风险工作部署，畅通郑州海关各部门间的研究交流、信息共享、评估反馈和协调配合，加强对海关业务风险防控事项的联合研判，建立健全郑州海关风险管理工作机制，规范风险防控分局与业务现场的联动、配合、协作等工作，提升风险布控工作效能。组织3次跨部门联合研判会商会，提高业务监管风险防控水平。

大数据海关应用

【跨境大数据分析】2022年，郑州海关深入开展跨境大数据分析、安全等应用技术探索与研究，开展跨境电商企业风险量化分析、防控等风险评估应用，开发出跨境电商企业风险信用评价相关模型，实现对跨境电商企业风险的智能分析、精准防控。该模型于2022年3月获海关总署备案，为全国海关首创，并经海关总署自贸区和特殊区域发展司批准，入选河南自贸试验区海关监管创新举措，助力郑州海关对跨境电商企业精准风险画像。

撰稿人

王志杰 何 波 杨朝阳 李 雪 李 磊 李克曼
胡 冰 侯方健 营贯兰

税收征管

概况

2022年，郑州海关以政治建设为统领，精耕细作、改革创新，提升综合治税效能，完善税收风险防控体系，推进税收征管方式改革，服务河南省高水平开放，推动关区税收工作高质量发展。

税则税政

【税收政策】2022年，郑州海关深入推进企业通关便利化，增强企业进出口可预期性，先后制发归类预裁定21份，助力企业通关效能提升。围绕改善民生、先进技术、乡村振兴开展行业调研，上报降低进口暂税、增列子目等税政建议8项。

估价管理

【海关估价制度建设】2022年，郑州海关加强公式定价商品价格结算管理，规范滞期费、速遣费、运保费如实申报，开展水果、葡萄酒、玉石等价格风险研判，配合海关总署税收征管局验估指令，开展手机、机器设备等特许权使用费专项核查。采取“一线路一报告”预审核机制。

税收征管

【综合治税及税收征管方式改革】2022年，郑州海关不断深化综合治税，充分发挥综合治税领导小组作用，提升综合治税效能。参照海关总署调整完善关区综合治税领导小组工作机制，推动建立关税与风控、稽查、缉私、监管、企管部门六方协同治理的综合治税新格局。关领导带队深入重点企业开展税收调研，关注税收进度，分析苹果手机、中欧班列运行、大宗散货价格波动等税收影

▲2022年8月10日，郑州海关关税处赴企业开展税收调研　（郑州海关关税处供图）

响因素，适时掌握和调度整体税收情况。统筹通关便利与依法科学征管，执行各项税收征管制度，以便利化通关举措吸引属地企业纳税回流。深化多元化税收担保方式改革，指导中原黄金冶炼厂和宇通公司开展企业集团财务公司担保试点，帮扶“四保”白名单企业运用关税总担保，缓解企业融资难题。

税收风险防控

【税收风险防控能力建设】2022年，郑州海关完善现场自控、职能监控、风险防控相结合的税收风险防控机制，开展职能监控，纠正税款入库、归类、审价、原产地、减免税等业务差错。开展重点商品价格风险研判和燃料油等涉税化验，开展轻质循环油第二数量涉及消费税专项核查，对86类“两反一保”涉案商品进行专项核查，提升重点商品税收风险防范效能。与海关总署税收征管局、海关缉私局协同提升税收风险防控效能。全年无欠税情形发生。

原产地管理

【RCEP原产地规则】2022年，郑州海关全力服务RCEP高质量实施。形成关区RCEP享惠行业、商品、代表性企业数据库，编撰RCEP科普问答，在河南“单一窗口”、郑州海关门户网站发布RCEP企业调查问卷，征集企业诉求，成效显著，深受企业好评。开展RCEP经核准出口商与AEO企业政策叠加效果分析，助力企业抢抓发展机遇。核定5家经核准出口商，签发RCEP证书5088份。全年为76.7亿美元货物签发原产地证书，服务企业扩大国际市场份额。加强政策宣传，在《人民日报》、《经济日报》、中国国际电视台等主流媒体发表RCEP宣传文章30余篇。

减免税管理

【减免税政策】2022年，郑州海关对装备制造、集成电路、民用航空维修等重点行业及科创主体加大宣传贯彻力度，主动督促享惠单位清理税款担保8000余万元，积极对接完成142家企业享惠资质认定，指导企业用足用好减免税政策，为132家企事业单位减免税款。促进支持集成电路产业减免税政策在关区首次落地。推进民用航空维修器材应用“减免税快速审核”，实现业务申报到审核“秒报秒办”。减免税业务在国家审计局和海关总署关税征管司抽样复核中零差错。推广线上审核应用，促进重大项目早开工、早落地。

非贸税收管理

【行邮税征管效能】2022年，郑州海关牵头撰写全国海关关于邮递渠道征管应用系统的操作指引，对“戒烟糖”“便携式游戏机”等重点商品开展风险研判，报送风险建议，下达布控指令，关区B类快件、邮递渠道征税率位居全国海关前列，其中“鱼线轮”“戒烟糖”“宠物食品”3条风险建议被海关总署相关刊物采用。参与海关总署跨境电商价格审定、国际比较课题研究，开展虎标镇痛贴等归类核查，提升跨境电商税收征管质量。

撰稿人

孙晓溪　贺　攀　秦　博　高亚飞

卫生检疫

概况

2022年，郑州海关深入贯彻落实关区年度工作会议和全国海关卫生检疫工作会议精神，有序推进关区卫生检疫各项工作。

检疫管理

【卫生检疫能力建设】2022年，郑州海关贯彻落实习近平总书记关于口岸疫情防控重要指示精神，始终将疫情防控作为重中之重，巩固关区口岸疫情防控工作成效。荣获“全国海关系统抗击新冠肺炎疫情先进集体”和郑州海关集体嘉奖，1名同志获评“全国海关系统抗击新冠肺炎疫情先进个人”。

持续完善人员检疫新模式，人员检疫自助查验“逢警必报、触警即控”成效持续显现；完善智能触发、远程会商、即时指挥、在线督查等功能，探索建设关区桌面应急指挥平台。提升口岸疫情防控“技防”水平，升级优化原有人员测温通道和智慧查验放行设施，尽可能减少现场工作人员配备，最大限度降低一线人员工作量和风险。强化安全屏障，持续提升口岸公共卫生核心能力。向海关总署申报口岸应对重大疫情卫生检疫基础设施建设项目，加大设备、资金投入，河南国际旅行卫生保健中心实验室检测能力得到大幅提升，完成在河南省卫健委二级生物安全实验室备案，郑州市新冠肺炎疫情防控指挥部发文明确入境人员检测结果直接采信郑州海关实验室。优化入境人员检疫作业流程，现场通关时长压缩1/3；保健中心实验室检测能力不断增强，达到1000份/天。强化联防联控，织密织牢防控网。主动对接地方相关部门，各成员单位密切配合，口岸检疫各环节无缝对接、闭环管理。

疫情防控工作

【疫情防控体系建设】2022年，郑州海关始终坚持优化疫情防控体系扁平化、标准化、专业化、实体化运行机制，保持指挥体系高效运转。国家疫情防控政策重大调整、海关总署疫情防控方案更新时，第一时间做好政策解读，第一时间召开关区专题会议，传达至关区每一名关员；分管关领导跟班指导一线班组建立完善业务学习、流程优化、制订预案等班前准备制度，成立关区口岸疫情防控工作指导组，直插业务现场，进行“人、物、环境”同防全方位跟班指导，累计下发指导意见16条，派出指导组现场跟班23次；累计向海关总署报送各类疫情数据2074条，连续3年在海关总署数据报送专项通报中实现零迟报、零误报和零差错；协调河南省疫情防控指挥部从3家三甲大型综合医院选派34批1069名精干专业医护人员、疾病预防控制机构选派12批181名流调“尖兵”支援郑州机场口岸卫生检疫工作；疫情初期，海关总署重启口岸健康申报制度，郑州海关紧急协调河南省机场集团配合做好作业区域、作业流程调整。按海关总署健康申报要求，对信息化作业系统进行优化升级，在全国率先实现电子申报、智能核验。

【“多病同防”】2022年，郑州海关在做好新冠疫情防控的同时，坚决严防埃博拉、鼠疫等其他重要传染病输入。3年来，先后检出疟疾、甲型流感、细菌性痢疾等其他传染病，并从某入境航班中首次检出恶性疟病例；及时向海关总署建言开通新旅通系统卫生处置模块有关作业数据接口，推动充分发挥口岸

▲2022年4月26日，郑州海关所属濮阳海关开展全国疟疾日主题宣传活动
（郑州海关所属濮阳海关 供图）

卫生检疫设施设备智能化查验功能，被海关总署主管司局采纳。

【安全防护工作】2022年，郑州海关关党委多次专题研究部署安全防护工作，压紧压实“一把手负总责、业务条线各负其责、一线部门具体负责”的安全防护管理责任，建立健全“岗前检查、工作巡查、全程督查”和“双人作业、互相监督”的“3+2”安全防护监督制度，落实每月自查、定期督查、随时检查的常态化督导机制，发现问题并全部整改到位。科学优化、严格做好高风险一线岗位人员封闭管理，一线工作人员1475人次进入封闭管理，未发生职业暴露感染情事。

【口岸卫生检疫作业流程优化】疫情防控进入新阶段后，郑州海关推动“采、送、检”全面提速，将每日一送检优化调整为一航班一送检，检出新冠病毒变异株。进一步优化口岸卫生检疫作业流程，进一步解放现场人力，尽可能减少现场工作人员配备，最大限度减少一线人员工作量。新的作业流程自2022年6月1日开始运行，仅健康申明卡核验一个岗位工作人员就压缩3~5名，每个航班总体通关时长缩短1/3左右；紧贴疫情防控实战需要，对

郑州机场口岸智能查验设施不断进行优化完善，实现红外体温自动实时监测、旅客健康申报精准智能核验、重点人员自动拦截控制、流调排查采样情况自动识别、入境旅客智能分流。

生物安全管理

【生物安全协调及宣传】2022年，郑州海关成立生物安全工作领导小组，统筹协调、统一指挥关区生物安全体系建设工作，各隶属海关均建立相应生物安全工作机制。积极宣传贯彻《中华人民共和国生物安全法》，在全民国家安全教育日开展宣传活动，提高全民生物安全防控意识。加强特殊物品卫生检疫审批与分析系统应用，推进审批智能化信息化，提升审批效率。强化部门协同联动，为企业提供“一对一”服务，优化新冠病毒疫苗和检测试剂出入境保障机制。

疾病监测

【国际旅行卫生保健中心能力建设】2022年，郑州海关统筹疫情防控，全力做好出入境人员健康体检、预防接种和国际旅行咨询工作。河南国际旅行卫生保健中心顺利通过河南省医疗保障局公务人员健康体检现场质量考核，取得定点医疗机构体检资质；通过河南省卫健委职业病健康体检现场质量年度考核；通过河南省卫健委2022年度实验室生物安全检查；通过郑州市卫健委猴痘实验室检测能力备案，取得猴痘实验室检测资质。严格重点区域风险隐患排查，扎实做好关区保健中心安全生产工作，开展应急演练4场次，进一步强化全员安全生产责任意识，全年未发生安全生产责任事故。

按照关党委工作部署要求，河南国际旅行卫生保健中心制订医学媒介生物实验室搬迁方案，强化搬迁工作责任落实，完成医学媒介生物实验室搬迁任务。完成3批次维和部队健康体检与预防接种工作，服务受到部队官兵一致好评。扎实开展“我为群众办实事”实践活动，落实国家减税降费政策。河南国际旅行卫生保健中心被评为全国抗击疟疾先进集体。

卫生监督

【口岸公共卫生核心能力建设及病媒有害生物监测】2022年，郑州海关严格口岸卫生监督工作，结合关区实际，制订口岸卫生监督工作计划和口岸食品安全抽检计划并

▲2022年5月18日，郑州海关所属郑州车站海关在铁路口岸开展蜱类监测

（郑州海关所属郑州车站海关　供图）

组织落实，执行口岸卫生监督“双随机、一公开”抽查工作。进一步规范口岸病媒生物监测和控制工作，持续落实年度口岸病媒生物监测工作要求，筑牢病媒生物控制防线。强化口岸公共卫生核心能力建设，组织开展2022年度口岸公共卫生核心能力动态管理工作，确保口岸公共卫生安全。

撰稿人

杜远举 倪 伟 黄 鉴

动植物检疫

概况

2022年，郑州海关采取多项措施严防重大动植物疫情跨境传播和外来物种入侵，共检出2种动物二类传染病，截获植物有害生物44种、74种次，筑牢国门生物安全屏障；支持农产品和优质种质资源进出口，共监管进出口农产品286.57亿元，同比增长22.63%，保障4028头（只）进境种用动物、208.71千克蔬菜花卉种子、48株果树苗木顺利进口；向海关总署新申请进境水果、植物源性饲料等150项产品的检疫审批终审权限并得到批准，进一步提高审批效率，积极服务河南高水平对外开放。

▲2022年9月21日，郑州海关所属金水海关关员开展进境粮食后续监管工作 （郑州海关所属金水海关 供图）

动植物疫情疫病防控

【国门生物安全监测及安全风险监控】 2022年，郑州海关持续加强非洲猪瘟等重大动物疫病口岸防控，收集境内外疫病疫情信息55条，对供港活猪开展非洲猪瘟、口蹄疫等11项疫病监测，对进境动植物及其产品、入境口岸、生产加工场所等开展16项动植物疫病疫情监测和448项农兽药残留等监控。布设280个实蝇诱捕器，加强对检疫性实蝇监测。在进境粮食加工厂、内河码头接驳点发现检疫性杂草疫点2个。出台关区进境粮食检验检疫监管工作规范，进一步明确关区进境粮食全链条监管要求。组织各隶属海关每季度开展一次风险分析，对进境水果、木质包装、邮快件等全面加强检疫查验，及时梳理重大截获有关材料，向海关总署报送违规通报信息12项次，强化境外源头管控。

外来入侵物种防控

【“国门绿盾 2022”行动】2022 年，郑州海关扎实开展“国门绿盾 2022”行动，严防外来物种入侵。制订行动方案，明确责任分工，成立以关领导为组长、14 个单位部门共同推动的行动领导小组；加大野生动植物非法携带、寄递打击力度，排查进口跨境电商企业、进境邮快件运营企业 91 家，在非贸渠道共查获植物种子、鲜活植物等 20 种次，其中外来物种 12 种次。在郑州航空口岸、郑州铁路口岸、郑州邮政口岸和洛阳航空口岸组织开展外来入侵物种普查，共发现检疫性杂草 2 种、其他外来入侵杂草 4 科 8 种。做好国门生物安全宣传。在郑州海关门户网站开展“国门生物安全知识网上调查”活动，征集做好外来入侵物种防治的意见建议。

促进农产品进出口

【农产品进口检疫准入】2022 年，郑州海关监管农产品进出口 286.57 亿元，同比增长 22.63%，其中出口 182.21 亿元，同比增长 27.57%；进口 104.36 亿元，同比增长 14.87%。加快进境动植物检疫审批。坚决落实“证照分离”改革要求，进境动植物检疫审批工作实现全流程网上办理，企业“一次都不用跑”；向海关总署新申请进境水果、植物源性饲料等 150 项产品的检疫审批终审权限并得到批准，进一步提高审批效率，释放改革惠企红利。

【河南优质种质资源进口】2022 年，郑州海关提前介入，指导帮扶 4 家进境种猪企业按照海关总署最新发布的隔离场建设规范，开展基础设施建设；制定进境动物隔离检疫监管和新冠疫情防控工作“双预案”，协调关区具备资质人员 24 小时驻场监管，做好采血送检、临床检查、日常巡检和病理剖检等各项隔离检疫工作，保障 3406 头种猪、种羊隔离检疫工作顺利开展；跟进了解企业种子进口计划，利用信息化手段加快办理种子调运手续，监管引进 9 个国家 17 个品种的蔬菜花卉种子 208.71 千克、果树苗木 48 株。

动植物检疫能力提升

【动植物检验检疫制度化、规范化建设】2022 年，郑州海关根据海关总署应急处置预案，对郑州海关进出境重大动植物疫情应急处置预案进

▲2022 年 3 月 25 日，郑州海关所属周口海关关员进行供港活猪发运前检疫监装　（郑州海关所属周口海关　供图）

行修订，成立应急处置专家组，完成重大动植物疫情应急物资采购，进一步提升郑州海关进出境重大动植物疫情应急处置能力。制定完善动植物检疫监管工作指引。成立工作专班，制定郑州海关进境新鲜水果、出境新鲜水果、出境竹木草制品、进境竹木草制品、进出境货物木质包装检疫监管、进境动物隔离检疫场设立使用6个检验检疫工作指引，进一步推进关区动植物检验检疫制度化、规范化建设。做好动植物检疫岗位资质认定。强化岗位资质培训及考核，着力培养“一专多能”综合型人才，组织关区123名关员完成培训通过考试获得相应动植物检疫岗位资质，平均每人获岗位资质2项，部分人员同时获多项资质，动植物检疫队伍力量进一步加强。

撰稿人

田中杰

进出口食品安全监管

概况

2022年，郑州海关落实习近平总书记关于食品安全“四个最严”重要指示精神，完成了年度各项目标任务。

基础建设

【进出口食品安全发展规划】2022年，郑州海关围绕海关进出口食品安全工作要点及年中工作会议具体部署，细化责任分工，推进海关进出口食品安全发展规划部署落实；服务外交外贸大局和国家战略，推进外贸保稳提质，促进食品贸易开展，全力服务高水平开放、高质量发展，以实际行动践行“海关为民”理念；履行省食安委成员单位职责，加强进口食品安全监管，引导社会各界积极参与食品安全共治共享；做好冬奥会、党的二十大、重要传统节日等重要时段食品安全工作，强化风险排查、应急值守和突发事件处置准备，有效维护进出口食品安全良好形势；郑州海关及1名从事食品安全工作同志被河南省食安委评选为全省食品安全工作先进集体、先进个人。

【进出口食品安全工作】2022年，郑州海关成立进出口食品安全工作领导小组，明确领导小组组成和职责，强化业务协调，聚焦解决业务结合部、分工不明确等情况，推动“响应、呼应、反应”有效联动，形成食品安全工作合力。推进“十四五”发展规划。推进进口食品监督抽检，参与对输华食品国家（地区）食品安全监管体系评估、产品准入管理、境外生产企业注册，加强进出口食品安全信息收集，服务外贸保稳提质；推进食品安全发展规划。明确工作目标任务，细化责任分工，强化组织保障，积极支持海关总署完善进出口食品安全法规体系和建设进出口食品安全科技支撑体系，落实海关总署进出口食品安全各项制度，加强进出口食品安全专业队伍建设。

【全国食品安全宣传周】2022年，郑州海关开展食品安全宣传周活动。开展“食品安全口岸行”“进口食品安全社区行”“海关实验室开放日”等食品安全宣传周系列活动32场次，向社会公众发放宣传材料7000余份，制作宣传展板47块，接受线上线下咨询270余人次。

▲2022 年 9 月 9 日，郑州海关所属郑州车站海关开展食品安全宣传周活动（郑州海关所属郑州车站海关 供图）

进口食品安全监管

【疫情防控和冰鲜水产品监管统筹发展】2022 年，郑州海关及时更新细化关区作业文件及应急处置工作指引；参与新郑国际机场北货运区冰鲜水产品监管场所（场地）验收前指导及验收工作；支持新郑国际机场进口食品业务开展，保障进口冰鲜三文鱼顺利通关；每月开展核酸采样、消毒及安全防护培训、评估；开展应急处置演练；每季度开展专项督查；对河南省疫情防控指挥部累计报送 28 期疫情收集及分析报告；发布 23 期疫情专题信息参考。

【进口食品“国门守护”行动】2022 年，郑州海关推进“国门守护”行动与全员打私，严守食品安全底线。强化食品安全业务部门与海关缉私局协同配合，支持开展打击冻品走私工作，协同海关缉私局开展进口肉类相关进口政策咨询解答。对查办的涉及进出口食品案件进行技术支持；参与制订印发进口食品“国门守护”行动专项工作方案（2022—2025 年），指导各隶属海关与相关协办单位建立联合工作组，按照属地食安办要求联合制订落实方案，有序推进工作。《郑州海关全力推进进口食品“国门守护”行动 守护国民餐桌安全》被《河南法制报》报道。

【进口食品监督抽检和风险监测】2022 年，郑州海关做好监督抽检和风险监测工作，强化食品安全风险防范。根据海关总署下达的抽样计划，拟定上报郑州海关实施计划调整意见。组织各现场对海关总署 2022 年度进出口食品、食用农产品、化妆品安全监督抽检和风险监测计划提出补充计划需求。制订出口动物源性食品专项监测实施方案，细化分解至有关现场。强化相关工作开展。制定进出口食品化妆品安全监督抽检和风险监测工作指引，组织指导关区年度监督抽检和风险监测工作按照计划实施。

出口食品安全监管

【稳外贸促出口】2022 年，郑州海关落实“六稳”“六保”部署，全力推动促进外贸保稳提质工作。支持海关总署定点帮扶县食品出口。主动服务帮扶县生产企业开拓国际市场，制定企业标准，促成价值 20.5 万元的卢氏连翘芽茶首批顺利供港；促进特色产品速冻食品出口，帮扶出口企业梳理研究有关进口国（地区）对热杀菌食品的官方技术要求，明确原料转基因、热杀菌工艺参数等关键指标要求，指导企业合规生产，促成企业获批国外官方进口许可证，保障企业高附加值真空粽子顺利出口到国际市场；强化业务指导，及时解决企业应节食品出口通关难题；快速解决供港食品通关问题；推动大别山革命老区乡村振兴发展。帮扶62家企业完善质量管理体系，重点提升专业合作社、家庭农场等小微农业主体原料供给安全水平，出口食品合格率达99%以上。全年推动9班次中欧班列豫茶专列运载6594万元茶叶出口共建“一带一路”国家（地区）。支持出口食品农产品生产向精深加工转型升级，为转产预制菜、植物提取物等企业提供技术和信息支持，助力拓展欧盟、加拿大等高端市场。

进出口食品安全国际合作

【促进国际多边合作】2022年，郑州海关组织开展6个国家食品安全体系跟踪研究。开展进口食品准入评估工作。更新6个国家食品安全管理体系研究，上报研究报告6篇。协助海关总署开展境外食品生产企业注册审核503家。遴选9名业务骨干参加海关总署境外水产品生产企业远程视频检查专家库。开展500多家次境外输华食品企业注册审核及检查工作。推荐专家参与境外输华食品企业注册审核工作，根据海关总署下发任务完成503家肉类、植物源性食品、水产品等各类境外食品企业注册审核工作。参与海关总署对境外输华冷链水产品企业远程视频检查8家次。推动进口冷链食品在源头境外生产加工过程符合疫情防控要求。

撰稿人

李双亮

商品检验

概况

2022 年，郑州海关以“时时放心不下”的责任感，打造“加强版”危险品安全监管体系，不断优化进出口商品质量安全监管工作模式，防范风险，维护国门安全，各项工作成效突出。

危险化学品监管

【危险化学品和危险货物检验监管】 2022 年，郑州海关压紧压实进出口危险化学品和危险货物检验监管责任，通过出台方案、安全检查、能力提升等举措，持续打造“加强版”危险品安全监管体系，确保检验监管责任和要求落实落细。开展危险品检验领域安全生产大检查，从压紧企业主体责任、出口危险品安全检查、进口危险化学品安全检查等方面对 22 个隶属海关开展全面检查，存在的问题已全部完成整改。全面提升检验监管能力，组织岗位资质培训考核工作，目前具备岗位资质人员 152 名，已满足工作需要；开展送教下基层活动，赴 3 个隶属海关“浸入式”教学，显著提升监管水平；3 个不合格案例入选海关总署危险化学品检出不合格典型案例。摸清关区出口危险品底数，形成郑州海关进出口危险品及其包装信息一览表，做到底数清、风险明。

【“口岸危险品综合治理”百日专项行动】 2022 年，郑州海关以“快”“准”为目标导向，建立日报、会商机制，分析监管漏洞，向海关总署

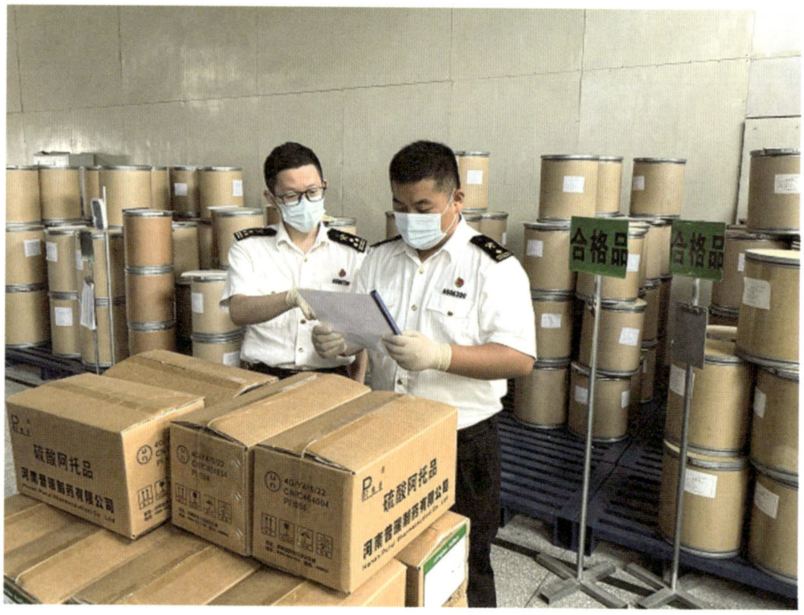

▲2022 年 9 月 4 日，郑州海关所属周口海关关员开展出口危险化学品查验

（郑州海关所属周口海关　供图）

商品检验司提出完善危险品系统布控指令的建议 1 条并被采纳；加强督导检查，采取“四不两直”方式到 4 个隶属海关开展实地督导检查和业务指导，督促立行立改；加强业务指导，解决伪瞒报逃漏检等问题，回复危险化学品界定范围、锂电池监管等问题咨询 31 次。

严禁“洋垃圾”入境

【进口固体废物检验监管】2022 年，郑州海关组织开展固体废物检验监管法律依据、属性鉴别及处置培训，有效提升现场检验监管人员进口固体废物属性鉴别能力。对关区内取得资质的 5 家入境维修再制造企业开展调研，各隶属海关依法依规处置，坚决杜绝固体废物“借道”变相入境。组织建立跨部门风险分析研判机制，及时化解重大疑难问题风险隐患。

重点敏感商品检验监管

【敏感商品检验监管模式优化】2022 年，郑州海关优化棉花检验监管模式，加强商品质量安全风险分析，先入区后查验取样，在保障棉花质量安全的同时实现快速通关，检验检疫进口棉花 190 批次。引导出口初级钢铁制品企业进行产业结构升级，提高产品附加值，提升高端钢铁产品的市场竞争力。保障化肥稳价保供，加快进口化肥和化肥生产设备验放速度，加强出口化肥检验监管，检出不合格 4 批。落实进口涂料免于备案便利化措施，有效化解因取样送检导致口岸积压的问题。

▲2022 年 6 月 30 日，郑州海关所属漯河海关开展进口棉花抽样检测工作（郑州海关所属漯河海关 供图）

风险监测

【进出口商品风险监测】2022 年，郑州海关推进风险监测点建设，组织开展手机质量安全风险监测，制订方案抽查华为、三星等品牌手机 15 批，监测手机电气安全项目 7 项，形成风险监测报告 2 篇，发布相关简报1期。开展2022年法定检验商品以外进出口商品抽查检验和跨境电商进口消费品风险监测，制订并发布抽查检验和风险监测计划，其中目录外商品抽查检验共抽检商品47批次，主要为儿童服装、文具等；跨境电商风险监测共抽检商品55批次，主要为儿童用品、家用电器等。

分析研究

【进口棉花安全监管分析研究】2022年，郑州海关完成关于内陆海关进口棉花安全监管的课题。在河南省委外办组织的“企业开展国际业务的‘危’与‘机’研讨会”上专题授课，切实帮扶外贸企业应对困难挑战，助力稳经济稳产业链供应链。参加关区促外贸保稳提质工作专题培训，并交流发言。

撰稿人

杨　林　李　怡　李彦红　范晓娜　蔡新春

口岸监管

概况

2022年，郑州海关认真落实海关总署党委和河南省委省政府决策部署，强化口岸监管查缉，不断优化服务举措，完成各项任务。

口岸物流监管

【进出境运输工具监管】2022年，郑州海关加强进出境运输工具管理，规范进出境航班物料管理，面向航空公司进行海关政策宣讲，规范供退物料申报，优化物料审核模式，开通系统自动审核，定期汇总核查申报数据，防范相关业务风险；规范进出境舱单管理，优化舱单超期核注、核销监控方式，及时高效处置超期未核注、核销舱单；对2014年以来超期未处置舱单进行专项核查处置。支持开通航空客运航线11条、货运航线36条。

口岸货物监管

【货物口岸检查】2022年，郑州海关加强正面监管，开展风险分析研判，提高高风险货物布控查验比例；落实贸易领域禁限管控措施，持续保持打击“洋垃圾”、象牙等濒危物种及其制品走私风险；优化口岸检查流程设置，强化作业岗位和环节高压态势。持续推进查验领域“双随机、一公开”，严防分离制约，推进“选查分离”“查处分离”；落实处长巡视科长带班和复查复验制度，开展科长实货复核工作，进一步强化对检查作业日常监督管理。加强规范管理。细化货物口岸检查作业规范要求，从指令执行、执法录证、记录填制、时效要求、作业审核管理等9个方面完善和规范作业程序；依托二级监控指挥中心、新一代查验管理系统等，加大实时检查和事后抽查力度，提升口岸检查作业规范化水平。加强科技应用。推进查验现场音视频执法记录仪配备和无线通信网络建设工作，对现场检查作业进行全程、实时音视频录证；发挥监管查验设备效能，提高非侵入、非干扰式查验比例。

快件邮件监管

【进出境快件邮件监管】2022年，郑州海关贯彻落实总体国家安全观，加强进出境邮件快件监管，高压严打象牙等濒危物种及其制品走私，筑牢打击毒品、枪支弹药、违禁印刷品及音像制品等违禁品走私防线。严密临时进境邮路监管，截至年底共监管经郑州转运至北京等地互换局进境临时邮路邮件650.12

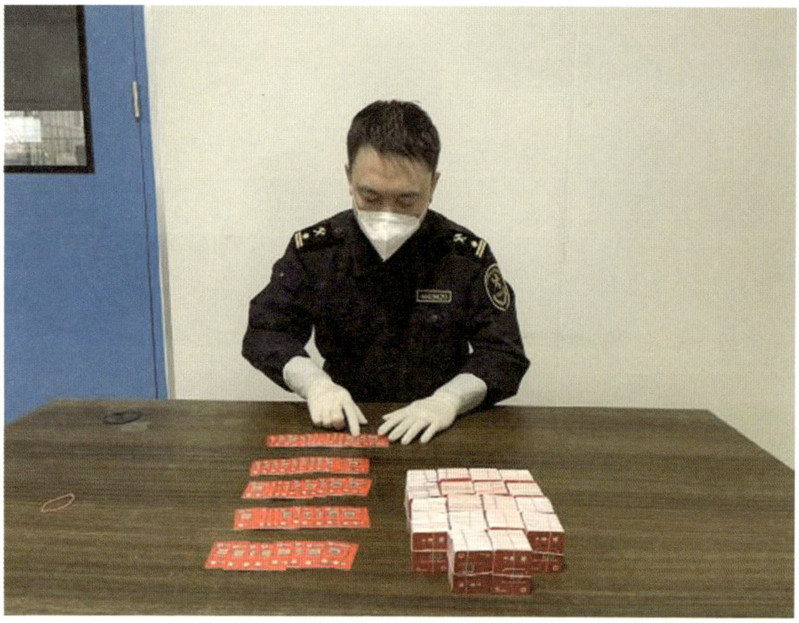

▲2022年10月7日，郑州海关所属郑州机场海关查获境外电话卡950张
（郑州海关所属郑州机场海关　供图）

吨；加强出境邮件转运监管协作，建立出口邮包联系配合机制，截至年底共监管经郑州航空口岸出境邮件9950.84吨；支持郑州重要国际邮件枢纽口岸建设，1月底获得海关总署复函同意，推动邮政企业进行场地升级改造，完善海关工作流程。5月26日至12月31日，共监管分拨进境邮包3.98万袋，重388.73吨，分拨至全国40余个互换局。

跨境电商监管

【跨境电商试点复制推广】2022年，郑州海关细化出台海关监管操作流程，开展模拟订单申报及药品溯源测试。4月11日，全国唯一的跨境电商零售进口药品试点顺利落地。全年累计到货入区4批次药品3240盒，主要品类为岭南正红花油、薄荷活络膏等。建立跨境电商进口监管长效工作机制，牵头组织召开中部协作区联席视频电话会议。联合河南省商务部门开展跨境电子商务海外仓示范企业申报工作，自主开发完成海外仓海关备案无纸化系统。推广跨境电商进口退货中心仓模式，保障菜鸟网络等企业退货中心仓项目落地，积极争取成为跨境电商零售出口跨关区退货4个试点海关之一。

特殊监管方式

【市场采购贸易监管】2022年，郑州海关推动市场采购贸易可持续健康发展。督促地方政府完善安全监管体系，进一步强化源头管控，明确地方政府主体责任。优化风险布控检查指令，针对市场采购重点出口商品设定科学的抽查比率，进一步强化实际监管。对原有的市场采购贸易海关监管办法实施细则进行修订，提出48项工作措施要求，明确关区内10个部门单位的工作职责，进一步优化小额小批量适用条件，细化全国通关一体化模式监管条件，确保市场采购贸易健康发展。

行李物品监管

【进出境旅客口岸现场检疫】2022年，郑州海关共监管进出境航班10831架次。做好口岸疫情防控工作。进一步加强风险研判，落实海关总署最新版新冠疫情口岸防控技术方案和操作指南要求，做好行李消毒监督、卫生岗位人员封闭管理监督检查等工作，落实安全防护要求，切实筑牢口岸检疫防线；开展进出境旅客健康申报审核，按要求保障健康申明卡顺利切换，截至年底关区内进境旅客健康申报电子化率达100%。

【旅客行李物品监管】2022年，郑州海关运用“旅客申报数据分析+托运行李先期机检+毫米波人体检查”查缉模式，结合航班特点、申报数据提前对“水客”、涉毒等重点人员扎实开展风险分析，采用先期机检模式对全部托运行李进行整体摸排，提前锁定异常行李，在通关环节进行精准布控和准确拦截，将布控旅客引导至单独通道进行重点检查比对，并使用毫米波人体安检仪对旅客随身物品进行快速检查，助力精准打私；改善自助申报核验机、智能测温通道等设备的工作性能，提升各环节放行效率，持续优化通关环境，提升旅客通关便利化程度；组织一线人员进行旅检法规、查发技巧等方面的业务技能培训，积极开展应对人员拥堵、现场突发事件处置方面的应急演练，提高应急处置能力。

场所场地监管

【监管作业场所管理系统巡查模块应用】2022年，郑州海关完成监管作业场所管理系统巡查模块上线应用工作。关区9个辖区有监管场所（场地）的隶属海关全部完成巡查模块测试及上线应用，实现关区监管作业场所（场地）巡查选取巡查对象、巡查关员“双随机”，操作流程规范化，巡查结果及时在门户网站“一公开”。

【指定监管场地改扩建】2022年，郑州海关组织关区专家组多次开展实地调研，指导河南省机场集团加快推进新郑国际机场北货运区进境冰鲜水产品、水果、食用水生动物3个指定监管场地改扩建，顺利通过验收。9月20日，监管保障首批进口大西洋鲑鱼顺利通关。9月29日，监管保障首批进口鳌龙虾顺利通关。完善郑州车站海关粮食指定监管场地检验检疫设施，促进粮食进口业务。

口岸运行监控指挥

【重大任务专项监控】2022年，郑州海关坚持监控值守机制，规范监控作业流程，加大监控监督力度，完成北京2022年冬奥会和冬残奥会备降航班二级监控指挥中心应急值班工作。全年共参加海关总署监控中心视频连线会商40余次，开展日常值守400余人次，节假日应急值守200余人次；强化与海关总署会商沟通，坚持每日上报监控检查发现的问题，每周总结汇报监控检查情况。

【关区二、三级监控指挥中心会商制度】2022年，郑州海关建立关区二、三级监控指挥中心会商制度。每周向业务现场通报监控检查发现的问题；每日开展关区监管作业场所、场地摄像头日常巡检，及时按要求向海关总署报备离线摄像头，避免影响关区在线率考核，截至年底共向海关总署提交《摄像头故障报备单》131份。

智能审图

【智能审图应用】2022年，郑州海关顺利完成智能审图算法分类部署试点任务，在海关总署统一部署算法基础上，结合关区实际商品特点选择部署算法，集中力量探索降低智能审图算法误报率，提高算法现场识别水平和适用性，取得初步成效。积极推广智能审图应用，有效查发重大问题线索，及时准确报送应用成效。

口岸监管环节反恐

【反恐怖工作部署】2022年，郑州海关认真贯彻落实习近平总书记关于反恐怖工作重要指示批示精神，加强反恐怖工作部署。明确人员管控、货物（物品）管控、意识形态领域等各部门职责，层层压紧压实责任链条，确保任务到岗、责任到人、督查到点；把防风险、护稳定作为重要政治任务，制定反恐怖工作落实措施，切实做好“防风险 保稳定 迎二十大”安全风险防范工作。强化反恐怖工作落实。围绕枪支、毒品、爆炸物等夹藏、伪瞒报情形，联动研究风险态势和规律，抓细抓实管控措施。全力推动“国门勇士2022”专项行动，保持打击枪爆物品高压态势，在货运、运输工具、旅检、寄递等各渠道全方位加大监管力度，对过机图像存疑的包裹、货物100%开箱彻查。

【防范核辐射突发事件】2022年，郑州海关组织开展2022年度铁路口岸监管环节核辐射突发事件应急处置演练，郑州市经开区环保局、郑州铁路公安处共同参与演练，郑州市物流口岸局、中铁联集郑州中心站应邀观摩，进一步提升了各单位内部联动、快速反应、整体协调配合处突能力；8月26日参与河南省反恐怖工作领导小组办公室组织的“平安·2022”郑州新郑国际机场反恐演习暨郑州机场应急救援综合演练，高效高质完成疫情防控卫生检疫、进境行李物品辐射监测等演练任务。加强核生化有害因子监测。全年监测核辐射超标报警119次，均按规范流程排除涉恐风险。

▲2022年6月16日，郑州海关所属郑州车站海关组织开展口岸监管环节核辐射突发事件应急处置演练 （郑州海关所属郑州车站海关 供图）

“口岸危险品综合治理”百日专项行动

【“口岸危险品综合治理”百日专项行动】2022年，郑州海关认真组织开展“口岸危险品综合治理”百日专项行动，严厉打击危险品伪瞒报行为，实现危险品口岸积压“动态清零”，持续打造“加强版”危险品安全监管体系，确保筑牢国门安全防线。7月19日，海关总署印发部署专项行动方案后，郑州海关第一时间召开部署动员会，发布相关工作方案，成立专项行动工作组，统一领导部署开展关区专项行动；组建专项行动工作组办公室，成立关区进出口危险化学品检验监管业务指导工作组。关长、党委书记于洋6次召开疫情防控指挥部会议、关长办公会等会议听取专项行动工作进展情况，多次提出工作要求，确保做到有部署、有目标、有重点、有检查。在管理网开设专栏，组建微信联络群，推动专项行动各项工作有序开展，在专栏内转发总署工作方案、各类通报10份和工作简报100期，发布关区工作简报54期。各隶属海关成立由主要负责同志任组长的专项行动组，制订工作方案，确保海关总署各项要求落实到位。

【口岸危险品风险布控、稽查及隐患排查】 2022年，郑州海关坚持以“快”“准”为目标导向，对疑似危险品货物提出布控需求，开展针对性临时布控。分析危险品监管存在的漏洞，积极向海关总署商品检验司提出完善危险品系统布控指令的建议。明确责任、细化措施，专项行动工作组选派专家深入一线开展指导、培训10余次；稽查部门运用云擎和ECIQ系统进行系统比对分析，筛查高风险企业名单，组织开展专项稽查行动。风控部门梳理企业存在危险化学品出口未提供报检信息数据。联系相关隶属海关开展风险排查；指导隶属海关对辖区内涉危监管场所、保税仓库开展隐患排查156次，发现问题做到立行立改。阶段性通报专项行动进展情况，指出存在的问题，明确下一步工作要求。

【危险品口岸通关专窗、危险品检测“绿色通道”】 2022年，郑州海关坚持“线上自学+线下集中”，充分运用“浸入式”“场景式”教学培训方法开展业务培训和应急演练，提高业务现场专业技能和处置能力。采取“装载前预通报+提前申报”，指导企业提前备齐报关单证，防范口岸危险化学品超期未申报。设置危险品口岸通关专窗，实行催报制度，落实“7×24小时”通关保障机制，大幅压缩通关时长。落实双人持证查验制度，做到海关监管场所查验区危险品“货到人至、货走人离”，专人跟进口岸危险品滞留进度，做到随到随检，统筹关区实验室资源，开设危险品检测“绿色通道”。加强人员安全防护，根据产品危险特性配齐防毒面罩、防静电手套等防护用具。建立日报制度，要求各隶属海关每日报送基本情况、出口危险品信息、进口危险品信息和在库危险品明细，实时掌握专项行动推进情况。定期召开业务指导会议，研究解决专项行动遇到的伪瞒报逃漏检、提前申报、信息宣传等问题，收集涉案企业调查处置、跨境电商涉及危险品等意见建议，研究回复问题咨询19次，详细讲解危险化学品界定范围、锂电池监管等问题11个。细化危险品积压处置流程，按照“一企一案”“一票一案”原则制订处置和督办方案，明确每批货物处置责任人和督办人，确保口岸危险品“快速清零”。

【“口岸危险品综合治理”百日专项行动督促检查】 2022年，郑州海关梳理关区进出口危险品相关企业、海关监管场所、特殊监管区域等，按照产品类型分类建立名录库，结合风险等级、风险分析实际情况严格分类，动态调整监管重点，做到“一企一品一策”精准监管。围绕进出口危险品伪满报、逃漏检等问题，实施“一对一”指导，进企业、进监管场所、进特殊监管区等开展业务培训120余次，参训人员900余人次，降低“涉危不报”“高危低报”风险。核对安全生产许可证及GHS分类鉴定报告信息，指导企业加强出入登记及危险品成品库管理。开展风险排查140余次，核实安全许可文件、内部工作制度等，检查发现公示标签张贴不规范、消防设施老化等不合格项目50余项次，建立风险隐患台账，督查立即整改。强化口岸危险品综合治理一体化防控，与地方建立信息共享、货物处置、立案调查、联合惩戒等联防联控机制。落实海关总署工作部署，制订专项行动督促检查工作方案，明确检查要点，采取“四不两直”方式赴郑州机场海关、鹤壁海关、平顶山海关、济源海关等隶属海关对口岸危险品工作台账、安全生产措施清单落实情况开展实地督导检查和业务指导，并针对检查发现的问题，督促立行立改。调研走访部分危险品生产企业，了解进出口危险品通关环节存在的难点、堵点，及时组织业务研讨，提出有针对性的应对措施。

撰稿人

马　骁　王　威　孔令军　张治富　苑　栋　梁　政

政策研究与统计

概况

2022年，郑州海关在服务关党委宏观决策和发挥统计职能作用等方面取得了明显成效，既定目标顺利完成。以重点课题破解海关发展难题为导向，开展战略性、前瞻性、实用性研究，按年度计划有序推进关区“十四五”实施方案，确保各项任务落地见效。开展河南省主要经济体经贸形势监测分析，高质量完成2021年全年、2022年月度分析任务。强化数据审核，开展贸易统计数据、业务统计数据审核及统计监督工作，开展郑州海关贸易统计数据质量专项核查。完成郑州关区外贸出口先导指数调查样本企业轮换调整、进口景气指数调查启动工作。规范开展业务数据使用安全审核，切实保障海关业务数据运行安全有序。做好统计新闻宣传和服务工作。

工作专题会议

【外贸形势分析会】2022年，郑州海关召开外贸形势分析会5次，以问题为导向，综合处、风控分局、监管处、稽查处、办公室等处室和新郑海关等隶属海关共同聚焦河南外贸走势开展分析研判，关长于洋、副关长黄勇和副关长唐诗婷听取汇报并点评。截至年底，会议共议定并开展58项分析研究重点工作，向河南省委省政府报送工作专报3期。

政策研究

【课题研究服务宏观决策】2022年，郑州海关参与完成海关统计监督体系建设、企业信用管理“集团式认证”新模式改革、RCEP关税政策对黄河流域与日韩经贸合作影响研究4项署级课题。与河南财经政法大学开展智库合作，围绕双方合作共建特色智库、签署合作备忘录、深化课题研究合作等进行交流，拟定3个题目开展联合课题研究。高质量完成海关总署季度性调研报告，主动围绕中心工作深入开展调研，提出好的思路和建议，积极营造政策研究工作的浓厚氛围，报署4篇调研报告中，2篇得到俞建华等署领导批示。关长于洋署名的2篇政研文章被海关总署相关刊物刊用。组织关区各部门单位完成23项关级课题，并进行多渠道成果转化。强化研究职能指导，充分发挥郑州关区政研平台作用；全年编发相关刊物57期，其中普刊22期，“政治与业务大家谈”“郑关

▲2022 年 8 月 26 日，郑州海关统计分析处组织关员学习大数据分析　（郑州海关统计分析处　供图）

青研”“新任职隶属海关党委书记党风廉政建设研修成果”和“学习贯彻党的二十大精神”专刊 35 期。

统计制度方法

【统计监督】2022 年，郑州海关积极开展统计监督的理论研究和实践探索，完成海关统计监督工作框架相关课题，就海关统计监督体系建设相关内容参与署级课题报送。完成洛阳综合保税区经济区划代码申请、郑州航空港经济综合试验区月报口径修正。

统计调查

【统计调查填报及方式改革】2022 年，郑州海关完成海关总署半年度、年度跨境电商统计调查，月度中国外贸出口先导指数调查填报，月度中国海关贸易景气指数调查填报等调查任务，填报率、及时率双双达到 100%。完成新一轮出口先导指数样本轮换工作。积极参与全国跨境电商数据测算、跨境电商统计调查工作方式改革，参加海关总署集中工作 2 次。完成邮件业务现场相关统计项目参数、出口订单情况等专题调研。

贸易统计与业务统计

【贸易数据审核】2022 年，郑州海关按照海关总署要求，组织开展贸易统计数据质量专项调研。开展公式定价商品、保税物流监管方式等专项审核。对进出口报关单进行审核。制发统计监督信息 20 篇。

【统计数据审核】2022 年，郑州海关向海关总署统计分析司报送郑州海关月度业务统计数据审核 12 次。开展关区业务统计指标异动分析，对货运量、货值、航空器等涉及郑州海关业务运行整体状况的指标开展分析 12 次。编制郑州海关业务指标刊物 12 份。

统计数据安全管理

【业务数据安全审核】2022 年，郑州海关贯彻落实海关数据分类分级工作，分解工作重点，保质保量完成关区独有数据中核心数据和重要数据的分类分级工作，按照分类分级成果对数据进行规范应用和共享。积极探索与关区各项业务改革相适应的良性互动协作机制，规范开展业务数据使用安全审核，切实保障海关业务数据运行安全有序。

统计新闻宣传、服务与监测分析

【数据咨询与统计文章报送】2022 年，郑州海关为河南省商务厅、河南省统计局、河南省发改委等地方部门提供数据咨询30余次。受理社会公众电话、邮件咨询257次，回复率100%。向海关总署统计分析司和河南省委省政府报送统计文章206篇。支持革命老区外贸发展，编发8期相关刊物；及时为全国外贸新闻发布提供素材、协助调研。

撰稿人

付喜明　苏　宇　尚晓燕　金　乐　郭德瑜　曹　焜

企业管理与稽查

概况

2022年，郑州海关牢固树立"以查发问题为导向"的稽查新理念，稽查追补税、查发率、重大查发、涉检查发等多个指标取得历史新突破；保障进出口农食产品有效供给，做法及成效先后被《中国国门时报》、《河南日报》、"海关发布"等媒体报道。

资质管理

【海关报关单位备案管理】2022年，郑州海关办理报关单位备案7437家、注销企业988家；建立"一对一"联络员，推进落实"问题清零"机制，解决企业急难愁盼问题335个；深化"放管服"改革，联合省商务厅等相关单位开展"诚信兴商宣传月"活动；主动联系市场监管部门，解决"多证合一"模块企业备案信息推送不畅问题，通过"多证合一"渠道办理报关单位备案4255余家；新增出口食品生产企业备案367家，共有1187家；新增进口食品进口商备案130家，共有1262家；新增行政相对人资质备案81家，共有221家。

信用管理

【海关企业信用管理】2022年，郑州海关加强信用培育助力企业高质量发展，2022年度通过高级认证企业19家，同比增长28.40%；将"专精特新"小巨人和省级"四保"企业作为重点信用培育对象，通过送政策上门、精准帮扶，为省重点企业发展保驾护航，相关措施和成效被河南省政府相关刊物采用。

保税监管

【加工贸易及保税物流监管】2022年，郑州海关监管加工贸易及保税物流进出口金额5471.35亿元，同比增长1.15%；现有保税仓库、出口监管仓库20家（其中1家待验收）；优化加工贸易监管模式，以合同、企业、企业集团为单元，多层次监管企业298家；推广增值税一般纳税人资格试点企业至30家。

特殊监管区域管理

【海关特殊监管区域保税监管】2022年，郑州海关厘清分工，增强管理合力；规范卡口管理；落实综合保税区维修政策调整，为企业量身定制监管方案；保税维修业务同比增长2.3倍。强化"两仓"货物实际入出仓管理，以项目需求为导向，严格把控“两仓”准入、退出关。

稽查业务

【专项稽查行动】2022年，郑州海关持续深化稽查改革，重点开展“金钥2022”、进口石脑油、减免税设备、危险化学品逃漏检、进口金刚石复合圆片等系列专项稽查行动，稽查追补税、查发率、重大查发、涉检查发等多个指标取得历史新突破。

核查业务

【核查分类改革】2022年，郑州海关统筹推进“多查合一”和核查分类改革，组织开展“双随机、一公开”部门联合抽查、进境驴皮指定生产加工存放企业专项核查，以及保税仓库、不实贸易和跨境电商等领域系列专项核查。

审核监督

【三级监控机制】2022年，郑州海关涉及业务条线多，职能监控责任重，结合历年巡视、巡察、审计、执法检查中发现的问题，制定企业管理和稽查条线业务监控清单，落实三级监控机制；以查促改，以改促学，对关区近3年稽核查作业开展执法检查，纠正规范相关问题，建立台账管理。

属地查检及涉检行政处罚

【属地查检工作和涉检行政处罚制度规范】2022年，郑州海关制定制度，明确工作目标和责任分工，强化职能管理。设立进出口鲜活易腐农食产品属地查检“绿色通道”，实施“5+2”预约查检，截至年底经“绿色通道”验放活猪、鲜蔬菜、水果9.58万吨；开展属地查检领域安全风险隐患排查；持续推进进口危险化学品检验模式改革试点工作；加强与稽核查业务的衔接配合，移交检验检疫行政处罚立案6起。

郑州海关自2022年8月1日承担检验检疫行政处罚职能以来，完善制度，厘清部门职责分工。对2018年以来关区办理案件进行梳理，规范执法。

撰稿人

叶　蕾　史志成　邢雪艳　杨　阳　杨瑞红　李　斌　周　歆

查缉走私

概况

2022年，郑州海关缉私局按照公安部和海关总署部署，始终保持打击走私高压态势，全力开展打击走私"国门利剑2022"专项行动，提升缉私专业能力建设，深化海关全员打私，推进打击走私综合治理，打击走私工作取得明显成效。

打击涉税商品走私

【打击重点涉税商品走私】2022年，郑州海关缉私局刑事立案12起，案值2.08亿元，查获医疗器械、陨石、手表、洋酒、化妆品等走私物品。其中，打击"水客"走私，刑事立案2起，案值1115万；立案侦办4起跨境电商渠道走私犯罪案件，案值1.6亿元；侦办1起走私陨石案，抓获犯罪嫌疑人2人，

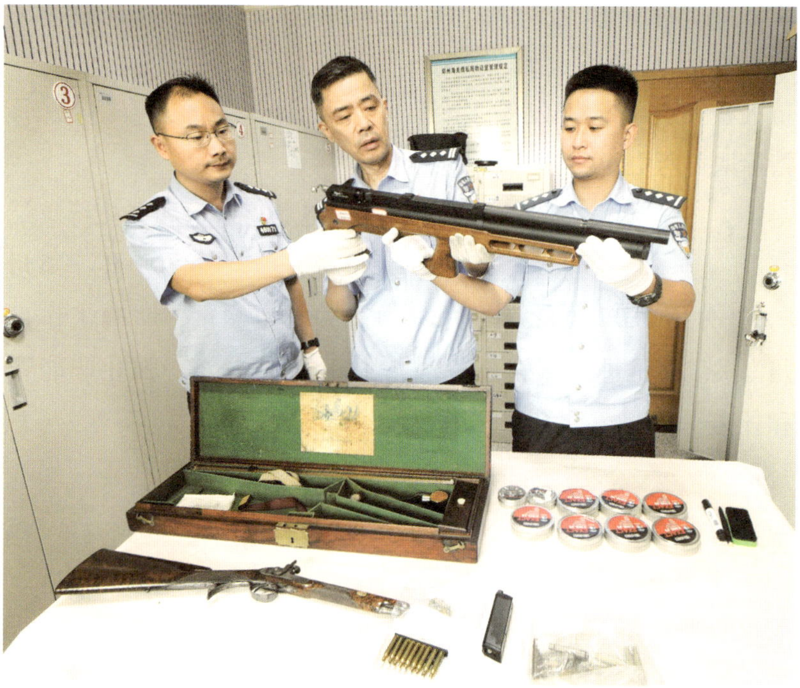

▲2022年9月20日，郑州海关缉私局侦办1起枪支走私案　（郑州海关缉私局　供图）

扣押涉案陨石1.8吨。

打击非涉税走私

【打击非涉税走私违法犯罪】2022年，郑州海关缉私局严厉打击各类非涉税走私、涉枪涉爆走私。深入开展夏季治安打击整治"百日行动"和"国门勇士2022"专项行动。打击毒品和精麻类药品走私。落实国家禁毒委"清源断流"工作部署，立案办理毒品与国家管制的精神麻醉药品走私、非法邮寄案件21起，其中刑事案件20起、行政案件1起，刑事案件数

量同比增长157%。严打“洋垃圾”、象牙等濒危物种及其制品走私，截至年底立案办理3起走私禁止进出口货物、物品案，涉及二手医疗器械、废旧计算机等。对损害人民群众身体健康、造成疫情防控新隐患的旧医疗设备等，会同地方公安机关追查来源、封控窝点、扣押涉案二手医疗器械，切实维护人民群众生命安全。加强联合研判和综合分析，在邮递、快件等渠道持续高压严打濒危物种及其制品走私行为。

▲2022年，郑州海关缉私局积极推进智慧缉私办案场所建设 （郑州海关缉私局 供图）

智慧缉私

【智慧缉私建设】2022年，郑州海关缉私局推进智慧缉私建设，高标准开展执法办案中心、情报指挥中心、专项情报中心及司法鉴定中心建设，夯实“智慧缉私”应用的硬件基础。加快公安网、海关网、互联网“三网”融合，推动海关数据、业务数据、社会数据“三数”汇聚。海关总署（郑州）跨境电商专项情报中心已融入全国已办结的跨境电商刑事案件电子数据，初步实现对跨境电商数据的智能化研判。公安网前端信息化建设初步实现与河南省公安厅、海关总署缉私局数据的双向接入，为执法办案提供强大支撑。

法治建设

【执法示范单位培树】2022年，郑州海关缉私局扎实推进刑事法治建设。牢牢把握缉私法治工作建设目标，以深化执法监督管理机制改革为动力，以提升执法信息化水平为抓手，以培树执法示范单位为载体，持续深化执法规范化建设，为缉私高质量发展提供有力的法治保障。郑州海关缉私局东站缉私分局被海关总署缉私局选树为全国海关缉私部门执法示范单位，是内陆17个海关的唯一一个基层执法示范单位。

【健全完善制度】2022年，郑州海关缉私局充分发挥集体把关作用，保证决策的民主化、科学化，提高办案质量，提升执法规范化能力，保证对重大、疑难案件和相关事项的正确处理，参与完成海关总署规章库中规章文本核对工作。

【法治培训】2022年，郑州海关缉私局提高办案单位行政执法能力，举办关区行政处罚培训，组织理论水平高、办案能力强的专家型关警员4人为关区的政策法规、指标考评、“两简”案件办理、线索移交等热点问题进行答疑解惑。适应“以审判为中心”新形势下诉讼制度改革，提高刑事执法办案水平。

【办案场所建设】2022年，郑州海关缉私局按照“规范、高效、安全、智能、集约”的思路，打造集办案中心、案件管理中心、自管类涉案财物管理区等功能于一体的缉私执法办案管理中心，提升执法效能。推进案件管理中心建设和系统管理。

【法律保障】2022年，郑州海关缉私局召开检法联席会，走访郑州市中级人民法院和郑州市人民检察院，会商案件疑难问题，提供司法协助保障。加强案件审核。严控案件质量，按照刑事案件“两统一”要求，统一审核各办案部门刑事立案、采取强制措施、涉案财物处置等事项。截至年底，共组织召开行政案件局级案审会5次、关级案审会3次，对主办的5起案件及各分局主办的4起案件开展审议并认真做好会后会议纪要、批复等文件的制发工作。对一起符合向海关总署请示案件认真组织上报工作，并获得海关总署批复。审理的行政案件全年零赔偿、零复议、零诉讼、零投诉。

【法治调研】2022年，郑州海关缉私局研究起草关于落实公安执法责任体系改革工作方案有关意见和建议。开展玉石行业反走私综合调研，为领导决策提供数据及专业知识支撑。分析关区打私业务绩效，总结先进做法，分析落后原因，提出进一步提升全员打私整体效能，进一步加强案件联动打击，着力提升查获罚没能力。

【突出问题治理】2022年，郑州海关缉私局开展执法检查，提醒隶属海关、办案单位严格依法办案，提高办案效率。从数量指标、质量指标、效率指标对行政案件进行综合全面分析，提出工作建议。开展2022年专项业务检查，对2018年以来的案件类保证金清理不及时、案件超期未办结或未按规定处罚、涉案物品未按时移交等问题进行清理排查。

【执法监督管理】2022年，郑州海关缉私局与检法机关、地方公安等进行深入沟通交流，建立健全沟通协作机制平台，有效保障了打击走私犯罪的高效统一。进一步健全刑事案件“两统一”工作机制，规范取保候审强制措施的正确适用，促进公正执法，提高刑事执法水平和办案质量，推进执法规范化建设。

行政处罚

【行政处罚案件办理】2022年，郑州海关办理行政案件120起，同比下降50.3%。以案件种类分，42起为行政一般案件，78起为快简案件；以立案定性分，114起为违规案件，6起为走私行为案件。

综合治理

【“五个聚焦”综合治理】2022年，郑州海关缉私局深化打击走私综合治理工作格局，推动地方政府进一步落实打私主体责任，以“五个聚焦”为着力点，不断构建“打、防、管、控”一体化格局。聚焦组织领导，坚持高位推动。召开河南省打击走私领导小组工作部署会，下发“国门利剑2022”联合行动方案和综合治理要点，确定总体思路，制定工作目标，明确各单位各部门职责和任务分工。组织召开成员单位工作推进会，要求始终保持高压态势，不断夯实治理基础，广泛凝聚社会力量；聚焦主体责任，推动地方机构下沉。将推动地方政府履行好打击走私综合治理主体责任作为突破口，进一步突出地市级地方政府综合治理主体责任，推动全省18个地市的17个地市政府成立打私办机构；聚焦疫情防控，筑牢安全屏障。在面临多轮疫情冲击的形势下，统筹疫情防控和打击走私工作，积极督促各成员单位发挥职能作用，突出走私冻品等农产品冷链货物为重点，从源头上防控重大公共卫生风险。组织召开冻品市场打击走私综合治理座谈会，就打击冻品走私综合治理工作形成治理模式；聚焦高压严打，形成强效震慑。以“国门利剑”联合行动任务为重点，积极推动各成员单位各司其职、协同作战，地方公安机关在打击肉类冻品、走私贩卖毒品等方面的案件数量大幅增长，取得良好成效；聚焦夯实基础，强化支撑保障。以“智慧缉私”为平台，拓展跨区域、跨部门打击走私信息共享渠道，全力建设全国反走私调查研究中心河南工作站，以立法调研、信息技术支撑、宣传氛围营造为切入点，不断夯实综合治理工作基础。形成河南省反走私综合治理立法调研报告，在各平台编发宣传文章48篇次。充分发挥平安建设考核“指挥棒”的作用，客观评价各地市反走私综合治理工作开展情况。

撰稿人

张　帅　黄守部

第六篇

综合保障

政务管理

【概况】2022年，郑州海关政务管理工作深入贯彻习近平总书记“五个坚持”重要指示精神，严格落实关领导对办公室工作提出的做到“六个表率”和旗帜鲜明讲政治的“五点要求”，强化统筹协调、参谋辅政、督促落实，不断提高“三办三服务”能力水平，助力关区工作不断迈上新台阶。

【督查督办】2022年，郑州海关狠抓“第一议题”制度落实，形成建账、督办、检查的工作闭环，压实督查督办主体责任，55项任务全部得到有效落实。完善督促检查工作机制，建立“‘第一议题’、中央决策、署省要求、党委部署”4个层面督办体系，每月梳理重点工作督查任务清单，对369项次上级重大决策部署、重要会议议定事项等开展常规督查督办，对2个分工方案落实情况开展专项督查，对4个隶属海关开展实地督查，推动形成上下“一盘棋”抓落实的良好氛围。

【应急值守】2022年，郑州海关加强突发事件应急管理，更新发布关区应急预案汇编，统筹规划各专项应急处置工作。持续完善关区政务值班制度，坚持在节假日、重要时间节点前后开展值班抽查检查通报，保障关区联络畅通、处置及时；落实24小时专人值班工作责任，开展总关机关值班室改造，加强值班工作保障，规范隶属海关值班补贴发放，全年编报值班信息205期。

【政务信息】2022年，郑州海关通过调整绩效考核标准、修订信息计分管理办法、细化约稿动态台账管理等持续优化信息工作机制；围绕工作亮点深度挖掘，及时总结，展现郑州海关工作亮点特色；开展信息工作“以干代训”，定期对优秀信息、优秀新闻稿件点评和修改稿进行通报。在全国直属海关单位信息排名中上升3个位次，先后被河南省委、省政府评为信息工作先进单位。

【会议管理】2022年，郑州海关加强会议管理，按照海关总署要求编报年度会议计划。从严审批，严格按照会议计划管理，计划外会议原则上不予审批。精简设定会议主题，专项会议突出专题，压缩会议时间。贯彻落实会议“十不开”，按照最小范围的原则确定参会人员，减少参会人员，能够合并的坚决合并。

▲2022年11月30日，郑州海关办公室党支部组织开展“学习二十大 奋进新征程”主题党日活动 （郑州海关办公室 供图）

【公文处理】2022年，郑州海关完善公文审核机制，压实办文部门主体责任，加大公文错情通报力度，减少文稿“硬差错”。实行“日提醒、周督办、月通报”制度，每日2次运用公文效率系统和短信平台进行催办提醒、每周跟踪督办、逐月通报公文办理情况，保障文电高效安全运转，连续32个月按时办结率100%。

【建议提案办理】2022年，郑州海关实行主要负责同志负总责、分管关领导直接抓、承办处室和承办人员具体办、办公室总协调的“3+1”办理责任分工机制，确保任务分解到岗、责任落实到人。注重办前、办中协商，快速抓住热点难点和代表委员关注的焦点，提出针对性答复意见。9件人大代表建议、政协委员提案均按期办结，答复满意率100%。抓好办后跟踪，开展近5年人大代表建议办理情况“回头看”，4件逐步解决类建议全部办结。加强常态化沟通，坚持向代表委员问需问计问策，守护国门安全，优化口岸环境，促进高水平开放、高质量发展。

【保密管理】2022年，郑州海关加强保密管理，关党委专题研究部署保密工作5次，审定保密工作方案5项，关保密委主任讲授保密专题课1次，发布关区保密工作交流5期、保密“两识”教育12期，保密公益短信提醒2次，任海蓬获评河南省“保密故事新锐讲述人”。

【档案管理】2022年，郑州海关持续推进档案规范化建设，接受海关总署视频检查2次，对23家立档单位开展集中安全检查1次，保持“零差错”。做好2022年国际档案日宣传活动，征集“喜迎二十大·档案颂辉煌”主题征文25篇，制作微视频《档案管理员们的内心独白》并通过“风华郑貌”微信公众号进行主题宣传，展示关区档案管理队伍面貌。抓好重大活动档案管理，连续3年规范收集整理疫情防控档案。

【政务公开】2022年，郑州海关按时编制信息公开年报并对外发布，发布公告消息和政策解读557条，网上答复各类业务问题154条。克服疫情影响，实现本土疫情期间12360海关热线居家办公远程接听；深入推进12360海关热线归并工作，提前完成与省级12345政务服务热线常态化话务转接。全年郑州海关12360海关热线共接听话务1.37万通，2名话务员受到海关总署12360海关热线开通十周年通报表扬。

【信访工作】2022年，郑州海关深入贯彻落实习近平总书记关于加强和改进人民信访工作的重要思想，持续加强党对信访工作的领导，关党委定期听取信访工作汇报，研究重要信访事项，部署解决突出问题。依法分类做好信访工作，定期开展关长接待日，按照“属地管理、分级负责”的原则，组建专班，着力化解信访积案，全年办理信访事项59件，均按时办结。

【新闻宣传】2022年，郑州海关围绕重点工作、重要事件、重要时间节点，深化宣传影响力。制订实施郑州关区“奋进新征程 郑关更出彩”集中信息宣传策划方案，做好党的二十大系列宣传活动落实。全年在省级以上各类媒体平台发布新闻稿件430余篇次。中央级媒体对郑州海关进行专题报道（非缉私案件类）7次，同比增长1.3倍；央视《新闻联播》栏目近两年来首次采用郑州海关工作画面；“海关发布”微信公众号、微博等海关总署计分新媒体平台采用郑州海关制作短视频15部，同比增长36%；郑州海关参与制作的微视频《新春赛诗过大年》在“央视频”播出；《全力保障食品供港稳定顺畅 今年河南供港食品已超7000吨货值7.4亿元》获得海关传媒中心“2022国门传播奖”消息类全国二等奖。

撰稿人

元森浩 任海蓬 刘 帆 刘增辉 李璐璐 张 婷
聂晓阳 菅永伟 樊伟峰

财务管理

【概况】2022年，郑州海关以“智慧理财促发展、严守法纪做表率”为目标，严格遵守政治纪律和政治规矩，从讲政治的高度分析和谋划财务工作，全面提升组织力、领导力、执行力和战斗力。加强进出口环节涉企收费管理，明确新增进出口环节收费项目、收费标准审批流程，建立收费咨询投诉及处理结果台账，畅通收费管理信息收集和反馈渠道；做好疫情防控后勤保障工作，保障关区疫情防控物资需求，2020年以来，累计向11个直属海关调拨各类防疫物资48.67万件；做好严禁“洋垃圾”入境、走私冻品处置工作，落实走私冻品和非法入境固体废物移交地方处置工作机制，库存走私冻品全部清零；建立健全以制度体系为框架，以过程控制和分级管理为核心的内部控制机制；支持定点扶贫工作，推进脱贫攻坚与乡村振兴战略有效衔接，巩固鲁山、卢氏、民权三县脱贫攻坚成果。

【预决算管理】2022年，郑州海关做好关区财务保障，多方争取资金支持，科学编制预算，将落实“过紧日子”要求列为关区财务工作重点，科学设置可操作性指标，非独立核算单位（部门）一般公用支出在前两年平均数的基础上压减30%，重点倾斜保障基层海关单位。强化预算执行和绩效“双监控”，推动预算管理工作提质增效。

【税费财务管理】2022年，郑

▲2022年11月24日，郑州海关财务处开展中央预算管理一体化部门预算执行业务培训　（郑州海关财务处　供图）

州海关科学规范税费管理，严格流程，确保税款及时核销入库，保证金及时清退，各项非税收入及时足额缴库。

【资产装备管理】2022年，郑州海关深入贯彻落实中央“过紧日子”要求，严控家具设备配置，通过内部调剂、旧物翻新等方式满足新增办公需求。进一步明确管理职责，规范管理流程，防范管理风险，夯实工作基础。组织完成关区公务用车编制重新核定申请工作，为新设隶属海关调配公务用车，满足工作需要。

【事业单位管理】2022年，郑州海关规范事业单位对外投资管理，按要求推进脱钩企业产权转让工作。加强所属企业国有资产产权管理，组织事业单位所属2家企业向海关总署财务司提交办理企业国有资产占有产权登记申请及相关资料。

【节能管理】2022年，郑州海关扎实推进关区节约型机关建设，紧紧围绕创建目标制订方案，明确各方责任，完善节能管理实施细则、考核办法、统计办法等相关制度。强化把关，严格对照建设标准开展资料审核、实地检查。18个隶属海关创建国家级节约型机关，占关区处级及以上行政单位比例75%，完成海关总署创建目标。

撰稿人

王山林　朱　梅　安　楠　李中军　肖　彬　程兵丽

科技发展

【概况】2022年，郑州海关科技发展工作坚持以习近平新时代中国特色社会主义思想为指导，学习宣传贯彻党的二十大会议精神，强化使命担当，提升工作效能，做好国门安全、口岸疫情防控、安全生产、促进外贸保稳提质等当前重点工作，保障信息化系统安全，提高通关便利化水平，全面提升科技保障水平。

【科研管理】2022年，郑州海关积极开展科研交流合作。与河南省科技厅签署《郑州海关、河南省科学技术厅深化科技合作促进创新发展合作备忘录》，进一步加强科技合作。组织开展海关总署、河南省科研项目申报。向海关总署推荐申报“进出口商品中痕量濒危物种源性成分筛查及鉴别技术研究”等5个项目。向河南省科技厅申报“河南进境口岸查获疑似固体废物的鉴别及其环境污染物风险评估技术的研究”等5个科技攻关项目。科研创新取得新突破。2021年度海关科技成果评定中，郑州海关“动物制品中源性成分检测鉴定技术平台的建立及标准化应用”获三级成果。组织关区科学技术奖励申报，推荐1个项目参加2022年度河南省科学技术进步奖评选。积极开展科普宣传，举办科技活动周并与技术中心联合拍摄科普短视频，报送海关总署参加全国海关科普短视频比赛。

【实验室管理】2022年，郑州

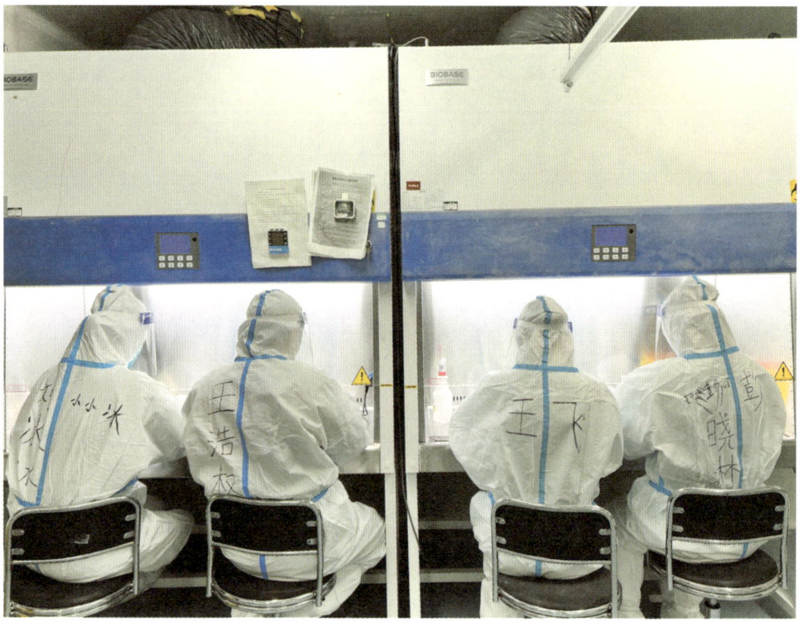

▲2022年12月20日，河南国际旅行卫生保健中心实验室工作人员正在开展检测实验（河南国际旅行卫生保健中心　供图）

海关强化实验室安全管理。以实验室危险化学品和微生物安全为重点持续抓好实验室安全管理，5月底和国庆假期前后共开展2次关区实验室安全管理全面自查和抽查，针对保健中心实验室开展4次季度督查。共发现安全隐患9项，立行立改6项，督促整改3项，已全部完成。累计提出实验室安全管理工作建议12项，均得到相关实验室采纳落实。组织开展关区实验室安全管理培训1次，邀请河南省疾病预防控制中心贾松树教授重点讲解实验室安全相关法律法规、生物实验室安全必要性和管理要点。国庆节前后，组织关区各实验室开展1次内部自查、安全培训和应急演练。

持续提高实验室管理水平。完成实验室管理系统（V2.0）资源管理模块基础信息配置并正式启用，实现实验室基本信息和主要检测设备信息的在线管理。参与完成实验室管理系统（V2.0）与新旅通系统实现数据交换，有效减少操作人员工作量，提升实验室管理水平。组织完成固体废物属性鉴定实验室核查验收工作。8月11日，海关总署专家组以远程视频方式对实验室进行验收，认为实验室设备精良、人员素质高、能够满足关区矿产品类及废旧塑料的固体废物属性鉴定需要，具备持续发展条件，预验收通过。

【信息化建设】2022年，郑州海关强化口岸疫情防控技术保障。落实郑州海关关于统筹口岸疫情防控和促进外贸稳增长工作部署，推进与新旅通卫生处置模块接口对接，向海关总署提交接口申请，对接郑州海关智能化装备，发挥“技防”优势提升口岸疫情防控效能；成功保障第九、十版新冠疫情防控方案顺利实施，对郑州海关口岸卫生检疫智能化装备接口进行适配性改造；保障入境航班旅客通关业务顺利开展，根据国际旅客航班周末和夜间入境特点，全天候保障相关信息系统不间断安全稳定运行。聚焦促进海关监管作业更加高效、通关服务更加便利、执法把关更有成效，推动信息化建设再上新台阶。支撑口岸开放平台建设，完成开封综合保税区信息化建设，持续提升海关特殊监管区域信息化水平；完成新郑国际机场北货运区监管场所信息化建设；改造物流监控系统，开发“自动运抵”功能，优化完善区港联动物流监管体系，进一步提升口岸

▲2022年4月29日，郑州海关科技处关员进行“五一”劳动节前安全生产检查　（郑州海关科技处　供图）

作业效率。持续强化信息化运行管理，开展防范信息系统运行“三失”工作。加强应用项目管理和系统运行监控，加强授权管理、规范运维操作，提升基础设施保障能力，完善数据备份策略。针对排查梳理的风险，建立问题台账，逐项提出整改措施，防范化解风险；完成关区信息系统账号授权清理工作，清理各类账号授权671个。

完成重要时间节点网络安全保障工作。从收敛暴露面、纵深防御、最小化管理等方面深入自查，在组织保障、技术管理、运行安全等方面进一步加固，顺利完成北京冬奥会和冬残奥会、党的二十大、全国两会等重要节点的网络安全保障工作。

推动信息化国产化替代。替换国产终端303台，协调配套服务器及存储设备17台。持续保障桌面云系统的稳定运行，完成国产终端数据防泄漏和安全管理系统部署。完成郑州海关机房新布局。统筹机房资源，谋划网络结构优化，开展机房搬迁整合，最终形成农业路、金水东路双主机房布局，下联各隶属海关单位双线路运行机制，夯实信息化基础保障能力。

撰稿人

田培良　严更生　杨晶晶　胡文佳

督察内审

【概况】2022年，郑州海关督察内审工作坚持以习近平新时代中国特色社会主义思想为指导，全面依法履职，优化督察方式，强化审计监督，深化内控机制建设，巩固整改长效机制，提高工作效能，马上就办、真抓实干，锲而不舍、一以贯之，发挥督审监督作用，完成各项工作任务。

▲2022年5月25日，郑州海关组织召开审计自查整改推进会 （郑州海关督察内审处 供图）

【配合国家审计】2022年5—8月，审计署驻郑州特派员办事处对郑州海关履行监管职责和税收征管等情况开展审计，郑州海关成立配合国家审计专项工作领导小组、配合国家审计工作专班、专项工作组，形成需求材料“三审核”工作机制，并每日向海关总署报送迎审动态。根据审计署对郑州海关审计发现问题情况，郑州海关坚持即知即改、立行立改，边迎审、边自查、边整改、边规范，对涉及问题进行先行整改。共召开业务协调会11次，对海关总署和郑州海关审计专项工作领导小组提出的问题进行审议。根据《审计报告》，督审处在先期整改的基础上，进一步核实已完成整改问题，持续追踪未完成整改问题，把拿出“当下改”的务实举措与形成“长久立”的制度机制相结合，以“钉钉子”精神抓好落实，确保问题不折不扣整改到位。

【督察监督】2022年，郑州海关聚焦重大决策部署贯彻落实，不断强化督察监督工作。聚焦重大决策部署贯彻落实情况，突出问题导向，坚持聚焦习近平总书记重要指示批示精神落实情况和党中央、国务院重大决策部署落实情况，对口岸检查作业规范情况、税收政策及税收风险防控落实情况、监管场所运行管理及监管设备应用管理情况、强化企业管理、后续监管落实情况和促稳提质措施落实情况5项内容开展督察。

【审计监督】2022年，郑州海关不断强化审计监督工作，按照年度审计计划，完成8个隶属单位的现场经济责任审计工作。开展事业单位所属企业脱钩工作专项审计，加强关区事业单位所属企业脱钩和转让产权工作全过程监督。开展大金额差错报关单专项审计调研。开展贸易管制措施落实情况专项审计调研，对禁止“洋垃圾”进境措施落实情况和贸易管制相关风险防控机制运行情况进行专项调研，并分阶段向海关总署报送专项审计调研报告及“重点问题清单”“主要风险清单”。

【内控建设】2022年，郑州海关不断健全内控工作长效机制。对35项署、关两级规章制度和信息化项目开展内控前置审核，有效发挥内控工作对制度把关、科技控权、服务改革的保障作用。协助海关总署督察内审司对采购领域20余项法律法规逐一梳理内控节点；对8个隶属海关实施内控评价，发现问题并提出工作建议。以HLS2017内控平台应用为抓手，以强化基层自控、职能监控、专门监督“三道防线”为着力点，全面提升关区内部风险防控水平，建立健全月提醒、季度通报机制，全年制发提醒和通报4篇，发布应用成果等信息133条，上报海关总署采编30条。开展“内控示范科室”创建，共有9个隶属海关共计17个科室报名参加关区“内控示范科室”创建活动，组织相关人员参加海关总署督察内审司举办的“内控示范科室”建设线上推进交流会，定期向创建单位发送创建案例，指导各单位有序开展创建工作。组织开展RCEP专题评估企业问卷调查，协助海关总署广东分署开展跨境电商监管执法评估基础调研，对郑州海关AEO贸易便利化措施成效开展执法评估。

撰稿人

秦静姝

离退休干部工作

【概况】2022年，郑州海关离退休干部工作以“三化”建设为抓手，通过“聚焦党建引领，聚焦作用发挥，聚焦服务管理，聚焦自身建设”4个方面，精心精细精准做好老干部工作，让离退休干部共享改革发展成果、安享幸福晚年。统筹做好疫情防控和离退休干部服务管理工作；贯彻落实好中央和河南省出台的离退休干部相关待遇的政策；健全完善困难帮扶机制，探索荣誉退休制度；加强“智慧银海”推广使用；加强老干部活动设施建设，全面提高管理服务水平。

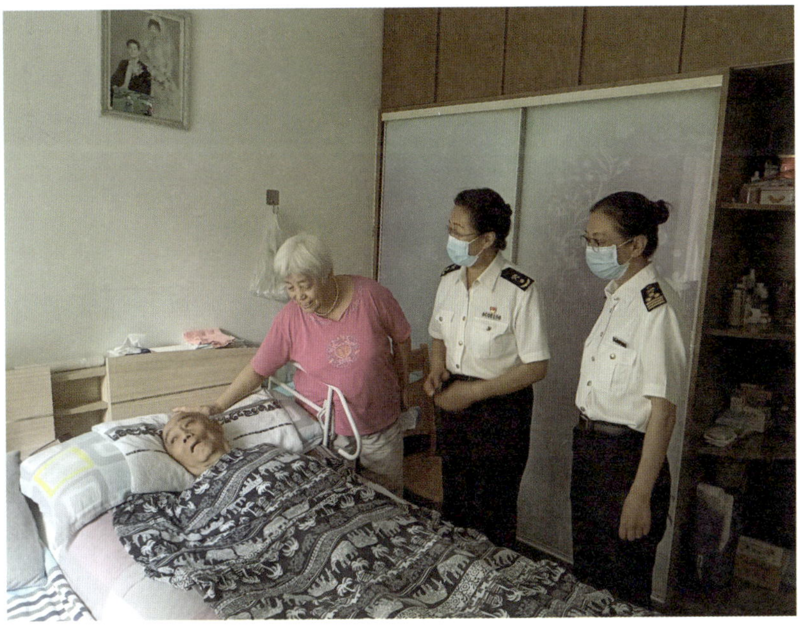

▲2022年6月30日，郑州海关在“七一”前夕走访慰问生活困难党员和老党员　（郑州海关离退休干部办公室　供图）

【服务与管理】2022年，郑州海关实施联系制度，党委班子成员定期通过微信、电话等方式联系沟通离退休干部，对行动不便或生活困难的离退休干部定期上门看望，了解思想动态、生活情况和健康状况。对因病住院的老干部及时探望慰问。全年共看望慰问因病住院老干部63人次。协助去世老干部家属处理善后事宜。在做好疫情防控的前提下，协助去世离休干部、去世退休干部家属做好善后事宜。积极协调解决老干部关心关注的问题。通过与中共河南省委老干部局和河南省老干部大学协调，解决部分老干部参加河南省老干部大学学习活动的诉求。

【文体活动开展】2022年，郑州海关组织“三八”妇女节插花活动，27名退休女干部

▲2022 年 9 月 9 日，郑州海关开展离退休干部“喜迎二十大 · 奋进新时代”书画笔会活动　（郑州海关离退休干部办公室　供图）

现场向专业插花师学习鲜花的选择与购买、鲜花的保养与摆放、插花艺术，亲手制作插花作品。清明节，组织老干部开展“网上祭英烈”活动，表达对革命先烈的缅怀之情。党的二十大前，开展“建言二十大”活动，通过线上线下征集，共收到老同志意见建议 57 条，经筛选、梳理，形成 10 条建言向海关总署离退休干部局报送。“七一”建党日前夕，为 2 名 50 年党龄的退休干部颁发“光荣在党 50 年”纪念章。建军节，召开“退役军人庆‘八一’座谈会”，离退休老同志讲述服役期间为军队发展不懈奋斗，离开部队后又为郑州海关事业做出贡献的故事，表达他们时刻牢记优良传统，始终保持坚定的政治立场，继续传递正能量、发挥新作用的决心。国庆节前，组织“喜迎二十大 · 奋进新时代”离退休干部书画摄影作品展，共征集书画摄影作品 170 余幅，筛选展出参展书画作品 30 余幅、摄影作品 70 余幅。重阳节，开展退休干部户外健步走活动，让老同志在大自然中放松身心、强身健体。

【教育与宣传】2022 年，郑州海关通过线上线下多种形式开展离退休干部纪律法律专题教育，通报违纪违规的典型案例，宣传廉洁修身、廉洁齐家的优良传统。学习党纪国法中关于经商办企业的禁止性规定，开展离退休干部违规投资企业或在企业兼（任）职专项整治自查。

【志愿服务】2022 年，郑州海关坚持把“老有所养”与“老有所为”相结合，从老干部实际出发，在自觉自愿、量力而行的基础上，发挥优势作用，助力全民核酸检测工作。全民核酸检测期间，参与志愿者服务的关区退休干部穿上红马夹，同社区工作人员一起清理场地，布置检测区域，引导群众扫码信息登记，协助维护检测秩序。助力关区精神文明建设，开展“学雷锋，爱家园”老干部志愿服务活动。老同志们利用自己的专业知识，为社区居民讲解心血管疾病、高血压、糖尿病等中老年常见病的预防及养生保健知识，为群众免费发放《中华人民共和国民法典》等法律宣传资料，提供法律咨询服务。助力关区新时代海关廉洁文化建设，老干部积极撰写家风文章，用自身成长经历教育年青关警员守住廉政底线。

【信息宣传】2022年，郑州海关讲好郑州海关离退休干部积极向上、老有所为、持续为海关事业发光发热的感人故事，多篇稿件被海关总署离退休干部局“鑫海桑榆”微信公众号采用。郑州海关被中共河南省委老干部局评为2022年度省直老干部工作先进单位，退休干部杨富贵被中共河南省委组织部和中共河南省委老干部局评为2022年度全省离退休干部先进个人。

撰稿人

王雁青

第七篇

隶属海关单位

郑州机场海关

【概况】郑州机场海关是隶属于郑州海关的正处级单位，业务管辖范围为郑州航空口岸进出境运输工具、人员、货物、物品的监管，征收关税和其他税费，查缉走私，口岸卫生检疫、卫生监督，编制海关统计和办理其他海关业务。内设科（室）11个。另有郑州海关党委第一派驻纪检组常驻郑州机场海关。

2022年，郑州机场海关坚持以习近平新时代中国特色社会主义思想为指导，贯彻落实习近平总书记重要指示批示精神和党中央国务院重大决策部署，在郑州海关党委的正确领导下，学习宣传贯彻党的二十大精神，聚焦口岸疫情防控、促进外贸保稳提质、“空中丝绸之路”建设、筑牢国门安全防线等中心工作。

【党的建设】2022年，郑州机场海关党总支以政治建设为纲要，全面从严治党。持续强化党建工作质量。牢固树立一切工作到支部的鲜明导向，扎实开展基层党建“双提升”行动，深化“四强”党支部和党建品牌创建。郑州机场海关党总支荣获河南省直机关五一劳动奖章；旅检二科获评一星级全国青年文明号；3个“四强”党支部通过复核，新争创“四强”党支部1个。全面加强干部队伍建设。注重组织培养和自我提升双向发力，拓宽干部成长路径，树正干部选用导向，坚持注重政治历练，强化素能训练，压实一线锤炼，构建“充电+压担”全方位培养路径。谢清磊获评“百名优秀执法一线科长”。以推进“海关重点项目和财物管理以权谋私”专项整治为契机，不断夯实基层基础，调阅查询档案770余份，梳理重点清单项目经郑州海关认定31项；严格执行民主集中制，召开党委会15次；开展廉政教育警示月活动，领导班子带头讲好廉洁文化教育党课。

【动植物检疫】2022年，郑州机场海关强化国门生物安全治理。开展“国门绿盾2022”专项行动，科学规范开展监测工作，严防动植物疫情疫病传入。全年共截获外来有害生物、病媒生物16批。其中，在鲜樱桃中检出检疫性有害生物李属坏死环斑病毒2批次，货物总重8.9吨，作销毁处理；在鲜切花中发现植物繁殖材料1批次，作退运处理；在进口货物木质包装中检出3批非检疫性有害生物小杆目线虫，1批滑刃属线虫。全年监管进口新鲜水果89批次396.65吨、进口鲜切花11批次3.11吨、进口鳌龙虾3批次4.54吨；查检进口活动物12批次3449头，种类有海象、赛马、种羊、种猪。

【监管业务】2022年，郑州机场海关探索建立货运业务“学习研讨、风险研判”的“双研”和“科室自控、运行监控”的“双控”工作机制，通过“三个强化”提升现场应急处置和风险防控能力；开展“国门利剑2022”等专项行动，立案侦办全国首起涉嫌走私陨石进境刑事案件；查获象牙等濒危动植物制品、非法出版物、知识产权侵权物品、枪支零件、弩枪、星链卫星地面接收设备等；在“跨境电商寄递‘异宠’综合治理”专项行动期间，查获活体蚂蚁、管制药品，其中查获毒品走私入境2起，实现郑州机场海关建关以来毒品走私入境案零突破；旅检现场查获鹿角、筹码、熊胆粉、鹿茸及鹿鞭制品、安宫牛黄丸、现钞美元及加元。

【政务管理】2022年，郑州机场海关通过多种政务信息途径及“海关发布”等媒体平台，反映重点工作开展情况，突出亮点，8篇信息被海关总署相关刊物采用，6篇信息被河南省委省政府采用。新闻宣传类稿件被《中国国门时报》采用7篇；“海关发布”微信公众号、微博、抖音采用20篇；“中国海关”强国号采用1篇；《河南日报》采用3篇；《河南新闻联播》采用4篇；河南广播电视台采用3篇。规范档案机要管理，清查整理各类档案；组织开展保密专项学习2次、保密自查1次；落实政务值班工作要求，保障政务值班工作有序开展。

【财务与后勤保障】2022年，郑州机场海关强化后勤保障，提升综合服务效能。严格执行疫情期间各项内部防控要求，实行“错峰+分餐”管理，根据季节变化优化早中晚餐供应；落实郑州海关党委加强封闭管理人员生活及人文关怀保障的要求，加强与隔离酒店的联系配合，收集、了解封闭管理人员实际需求，制定关心关爱若干措施，为封闭管理人员配备基本生活用品、防暑降温用品及安全防护物资；规范车辆运行管理，车辆出入备勤区域时由专人负责消杀，保证疫情期间车辆卫生安全，全年未发生任何安全事故。

【疫情防控】2022年，郑州机场海关聚焦“疫情要防住”，筑牢外防输入第一道防线，严格开展出入境人员、航空器卫生检疫，进口高风险非

▲2022年10月14日，郑州海关所属郑州机场海关工作人员指导旅客填报健康申明卡　（郑州海关所属郑州机场海关　供图）

冷链集装箱货物采样和预防性消毒监督，进口冷链食品核酸采样，以及健康申明卡核验、体温监测、医学巡查、采样检测等工作。监管进出境航班1.08万架；检出1例恶性疟病例，为郑州海关首次检出；监管进口冰鲜大西洋鲑鱼9批次，净重27.97吨，货值193.81万元；监管出口防疫物资1.9万吨、38.9亿元，同比分别增长34.75%、15.26%，被运往90余个国家或地区。共计百名干部职工因疫情防控突出表现受到海关总署、郑州海关通报表扬或嘉奖。

【“口岸危险品综合治理”百日专项行动】2022年，郑州机场海关推进常态化危险品综合治理工作，持续健全口岸危险品综合治理长效机制。建立进口危险品“7×24小时”“通关+提离”保障机制，实行海关、货站、航空公司多层催报、催提，建立危险品入出库动态监控台账，引导航空公司开展“装载前预通报”、报关企业采取“提前申报”方式办理通关，最大限度压缩危险品在库时长。成立危险化学品查验工作专家组，将单证审核环节前置，发现危险公示标签、安全数据单不合格等突出问题，要求企业提前准备、迅速整改，及时验核并放行，实现危险品口岸积压“动态清零”；畅通关企沟通渠道，召集企业开展座谈会，了解企业诉求，对企业生产急需货物优先查验。7月20日至12月31日，监管危险品1495批次，共计1495.6吨，平均在库时长由6.45天压缩至2.69天；全年共查验进口危险化学品536批次。

【精细财务收支管理】2022年，郑州机场海关落实财经纪律和“过紧日子”要求，压缩一般性支出，优化支出结构，提高财务决策水平及资金使用效益；恪守中央八项规定精神，严格把控公务支出，规范各种采购行为，杜绝日常办公、后勤保障各环节浪费现象；强化财务内控管理。主动自觉接受监督，对于巡察、巡视、审计、预算执行动态监控等查出的问题立行立改；通报年度财务预决算情况、非政府项目采购、涉案财物处置相关事宜，保证财务事项公开透明；按照当年预算申报，安排各项目执行，保证各项目资金开支依法合规、总体执行平衡，全年总预算执行进度为100%；从严管理涉案财物，完善精品仓库设备设施配备，对罚没财物进行安全分类保管，对贵重敏感物品入库拍照，确保“原样保管”。

【服务开放发展】2022年，郑州机场海关落实海关总署促进外贸保稳提质10条措施和郑州海关15项举措，细化为20项工作要点，各科室协同落实，共收集并解决政策咨询类问题34个、通关业务类问题31个、应急保障类问题25个，助力企业减负增效，全年减免滞报金50万元；70余批次货物享受到免验《涂料备案证书》、免除第三方检测要求等助企纾困降成本措施；创新口岸监管模式，提高口岸运转效能。落实“7×24小时”通关，创新实施“机坪理货—机坪直提”“定期航班+临时包机”“舱单分拨+智能卡口”，提升货邮集疏效率；持续优化营商环境，推进海关业务改革。推进“两步申报”等措施落地生效，降低合规成本。坚持“一案一策”，逐批为进口活动物制订专属保障方案；明确登临检疫、现场接卸、消毒

▲2022 年 1 月 5 日，郑州海关所属郑州机场海关关员冒雪对转关车辆施加关锁　（郑州海关所属郑州机场海关　供图）

处理、移交转运等各环节要求；加强科室联动，协调配合做好进境活动物口岸检疫工作，做到快检快放。全年保障 12 批次进境活动物顺利通关。坚持多措并举，压缩整体通关时间。建立长效机制，综合运用“AEO 认证企业绿色通道”“汇总申报”等作业模式提速增效。支持扩大进口、推动出口转型升级；推进真空包装等高新技术货物一体化布控查验模式扩大试点工作，对芯片等真空包装的高新技术货物，采取非侵入式查验手段，加强与目的地海关联动配合，多举措降低企业通关成本。全年进、出口整体通关时间分别为 25.13 小时、0.47 小时，较 2017 年分别压缩 71.56%、93.67%。

【外贸保稳提质】2022 年，郑州机场海关靠前介入、积极跟进新郑国际机场北货站建设全过程，明确北货运区的功能定位和业务布局，提出海关监管作业场所（场地）建设的具体业务和疫情防控需求，强化建设过程中的沟通对接。支持采取改扩建模式建设 3 个指定监管场地，助力企业简化验收程序。密切跟进项目建设进度，通过邮件或正式签收的形式集中反馈整改意见 9 次。优化保税航空油料监管，助力国际客货航线拓展。加强油气液体化工品物流监控系统、金关二期加工贸易及保税管理子系统应用，配套分送集报业务模式，保障保税航空油料快速办理出库、实时加注使用。全年监管保税航空油料加注 20.9 万吨，同比增长 5%。以“三智”赋能，支持电子货运信息服务平台建设，通过货物数据和物流信息互联互通实现海关通关风险研判前置；强化通关协调，保障一体化通关、多式联运转关等通关物流模式便捷高效。全年保障中匈航空货运枢纽项目进出口货运量达 3.66 万吨，增长 81.2%。

【支持河南 4 条“丝路”协同发展】2022 年，郑州机场海关围绕高质量共建“一带一路”的新形势新要求，多措并举助力“空中丝绸之路”做大做强，巩固提升枢纽功能和口岸功能，推动经济发展提质增效。支持新郑国际机场开通货运航线 36 条，监管进出境货运航班1.04万架，货邮量52.21万吨。在4月及10月两轮疫情严重影响下，郑州机场海关落实郑州海关党委提出的“保疫情防控、保通关运行、保生活保障、保物资供应、保队伍稳定”“五保”要求，领导班子靠前指挥、统筹部署，紧急启动应急通关保障机制，确保口岸通关畅通。

撰稿人

卞亚威　刘亚杰　闫霄汉　安　琪　李　颖　李宗杰　张进元　张明霞　张晓东　袁　凯

郑州车站海关

【概况】郑州车站海关是隶属于郑州海关的正处级单位，业务管辖范围为郑州铁路口岸进出口货物监管、监管场所管理等工作，包括中欧班列（中豫号）、郑州汽车整车进口口岸、郑州铁路东站进境粮食指定监管场地监管。内设科（室）5个。

2022年，郑州车站海关坚持以习近平新时代中国特色社会主义思想为指引，深入学习领会党的二十大精神，不断强化监管、优化服务，大力提升综合保障能力，完成全年工作任务。全年郑州车站海关监管货物101.6万吨；监管中欧班列（中豫号）1324班，集装箱11.63万标箱，货运量92.8万吨。郑州车站海关获评2021—2022年度郑州市物流口岸工作先进集体、监管二科获海关总署通报表扬、乔晓亮获评2021—2022年度郑州市物流口岸工作先进工作者。

【党的建设】2022年，郑州车站海关党委突出发挥领学示范作用，带动5个党支部、1个青年理论学习小组开展学习研讨21次；制订学习宣传贯彻方案，细化6项措施，做到党员学习“全覆盖”“无死角”，撰写学习体会39篇，强化学习实践和成果转换。坚决贯彻落实习近平总书记重要指示批示精神和党中央重大决策部署，坚持“第一议题”制度，通过党委会、关务会、集中学习等多种形式，开展各类学习研讨40余次。统筹开展“学查改”专项工作和政治机关建设专项教育活动，推动广大党员干部自觉从政治角度看待业务工作。落实意识形态工作责任制，守牢宣传思想阵地。推进基层党建强基提质。争创“四强”党支部，新获批“四强”党支部1个；通过课题研究、“书记项目”等形式探索特色品牌项目，上报“岗位练兵”成果5个。与霍尔果斯海关开展“云共建”活动，开展青春故事会活动，组织无偿献血17人；参与郑州海关组织的各项活动，其中朗诵和演讲作品分别获郑州海关二等奖、三等奖。完成总支及下设部分支部缺额补选工作；做好党员发展工作，新接收预备党员1人。

【法治建设】2022年，郑州车站海关党委带头学习贯彻习近平法治思想，将习近平总书记关于法治建设的重要讲话精神和指示批示精神作为理论学习中心组集体学习的重要内容，狠抓“关键少数”，全年组织开展党委中心组集体学法4次，对全体干部职工集中开展法治教育6次，建成法治文化长廊一面。扎实推进行政执法“三项制度”落实。组织学习并落实相关要求，细化工作任务，明确事项范围；持续做好行政执法公示工作，特别对事前、事中、事后公示，确保行政执法公开透明、责任到人；持续做好行政执法全过程记录工作，针对现场监管、现场查验等执法工作，全程佩戴执法记录仪，推动执法全过程规范有序。创新普法工作内容和形式。抓好重点法律和关键节点的普法宣传，结合关区工作业务特点，通过LED大屏、“钉钉”、“学习强国”、发放宣传手册等形式开展“美好生活·民法典相伴”主题宣传活动，以及“4·15”全民国家安全教育日、国际档案日、“8·8”海关法治宣传日、“12·4”国家宪法日等重要时间节点的集中宣传活动18次，为企业提供知识产权培训和座谈，参训及参会人员150人次，发放宣传册1200余册。

【风险管理】2022年，郑州车站海关强化宏观风险态势分析和重点敏感领域风险预警防控，撰写统计监测预警分析11篇。强化安全管理，组织口岸核辐射演练、进口高风险非冷链货物疫情防控等应急处置演练6次。强化与风控分局的沟通联系，提升现场风险防控精准度。强化保密、机要和业务数据等安全，录制的保密宣教视频入选郑州关区保密宣传视频。做好“海关重点项目和财物管理以权谋私”专项整治、国家审计整改、警示教育月等工作。

【税收征管】2022年，郑州车站海关深化税收征管方式改革，主动接受郑州海关关税处业务指导，完成全年税收目标。深化税收征管方式改革与综合治税，推进电子支付、自报自缴、汇总征税等改革措施，加强税政调研，积极推广实施中欧班列运费估价改革。

【动植物检疫】2022年，郑州车站海关截获有害生物13批次29种次16个种类，其中检疫性有害生物2种，为假高粱和四纹豆象；真菌及菌核3种；线虫2种。假高粱为郑州车站海关首次在进口货物监管中截获检疫性植物有害生物。加强对红火蚁及其活动痕迹检疫查验。开展检疫性实蝇监测，抓获实蝇5种、3029头，杂草监测检出物种21种，其中检疫性杂草1种（毒莴苣）。

【食品检验检疫】2022年，郑州车站海关监管进口预包装食品315批次，货重5428.43吨。严格执行海关总署进出口食品化妆品安全监督抽检计划，共计实施进口食品抽样检验9批，产品为蜂蜜、灭菌乳、乳清粉、麦片、气泡酒以及啤酒，全部符合相关国标要求。命中1批次进口蜂产品动物疫病监测，经技术中心生物实验室检测，该项产品未检出蜂房小甲虫、亮热厉螨、狄斯瓦螨病，美洲幼虫腐臭病、欧洲幼虫腐臭病结果为阴性。

【监管业务】2022年，郑州车站海关开展卫生检疫等重点领域安全风险排查和“口岸危险品综合治理”百日专项行动。发挥非侵入式查验设备效能，日均机检量21.55个自然箱。查获1起电子固体废物走私案，查获旧“数码相框”896个、重287.35千克。立案查处知识产权案件6起，查获侵权货物6532件、货值11万元。协调企业诉求120余项；指导企业处置1批

▲2022 年 7 月 6 日，郑州海关所属郑州车站海关监管二科关员高温下开展查验作业　（郑州海关所属郑州车站海关　供图）

进口包装破损红酒，挽回损失 2 万余元。

【政务管理】2022 年，郑州车站海关崇尚“求实、扎实、朴实”海关文化，紧贴郑州铁路口岸工作实际，通过打造样板、树立标杆，以点带面。从“调查研究”做起，推进“研究型海关”建设，成立政策研究工作小组，把郑州海关党委关注的问题研究透彻。实施周例会制度，及时跟进重点工作进度，对未完成工作事项进行“挂单”处理，督促加快工作速度，全年督办 566 次。加大信息宣传力度，中央电视台报道 6 次、河南卫视和《中国国门时报》等省部级媒体报道 41 次，政务信息、党建信息均位居郑州海关第三位。

【队伍建设】2022 年，郑州车站海关深入开展内务规范强化月活动，强化纪律作风养成。选树身边榜样、先进典型，通过典型学习、座谈交流等方式展现海关职业精神和行业文化，让“我是党员我来讲，我是党员我来干，我是党员我争先”蔚然成风。强化“钉钉”“e 课堂”学习，开展岗位练兵，鼓励优秀青年骨干在急难险重任务、一线重要岗位、业务攻坚改革试点中摔打锤炼，培育一批真干事、能干事、干成事的人才骨干。加强关心关爱工作，建立一线人员信息台账，掌握和解决工作生活难题 30 余件；成立“暖心暖胃工程”小组，合理调配食堂饮食结构。

【疫情防控】2022 年，郑州车站海关严格落实疫情防控举措，第一时间推动各项要求落地。规范开展口岸作业，落实个人防护指南规定，持续开展岗位练兵及实战演练等工作；强化与口岸单位的沟通联系，密切关注辖区企业落实优化疫情防控措施的进度，掌握进出口货物情况。开展进口非冷链集装箱货物采样和预防性消毒监督工作，累计培训 300 余人，采取样品 3386 个；开展环境监测 6 次，采集样本 103 个。

【支持中欧班列（中豫号）高质量发展】2022 年，郑州车站海关落实海关总署促进外贸保稳提质措施，制定符合业务实际的 5 条细化举措。推广“铁路快通”“提前申报”“互联网+预约通关”“货主可不到场查验”等便利化措施，实行“7×24 小时”常态化通关，设立进出口鲜活易腐农食产品查检“绿色通道”，实现通关“零延时”。积极参与推进河南中欧班列统一命名、统筹整合开行等工作。支持国产新能源汽车首次搭乘班列出口欧洲。支持郑州至布达佩斯、万象、胡志明市等5条新线路顺利开通。畅通“中欧班列+海铁联运”过境通道，加强与青岛、天津等沿海港口合作，有效降低企业综合物流成本20%，中欧班列（中豫号）已形成“8口岸、20目的地站点”的国际货运班列体系。

▲2022年11月1日，郑州海关所属郑州车站海关保障首趟整车出口专列快速通关 （郑州海关所属郑州车站海关 供图）

【保障首趟吉利汽车出口专列高效通关】2022年，郑州车站海关推行“一班一企一策”惠企机制，量身定制“产地组货集结+专列转关发运”监管方案，指导企业用好“出口提前申报+运抵放行”通关作业模式；依托智能卡口自动核放系统，做好口岸运抵跨关区协作，大幅压缩通关时长；结合疫情防控要求，为企业提供“互联网+海关”在线办理通关各环节业务、实施“货主可不到场”查验等便利措施，实现即报即验即放，保障班列顺利开行。10月23日，该专列搭载120辆吉利牌汽车，从郑州圃田中心站发车，由二连浩特口岸出境开往白俄罗斯明斯克，共计100个标箱，货值约1677万元，货重约229吨。

【支持郑州进境粮食指定监管场地业务发展】2022年，郑州车站海关设立绿豆专项查验周，集中解决进口绿豆在口岸堆积问题；对进口绿豆企业开展调研，制订专项解决方案，缩短后续处置时间，完成粮食指定监管场地规范化建设改造，推动口岸规范化建设。全年监管进口绿豆7.77万吨。

【中欧班列集结中心示范工程建设】2022年，郑州车站海关提出关铁融合大监管区项目关于重新规划监管场地等方面的8项要求；开展智慧海关建设，探索口岸“零等待物流”工作模式，场站周转效率提升30%，目前“网上调拨”“自动运抵”模块已投入使用。

撰稿人

吕 磊 赵 宁 赵亚飞

郑州邮局海关

【概况】郑州邮局海关是隶属于郑州海关的正处级单位，业务管辖范围为郑州国际邮件互换局（交换站）各项海关业务。内设科（室）6个。

2022年，郑州邮局海关以习近平新时代中国特色社会主义思想为指导，深入学习宣传贯彻党的二十大精神，落实习近平总书记重要指示批示精神，按照郑州海关2022年关区工作会议、全面从严治党工作会议部署，统筹口岸疫情防控与其他各项工作，党建与业务同频共振，发展与安全同向发力，强化监管与优化服务同步推进，维护邮递渠道国门安全。全年监管各类行邮物品525.18万件，其中进境160.27万件、出境364.91万件；监管邮政快件239.7万件，其中进境6.1万件、出境233.6万件。全年计征行邮税1120.0万元，征税率32.7%，网上缴税率100%。

【党的建设】2022年，郑州邮局海关结合强化政治机关建设专项教育活动要求，把加强党的先进性建设和党的基层组织建设作为党建工作的根本推进，把加强领导班子建设和廉政建设作为执政能力建设的抓手开展工作，为海关事业发展提供坚强政治保证。坚持“第一议题”制度，组织党委理论学习中心组学习13次，党的二十大精神专题学习研讨15次；对工作任务建立督办台账，及时反馈完成进度；常态化开展党史学习教育，结合实际制定落实措施20条。第一时间研究贯彻党的二十大精神细化措施，抓好学习研讨和教育培训；发布党的二十大精神要点解读、知识问答等内容，党员干部以支部形式进行“读、讲、研、评、考”五步法学思践悟，将党的二十大精神融入日常工作；建设党的二十大精神文化长廊，掀起学习宣传党的二十大精神热潮。以郑州邮局海关党总支“365国门邮我”党建品牌为统领，丰富6个特色支部党建品牌内涵；党委委员带头参加双重组织生活，落实领导干部基层党建联系点制度，为党员干部讲党课5次；执行“三会一课”制度，召开党委会16次，开展集体学习研讨13次，下属各支部组织集中学习72次，开展主题党日活动72次，上党课26次，召开党员大会24次。

【清廉海关建设】2022年，郑州邮局海关持续建设清廉海关。党委书记履行第一责任人职责，党委委员落实“一岗双责”，定期专题研究全面从严治党工作，着力解决突出问题；突出全面从严治党引领作用，明确目标措施，层层落实。加强郑州邮局海关党委班子自身建设，运用“第一种形态”进行提醒谈话1次；强化内控机制，压紧压实安全生产责任；开展督察审计自查，明确6大方面17个业务条块自查重点。推进干部队伍建设与党风廉政建设，全年组织党委廉政专题学习3次，党委委员讲廉政党课2次，各支部开展廉政学习研讨、警示教育活动等12次，“廉政青年说”“廉洁从政大家说”等主题活动7次，“以案促改”典型案例主题宣传5次。打造廉政文化墙，关员扇面创意作品入选海关总署“清风国门”创意作品展。开展内务规范强化月活动，强化内务督察，紧抓窗口作风建设，同青年文明号、党员示范岗和“四强”党支部等创建工作相结合。开展警示教育月活动，以郑州邮局海关党委为关键点，党委委员主持纪律条例宣讲会，筑牢干部职工拒腐防变思想防线；以支部为支点，开展“知敬畏、存戒惧、守底线”党日活动，组织学习研讨活动24次；以青年干部为突破点，开展“年轻干部谈廉洁”演讲比赛；以全员覆盖为着力点，组织观看警示教育片。

【风险管理】2022年，郑州邮局海关牢固树立底线思维，防范化解风险。解读快件监管相关政策，指导快件运营人建立标准业务程序及规范化申报；收集非贸渠道风险信息，归纳梳理风险特征，与风控部门密切协作。围绕“情报下发—执行反馈—收集上报—转换扩线”4个重要节点，开展情报信息共享、共同分析研判和执法互助协作。开展重点涉税邮件相关专项行动，综合运用“系统+科技+人工”提升非贸领域涉税风险防控质量；加强涉税要素征管质量监控，加载涉税风险参数和布控指令。提升智能审图识别精准度，全年审核图像14.93万幅，通过机检审图查发禁限物品和夹藏类情事96起。

【税收征管】2022年，郑州邮局海关推进行邮税征管改革，解决群众诉求。聚焦群众反映强烈的“缴税难”问题，利用金关二期系统开展网上补充申报，线上实时沟通归类、价格等问题；推广行邮税征管应用系统，对接银联、国库等部门，实现收件人自助缴纳、实时入库、自动核注，群众缴税“指尖办”。2月行邮税“财关库银”征收模式正式启用，9月进境邮件税款信息联网项目业务试点启动，实现海关与邮政缴税信息互联互通，提高通关效率、降低群众纳税成本。

【动植物检疫】2022年，郑州邮局海关开展“国门绿盾2022”专项行动，筑牢国门生物安全屏障。分析研判寄递物品外来物种入侵风险，健全外来有害生物联防联控机制，完善“风险研判—现场查验—取样送检—后续处置”全链条监控网络。全年截获检疫物38批42.09公斤，查获外来物种8种10次，从中检出有害生物2种6次。

【国门安全】2022年，郑州邮局海关开展“国门利剑2022”专项行动，严守国门安全防线。综合运用“关员+非侵入式查验设备”查验效能，把握重要时间节点，加大对涉枪、反宣品、濒危物种、侵权物品等管控力度。全年查获进境精神药品13批，出境精神药品2批；查获出境侵犯知识产权邮件312批；查获

▲2022 年 7 月 12 日，郑州海关所属郑州邮局海关关员在进境邮递渠道查获象牙制品　（郑州海关所属郑州邮局海关　供图）

毒品大麻 2 批 718 克，其中 7 月一次性查获大麻 493 克。

【口岸监管】2022 年，郑州邮局海关强化监管，助力商业快件等新业务开展。开展快件监管相关政策解读，指导快件运营人建立标准业务程序及规范化申报；与风控部门密切协作，收集非贸渠道风险信息，归纳梳理风险特征。全年接受申报 B 类快件 10.75 万件，货值 3560 万元，征收税款 217.56 万元。

【政务管理】2022 年，郑州邮局海关践行习近平总书记“五个坚持”重要指示精神，围绕重点工作，提高办文办事水平。制发政务值班表 12 份，报送各节假日值带班情况；做好全年公告督办，落实上级各项任务到责任科室。中央电视台综合频道 5 月 26 日《新闻联播》栏目播出快讯《中国（郑州）重要国际邮件枢纽口岸业务今天正式开通》，采用郑州邮局海关配合拍摄画面；其他各类纸质媒体、电视媒体发布稿件 23 篇，海关总署“海关发布”微信公众号、微博号、抖音号等媒体采用视频 12 次；河南省政府相关刊物等采用信息 2 条。“风华郑貌”微信公众号采用供稿 30 篇，“金钥匙”微信公众号采用 13 篇。

【疫情防控】2022 年，郑州邮局海关及时跟进海关总署及郑州海关对于疫情防控的各项要求并严格落实。强化内部防控，坚持“日报告、零报告”制度，管理重点人员台账，全年完成 39 人次的健康状况跟踪监测和异常情况联络沟通及日报。加强口岸

▲2022 年 12 月 30 日，郑州海关所属郑州邮局海关关员对转运车辆监管施封（郑州海关所属郑州邮局海关　供图）

工作人员安全防护，规范查验场地脱卸区域设置，细化流程；组织疫情防控安全防护培训，从个人防护装备穿脱步骤、注意事项、易错点3个方面开展理论学习和实战演练；督促邮政企业加强邮件及场地消杀，对来自重点疫情国家（地区）进境邮件和快件单独隔离存放，增加消杀频次及隔离时间。

【“海关重点项目和财物管理以权谋私”专项整治】成立专项整治工作领导小组；确定排查重点，逐项开展摸底排查，完成盘点防疫物资16种1.02万只（双）、实验室设备27套、大型设备11套，梳理固定资产账目及实物249项；向郑州海关党委第三纪检组报送专项整治个人违规事项申报统计表及财务专项整治个人剖析材料4篇；完成重点领域和重点项目梳理报告。

【全国重要国际邮件枢纽口岸建设】2022年，郑州邮局海关持续推进中国（郑州）重要国际邮件枢纽口岸建设。在邮件集中作业场地达标A类的基础上，成立国际邮件枢纽口岸建设推进专项工作组，实行周例会制度，定期汇总工作进展、快速研究解决问题；对标全国海关邮递物品监管改革方案，优化场地功能区设置、自动化分拣线配置、业务监管流程等；整合进境邮件作业区和商业快件作业区，规范监管场地3100平方米，围绕场地设施、管理方式、信息系统、海关监管等内容开展关企协调沟通，督促邮政企业加快建设进度；开展进境邮件总包分拨实单测试3批次，严格运邮车辆施封、卡口核放等环节监管，规范业务流程。5月26日，中国（郑州）重要国际邮件枢纽口岸业务开通运营，郑州成为继北京、上海、广州之后的第四个全国重要国际邮件枢纽口岸。

【拓展国际邮件枢纽口岸职能】2022年，郑州邮局海关发挥枢纽口岸集散疏运功能，落实“一企一策、专企专策”制度，召开稳外贸支持企业发展工作座谈会，支持指导邮政企业协调万国邮联各成员方增设郑州口岸直封关系，拓宽直封邮路，实现更多境外邮件总包在郑州落地开拆分拨，激活枢纽口岸功能，提升口岸服务能力。全年监管经郑州进境分拨全国42个互换局邮袋3.98万袋，重388.72吨，枢纽口岸集疏分拨能力稳步提升。加强与有关部门的协调配合，梳理7个关键监管节点，细化业务流程，规范监管操作指引；将监管前端延伸至机场交换站，畅通“启运地在途监管—指运地快速放行”全流程，用好“邮件不落地”“快进快出”等监管模式，根据邮件业务量增减动态调整监管流程，使人力、场地、运输等资源配置更加合理、集约化，提升口岸物流运转效率，助力邮政企业打通国际邮件直封总包转运通道。10—12月，监管全国12个互换局经郑州转运出境直封总包18.52万袋，重2725.21吨。

撰稿人

张　众

金水海关

【概况】金水海关是隶属于郑州海关的正处级单位，关区范围为郑州市6个城区（二七区、中原区、管城回族区、惠济区、金水区、上街区）、6个县市（巩义市、新密市、新郑市、登封市、荥阳市、中牟县）、2个开发区（郑东新区、郑州高新技术产业开发区）、1个自贸试验区（河南自贸试验区郑州片区）。内设科（室）5个。

2022年，金水海关坚持以习近平新时代中国特色社会主义思想为指引，深入贯彻落实郑州海关工作会议、全面从严治党工作会议精神和郑州海关党委工作部署。

【党的建设】2022年，金水海关用党的二十大精神统一思想和行动，与巩固基层党建"双提升"成效、"四强"党支部建设相结合，充分发挥党员领导干部"关键少数"作用和党员干部示范带动作用，严格落实"逢会必学"，结合疫情防控要求开展"集中+自学"，利用"学习强国"等平台紧密跟进《人民日报》、新华社等中央媒体动态，鼓励干部强化积累，学在日常，确保学习入脑入心。党委书记、各支部书记带头围绕党的二十大报告谈认识、谈体会7人次。每日通过"金关大道""金关党员"微信群分享专题学习链接，利用职工书屋打造学习专区，引导全体干部职工结合学习谈思想，撰写个人心得体会35篇，指导各支部开展集中学习研讨12次。

【法治建设】2022年，金水海关狠抓"关键少数"学法用法能力，制订学法计划和法治宣传教育工作计划，党委

▲2022年5月24日，郑州海关所属金水海关开展民法典知识竞赛　（郑州海关所属金水海关　供图）

开展集中学习4次、法治专题讲座2次，组织开展民法典知识竞赛。开展“8·8”海关法治宣传日、“12·4”宪法宣传周法治宣传活动。发布2022年度普法责任清单，推动“谁执法谁普法”责任制落实。开展政务服务“好差评”工作，落实外出执法登记和外出执法监督告知单制度，接受执法相对人监督。

【风险管理】2022年，金水海关严把进出口产品质量关，销毁处理不合格货物2批，退运处置1批，技术整改3批。强化协同监管，向市场监管部门通报10家“双失联”企业信息，向地方商务部门推送3家疑似不实贸易企业信息。对辖区397家外贸企业开展技术性贸易措施影响调查，发布预警信息，提请外贸企业关注。建立“技贸通”推广应用群，在辖区企业开展首批“技贸通”特色应用，涵盖食品、工业品、特殊物品等业务领域。

【税收征管】2022年，金水海关为郑州大学等辖区110家企事业单位审核出具《征免税证明》791份，审批货值6.79亿元，办理减免税货物税款担保11份，审批货值792.92万元。指导出口汽车企业用足用好“十四五”期间进口科技创新税收优惠政策措施，签发汽车产品类优惠原产地证书227份、货值16.11亿元。

【检验检疫】2022年，金水海关完成进境粮食后续监管150万吨，外来杂草和实蝇监测工作36次，采集样本81个，未发现外来检疫性有害杂草。指导辖区10家重点进口粮食企业做好有害生物监测和防除工作，指导7家进口粮食储备库改扩建完成。赴重点企业进行调研，对安全生产、出口自检体系等方面提出建议17项，保障出口产品安全。对2家出口腌渍蔬菜下游食品的生产企业进行风险排查，设立进出口鲜活易腐农食产品属地查检“绿色通道”，实施优先查检和预约查检。完成出口食品生产企业备案登记事项32起，现场审核进出口特殊物品企业8家。全年检验检疫货物2749批，签发各类检验检疫证单2713份，完成企业备案2755家。监管货运量1.71万吨。

【企业管理与稽查】2022年，金水海关将国家级“专精特新”企业列为AEO高级认证培育对象，“一对一”指导15次，解决疑难问题12个。加强与职能部门、口岸海关联系，强化“云擎”系统运用，对辖区固体废物进口、涉税重点敏感商品等进行梳理排查。办结稽查查发作业12起，立案行政处罚案件1起。

【政务管理】2022年，金水海关严密规范办文办会、机要保密和档案管理，强化值班管理，严格落实处级干部在岗带班、值班员24小时在岗值班制度，及时报告、迅速处置各类突发事件，确保政令信息畅通。加强预算执行管理，全年预算执行率为99.53%。持续推进“关库银”联网，压缩税单入库时间，核销税单496份。完成办公楼防水改造、党建长廊建设、图书室建设、物业管理服务等工作。加强与财务处、缉私局沟通，据实做好水电、物业管理等费用结算。强化内控工作，成立内控工作领导小组定期召开会议，对照国家审计以及关区其他审计查找出的问题开展业务交叉自查，查漏补缺。下发处置联系单15份，处置异常报关单数据53条，异常数据处置有效率100%。

【党风廉政建设】2022年，金水海关开展政治机关建设专项教育活动和“学查改”工作，细化清单93项，查摆问题全部整改完毕。配合郑州海关党委第二派驻纪检组做好工作会商、现场督查等各项工作。开展党风廉政建设主题党日活动6次，党委书记、各支部书记讲廉政专题党课6人次。组织全体党员干部到郑州市杲村廉政教育基地和郑东新区反腐倡廉教育基地参观学习。开展内务督查、队列训练12次，做好“八小时”内外监督。

【疫情防控】2022年，金水海关牵头成立金水路办公区疫情防控工作领导小组，缉私局、离退办、后勤管理中心、物业公司等所有入驻单位为成员单位，严格做好人员出差出行管理、安全防护等各项工作。设立应急隔离室1间，开展疫情防控应急演练2次。

【安全生产】2022年，金水海关发挥金水路办公区安全生产联席会议机制作用，整改问题17项，召开联席会议5次，开展联合检查3次，举办消防安全知识讲座2次。定期专业检修金水路办公区电力、热力设施，完成办公大楼散水坡修缮、高低压配电房墙体及地面防水硬化等工程7项，消除郑州“7·20”特大暴雨造成的重大安全隐患。完善防汛物资储备，建立备勤室4间，开展安全视频轮播，组织播放安全生产警示教育片4场次，参与观看80人次。

【口岸危险品综合治理】2022年，金水海关将82家异地报关出口化工品企业作为重点对象，推送危险品申报“明白卡”。对辖区26家企业出口危险化学品情况开展风险排查，通过现场调研、实地督导、企业自查等方式，消除企业安全隐患37项。对1家存在逃漏检风险的企业开展专项稽查，对2家高风险企业开展贸易调查，办结1起危险化学品逃漏检专项稽查。

【自贸区建设】2022年，金水海关围绕郑州创建国际消费中心城市战略，加强与郑州市商务局、市物流口岸局等部门沟通联系，深入某重点企业调研，助力线上销售模式成功运行。作为郑州“四个高地”建设工作专班成员，参与制订相关工作方案。设立河南省自贸试验区郑州片区海关RCEP窗口，开展海关政策宣讲6次，参与企业315家。派驻自贸片区窗口受理办结各类业务4697件，签发原产地证书3225份，货值约13.96亿元，接受咨询答疑2.2万次。

【服务开放发展】2022年，金水海关加强与郑州市商务局、市发改委等牵头部门沟通。联合郑州市二七区、郑东新区等地方政府开展政策宣讲35次。对重大招商引资项目提供通关手续便利化、税收优惠政策咨询服务，支持郑州国际金贸港、跨境电商产业园、海关监管仓重点项目建设。叠加运用“两步申报”“提前申报”等便利化措施，完成压缩通关时效工作目标。完善与地方商务、发改委等单位沟通协调机制，助力2022年郑州市营商环境评价跨境贸易指标在河南全域排名第一。提出推动外贸保稳提质12项举措，细化项目35条。对15家进出口值超过5亿元的重点企业实施“一企一策”帮扶，对24家“四保”白名单企业按需施策，对147家重点企业建立“一对一”海关联络员机制，对

▲2022 年 3 月 17 日，郑州海关所属金水海关关员赴某汽车有限公司车间调研 （郑州海关所属金水海关 供图）

小微企业“一事一策”，推进保稳提质工作常态化、长效化。

【“党建+”共创机制】 2022 年，金水海关深入贯彻落实习近平总书记重要指示批示精神，强化政治统领，持续强化监管优化服务，召开党委会、形势分析暨工作督查例会 25 次，抓好优化口岸营商环境、服务自贸区监管制度创新等领域重点工作 27 项。探索“党建+”共创机制，与金水区未来路街道办事处、淮河路街道办事处共建共创，设立党员服务站，解决各类问题咨询 50 项。与国家电网郑州供电公司城中供电公司、郑州热力集团东区供热分公司基层党组织开展共建共创，深化安全生产和民生保障领域合作，确保供电供热设施安全运行。与郑州图书馆共建共创，设立郑州图书馆金水海关分馆，营造“书香海关”浓厚氛围。开展“重读红色家书”等主题党日活动及文体活动 85 次，“线上+线下”学习研讨 49 次，组织学雷锋、志愿献血活动等 15 次，激发干部职工昂扬奋进的精神面貌。获评郑州海关 2021 年度优秀志愿服务组织，3 名同志获郑州市委市政府表彰“先进个人”。

【国外贸易壁垒应对】 2022 年，金水海关帮扶某重点企业顺利突破欧盟针对中国的技术贸易壁垒，在暂停 5 年后首次成功进入欧盟市场。将某企业纳入首批国外技术性贸易措施风险预警帮扶企业，帮扶应对技术性贸易壁垒 11 项。指导企业提前布局国外新能源市场，及时改进生产工艺，新增欧盟、中东等 13 个国外市场，助力出口卡塔尔世界杯足球赛专用电动客车 888 辆、货值 18.31 亿元。

撰稿人

王　璞　尹　航　刘新平　李小艳　李沅瑾　宋鹏飞
张　帅　张学敏　程　菲

郑州新区海关

【概况】郑州新区海关是隶属于郑州海关的正处级单位，关区范围为郑州经济技术开发区全区（不含郑州铁路口岸）。内设科（室）8个。另有郑州海关党委第三派驻纪检组常驻郑州新区海关。

2022年，郑州新区海关以喜迎党的二十大、抓好党的二十大精神学习为首要政治任务，全面落实海关总署和郑州海关各项工作部署要求，充分发挥经开区综合保税区、自贸试验区、跨境综试区三区叠加优势，创新监管方式，统筹推进常态化疫情防控和各项业务有序开展，加强与驻地政府的联系配合，以更高水平开放推动驻地更高质量发展。郑州新区海关党总支党建品牌“经彩新关”被海关总署评定为全国海关党建示范品牌；办公室被河南省人力资源保障厅、共青团河南省委评为2019—2020年度河南省青年文明号。

全年监管货运量12.75万吨，同比增长340.91%；监管货值48.4亿美元，同比增长11.21%；受理出入境货物检验检疫1494批，同比增长15.90%；受理出入境危险货物包装检验检疫批次24批，同比增长84.62%；签发原产地证书86份，同比增长53.57%；新增注册备案企业487家，同比增长2.6倍；监管平行进口车35辆，货值5468万元；监管跨境电商货值242.4亿元。

【党的建设】2022年，郑州新区海关落实“第一议题”制度，深刻领悟“两个确立”的决定性意义，自觉做到“两个维护”。年内组织党委和党总支集中学习26次，支部学习80余次。扎实开展政治机关建设专项教育活动。与“学查改”专项工作相结合，查找4类问题并制定12条整改措施；与基层党建“双提升”行动相结合，推动基层“书记项目”高效开展；与审计整改相结合，自觉接受监督，全力支持配合审计工作，自查问题并逐条对照整改；与巡视巡察整改相结合，对海关总署巡视涉及的5项内容进行再评估、再完善，对跨境电商专项巡察发现的问题进行“回头看”。坚决扛起主体责任，对涉及的6个方面、44项工作进行梳理总结，落实好管党治党责任；深入开展“海关重点项目和财物管理以权谋私”专项整治，按照时间表和路线图，明确分工、细化责任、挂账督办、对账销号，确保专项整治工作取得实效；深入践行“三个管”工作法，即管人、管事、管点。坚持执法领域和

▲2022 年 5 月 27 日，郑州海关所属郑州新区海关开展支部书记讲党课活动 （郑州海关所属郑州新区海关 供图）

非执法领域廉政风险两手抓、同步防，解决有令不行、有禁不止、“三应”不及时等问题；扎实开展警示教育月活动，收集发布学习材料 80 余篇，供干部职工学习，支部书记讲廉政党课 9 次，邀请缉私部门业务骨干和法律专家现场授课，提高专项教育活动实效。建强战斗堡垒，推动“一支部一品牌”“一支部一项目”，党总支和备案核销科党支部的“书记项目”获关区通报；凝聚队伍精气神，提高干部职工政治鉴别力；党总支书记坚持讲好专题党课，统一思想、汇聚力量、明确目标；扎实做好意识形态分析工作。

【税收征管】2022 年，郑州新区海关落实属地纳税人管理制度，推进汇总征税，加强对企业的宣传和对现场关员的培训，强化对汇总征税模块的后续监控，对属地企业开展报关单规范申报核查，扩大自报自缴范围，加大对自报自缴报关方式推行力度。提高税收征管质量，重视审价、归类、原产地等工作，确保税款应收尽收。执行进口税收优惠政策，确保减免税工作有序开展。年内实征税款 4.87 亿元，同比增长 18%；为辖区享惠企业出具《征免税确认通知书》228 份，审核货值 3188 万美元，减免税款 4922 万元。

【跨境电商业务】2022 年，郑州新区海关继续擦亮跨境电商名片，加大创新探索力度。

▲2022 年 2 月 24 日，郑州海关所属郑州新区海关关员对跨境电商渠道进口婴幼儿配方奶粉和特医产品进行排查 （郑州海关所属郑州新区海关 供图）

优化零售进口退货中心仓创新案例，为退货中心仓模式向全国推广提供基层探索经验；跟进跨境电商零售进口药品试点，参与撰写郑州新区海关工作专案，并对13项试点药品商品编码开展归类复核；不断优化“网购保税+线下自提”试点，指导企业规范视频监控、专用通道设置，在规范经营的基础上探索研究在自贸试验区范围内进一步扩大试点影响和成效。

【综合保税区高质量发展】2022年，郑州新区海关支持经开综保区开展跨境电商全类型业务，形成集拼、分拨等一体化保税物流综合服务中心，推动自贸试验区、综合保税区、跨境电商综试区联动发展；推广实行“先入区、后报关”、“四自一简”等监管制度，叠加进口“两步申报”“分送集报”等模式，降低企业运营成本；服务保税维修新业态发展，适应全球保税维修市场旺盛需求，结合地方产业特点，制定监管方案，推进保税维修新业态聚集发展；进一步释放“一般纳税人”政策红利，助力经开综保区企业发展。

【心系企业保稳提质】2022年，郑州新区海关加大政策宣讲力度，力促各项措施落地，促进辖区重点企业业务回流。对11家年度进出口值超5亿的企业，实施一企一策精准帮扶，为18家年度进出口值超5000万的企业设立联络员。采取预约加班、全时通关方式，全力支持某重点企业出口汽车7.87万辆，货值57.5亿元。推动郑州海关支持E贸易核心功能集聚区高质量发展方案落地，探索跨境电商零售进口药品试点常态化运行，协助地方管委会做好跨境电商进口企业招商工作。

【疫情防控】2022年，郑州新区海关坚持以人为本、“人、物、环境”同防，强调个人是自身健康的第一责任人，做好核酸检测、疫苗接种等各项工作；“挑毛病”小组不定期采取“四不两直”方式开展突击检查，年内进行检查18次，对于发现的问题及时整改，并做好监督和“回头看”；敢于正视问题，认真整改问题，对于“百名科长百日督查”提出的问题和海关总署督查提出的问题和建议，立行立改；果断应对突发疫情挑战，在确保干部职工人身安全的前提下，统筹好疫情防控与生产发展。

【信息宣传】2022年，郑州新区海关科室上下同力，高度重视信息宣传工作。充分调动信息联络员积极性，加强与职能部门的联系配合，找准信息宣传发力点，力求发出新区声音，讲好新区故事。年内相关信息稿件被海关总署“金钥匙杂志”微信公众号采用9篇次，《金钥匙》杂志采用1篇，“海关发布”微信公众号采用2篇，海关总署门户网站“今日海关”栏目采用1篇，郑州海关“风华郑貌”微信公众号采用11篇次。申小岑被评为郑州海关“优秀原创散文撰稿人特等奖”。

【“三个集中统一”】2022年，郑州新区海关统筹协调抓好办公、就餐、协管员管理“三个集中统一”工作，其中协管员集中统一管理已经完成，协管员队伍从135人精简至88人，并已全部完成规范合同签订。集中办公和集中就餐工作持续推进，为提振干部群众士气、营造和谐舒适的工作环境打下坚实物质基础。

【防风险保安全】2022年，郑州新区海关开展跨境电商零售进口“人、物、企”风险同防同控。对异常身份信息、超额度订购人（支付人）、收货人电话（地址）集中度和分散度等进行专项分析，发现异常及时向风控分局提出布控申请，对76个地址、226个电话、166个订购人身份证号等实施精准拦截；全面排查非正面清单商品、归类易错商品、涉濒危成分商品等，核查重点、敏感商品37项，及时处置潜在风险；梳理电商、平台、支付、物流等企业串并联关系，建立多维度数据筛选模型开展全方位“企业体检”，对辖区电商企业交易网址（网站、App、微信小程序等）进行全覆盖网上巡查，对物流流向和妥投信息真实性进行人工抽核，精准提炼风险特征，实时调整企业高、中、低风险评级，实施差别化精准监管。年内开展电话回访200人次，体检企业30家，网上巡查店铺208家，约谈企业2家，向1家企业下发限期改正通知书，参与撰写关级课题文章《大数据关键技术在寄递渠道“人、物、企同防”风险防控实战中的应用研究》。

【精神文明创建】2022年，郑州新区海关按照郑州海关统一部署，扎实开展精神文明创建工作。发挥海关社会效能，与鲁山县董周乡蔡庄村继续开展合作共建，为村委会捐赠党建书籍、办公用品及学习用品，用实际行动助力乡村振兴；持续做好文明服务窗口建设，深入开展“文明服务我出彩、群众满意在窗口”活动；组织开展各类志愿服务活动，疫情期间派员参与高速路口值守，时长4个月，年内开展各类志愿服务活动10余次，参与人员180余人次。

撰稿人

王　萌　王　静　申小岑　朱静一　杨涵潇　李　丹
李　辉　吴　超　邱　静　张　颂　周　磊　赵剑锋
高　源　樊鹏鹏

新郑海关

【概况】新郑海关是隶属于郑州海关的正处级单位，关区范围为郑州航空港经济综合实验区（不含郑州航空口岸）。内设科（室）8个。另有郑州海关党委第二派驻纪检组常驻新郑海关。

2022年，新郑海关以习近平新时代中国特色社会主义思想为指引，切实增强“四个意识”、坚定“四个自信”、做到“两个维护”，贯彻党中央、国务院决策部署，严格执行上级党委工作要求，主动融入河南省内陆开放高地建设，统筹推进疫情防控和促进外贸稳增长。全年辖区进出口值4707.79亿元，占河南省外贸总值的55.23%，其中郑州新郑综合保税区进出口总值4659.58亿元，居全国综合保税区第二位；在2021年度全国综合保税区发展绩效评估中位列全国第三；被河南省政府评为第三批河南省依法行政示范单位。新郑海关党总支被中共河南省委组织部评为第一批省直机关党建示范点，综合业务一科被全国创建青年文明号活动组委会评为一星级全国青年文明号。

【党的建设】2022年，新郑海关持续加强党建工作。以基层党建示范点建设为抓手，推动党建业务融合互促。建强党员活动室、党建文化长廊、廉政文化之窗、智慧党建网等“线上+线下”红色阵地，出台党支部工作指引、党员活动室标准化建设方案、“每月一星”评选细则，基层党建规范化水平持续提升。落实领导干部双重组织生活制度，定期听取党建工作汇报，党委书记带头讲党课3次。1个全国海关党建示范品牌、2个“四强”党支部通过复核，新增“四强”党支部1个。党总支党建业务融合类视频《以党建红心促专业匠心》入选海关总署“百个培训精品课程”。

【政治机关建设】2022年，新郑海关持续深化政治机关建设。学习宣传贯彻党的二十大精神，利用微信公众号发布“学习资料”“专家解读”“知识问答”等内容16期，通过“线上+线下”方式学习研讨24次，组织“支部书记谈认识”“青年有话说”等活动，征集学习心得150篇，研究制订贯彻落实具体方案，持续学懂弄通做实。落实“第一议题”制度，贯彻落实习近平总书记重要指示批示精神和党中央决策部署，研究措施27次。围绕海关总署党委提出的“铸忠诚、担使命、守国门、促发展、齐奋斗”工作要求和“12个必”

重点工作畅谈落实思路2次。开展政治机关建设专项教育活动，收集“政治业务大家谈”心得体会145篇，6篇理论文章被郑州海关学会评为优秀征文。建立党史学习等教育常态化机制，组织“学习专列”342班次，制作党建微课堂43期、综关大讲堂32期。

【清廉海关建设】2022年，新郑海关纵深推进清廉海关建设。制定全面从严治党任务分工，5个方面49项具体举措落实到位；深化“四责三级两协同”纪检监察机制运用，制定15项举措防范化解重大、系统性风险。开展“海关重点项目和财物管理以权谋私”专项整治，制定并完成整改措施29项。常态化开展警示教育，精准运用“四种形态”尤其是“第一种形态”，落实“一把手”和领导班子其他成员重点事项监督自查报告等制度，强化监督执纪问责。

【队伍建设】2022年，新郑海关干部队伍建设不断加强。准军事化纪律部队建设常抓不懈，召开纪律作风建设专题会议，常态化开展内务督察、队列训练，强化作风养成。探索“共青团+青工委”新型团青工作体系，打造“嵩山论道”青年论坛品牌，探索创新年轻干部成长培养机制，翟雯霄被河南省共青团评为河南省优秀共青团员。以视频学习、集中授课、线上测试等形式统筹开展技能培训，全年开展“每周一测”8期、“每周一练”43期。完善轮岗交流制度，调整关员岗位6人次。召开协管员工作会议，表彰疫情防控、信息宣传等领域优秀协管员65人；通告表彰10月本土疫情期间驻守突出个人71人。

【法治建设】2022年，新郑海关持续强化法治建设。全面推进制度梳理和“立改废”，新制修订各类文件24项。制定年度普法责任清单和法治宣传教育工作计划，分解普法任务，在各项执法活动中开展“嵌入式”普法。严格落实行政执法“三项制度”，打造法治教育长廊，开展纪法教育“每周一测”，培树全员法治思维。

【税收征管】2022年，新郑海关依法科学征管，引导企业合规自律申报。开展税收调研，深化综合治税管理，加强审价补税、归类补税、稽查补税，税收入库占郑州海关税收的69.55%。建立“日统计、周汇总”税收数据监控机制，紧盯税收目标，全盘掌握税收结构、税收进度、税收走势，加强归类、价格风险研判。深化减免税优惠政策运用，推行“减免税快速审核”模式以及原产地证书智能审核、自助打印等便利措施，压缩办理时长95%以上，签发各类优惠原产地证462份，助企享受关税优惠5266万元；办理减免税审核确认217份，同比增长456%。

【国门安全】2022年，新郑海关落实“国门利剑2022”“龙腾行动2022”“国门绿盾”等专项行动要求，强化打击濒危物种及其制品走私等行为，加大知识产权海关保护力度。优化查验作业效能，运用X光机等监管查验设施设备，提高非侵入式查验比例，提升风险防控覆盖面和精准度，智能审图过机总量9097件。强化外来物种监测，科学布置监测捕获点，捕获实蝇4种3223头；加强木质包装抽样检测，检出不合格木质包装1批；强化日常监测，对检出的检疫性有害杂草及时清理；开展进境动物隔离检疫，保障1893头澳大利亚种羊顺利通关；加强进出口食品化妆品等风险监测和监督抽检，处置奶粉、固发胶囊等海关总署预警产品，召回已售卖产品530件。完善进出口商品质量安全风险预警和快速反应监管体系，发挥智能手机一级风险监测点作用，及时录入安全风险信息、报送监测报告。落实“口岸危险品综合治理”百日专项行动要求，对重点区域开展拉网式安全检查8次，开展监管作业场所“双随机”巡查96次。

【跨境电商监管】2022年，新郑海关强化跨境电商全链条监管，开展企业风险画像、网上巡查和专项核查，重点围绕涉及濒危、准入风险、二次销售等风险，及时移交问题线索；精准打击刷单、瞒报行为；做好跨境电商进口消费品风险监测，开展风险监测抽查26批次；开展“跨境电商寄递‘异宠’综合治理”专项行动；完善退货中心仓建设，为企业节省成本372.61万元；量身定制出货高峰期预约加班监管方案，保障货物通关平稳顺畅；成立电商出口业务协调组，引导跨境电商出口恢复增长。

▲2022年6月13日，郑州海关所属新郑海关关员在“6·18”大促期间深入跨境电商企业调研　（郑州海关所属新郑海关　供图）

【疫情防控】2022年，新郑海关贯彻落实习近平总书记关于疫情防控重要讲话和指示批示精神，坚持“外防输入、内防反弹”总策略，落实各项疫情防控要求。坚持指挥

▲2022年3月10日，郑州海关所属新郑海关组织开展高风险非冷链集装箱货物新冠疫情防控突发事件应急演练　（郑州海关所属新郑海关　供图）

部月度例会与应急期间日研究制度，第一时间学习落实上级党委最新要求；动态调整防控要求，适时发布疫情防控公告24个，修订应急预案13个。坚持“人、物、环境”同防，严格个人防护，强化培训考核、应急演练，组织应急演练3次，开展进口高风险非冷链集装箱货物新冠病毒检测及预防性消毒监督，100%完成海关总署布控采样任务，实现“打胜仗、零感染”。做好应急期间疫情防控和保通保畅工作。4月、10月两轮本土疫情期间，145人次闭环驻守单位77天，推出“一企一策+全天预约+随到随查”便利化措施，叠加应用“不见面审批、无陪同查验”等“无接触”模式，统筹疫情防控和通关保畅；应对疫情突发情况，上报值班报告5篇，获海关总署领导批示4次；被郑州海关政治部作为“新冠肺炎疫情防控突出单位”予以通报表扬。

【精神文明建设】2022年，新郑海关研究制定全国文明单位创建任务台账，明确工作任务8类52项。建立“萤火虫”志愿服务站2个，开展志愿服务18次。组织“热血践忠诚 献礼二十大”无偿献血、“笔墨书廉洁 清风润国门”等活动22次；开展“心系双井 书香传情”爱心捐书活动，捐赠儿童课外读物500余本，助力乡村振兴、文化振兴。监管科被河南省人力资源和社会保障厅、共青团河南省委评为2019—2020年度河南省青年文明号。开展节约型机关创建活动，被国家发展和改革委员会、财政部等四部委联合授予节约型机关称号。

【外贸保稳提质】2022年，新郑海关服务对外开放，辖区业务多元发展。落实“六稳”“六保”部署，开展“万人助万企”活动，出台13项促进外贸保稳提质落实举措，成立工作专班，对18家重点企业实施“一对一”精准联络。开展“稳外贸、促发展”大调研和“关长送政策上门”，走访辖区全部生产型企业，27条问题实现“问题清零”，“7×24小时”保障重点企业及重点物资通关。强化惠企政策宣传贯彻，创新组合叠加“工单核销+自主核报”，全国范围内首次实现工单企业账册报核全流程自动化，缩短手续办理时间近20天。释放税收政策红利，靶向开展“十四五”期间税收优惠政策宣传解读15次，解决企业减免税等问题30个。推进河南省首个综合保税区内外企业集团加工贸易监管改革试点，5家企业开展试点工作。支持集成电路企业发展和民用航空维修器材进口税收优惠政策在河南省首次落地。规范废料网拍和出区监管工作，为企业增收9278.49万元。

【开放平台建设】2022年，新郑海关支持“空中丝绸之路”发展，参与指导新郑国际机场北货运区围网、卡口等监管设施建设。研究提出“区港一体化”监管方案，打造区港联动2.0版。优化口岸功能区、保税功能区及口岸作业区间物流逻辑，打造高水平对外开放平台。深化“放管服”改革、智慧海关建设，全面应用“互联网+预约通关”系统，加强对超长报关单监控处置，扩大“E点通”系统运用效能，实现业务全流程线上办理；深化“两步申报”“两段准入”改革，巩固压缩整体通关时间成效，辖区进口整体通关时间4.57小时，较全国平均水平快

35.61 小时，出口整体通关时间 0.01 小时。

【综合保税区建设】2022 年，新郑海关建立综合保税区精细化管理工作联络机制，密切关地联系，与地方政府（部门）召开联席会议 11 次，通报整改园区秩序、安全生产等隐患问题 18 项。推进综合保税区提质增效，完成“智慧综保区”规划方案，梳理新郑综合保税区各卡口现状及存在问题，统筹规划各卡口功能定位，加快推进调整措施落实，夯实开放基础。压实安全责任，坚决落实海关职责；完成远程监控与现场巡逻联动 73 次，复查视频录像资料近 2000 小时。成立防汛应急处置队，建立防汛物资储备库，3 次启动应急准备，安全平稳度过汛期。为新郑机场货运公司提供疫情期间区内临时仓储，解决机场爆仓问题，支持机场货物分拨集疏。全年验放货运车辆 45.69 万辆，监管综合保税区机场货站货物 10.37 万吨。

撰稿人

毕晓帆　孙晓明　晋梦云

洛阳海关

【概况】洛阳海关是隶属于郑州海关的正处级单位，关区范围为洛阳市全域。内设科（室）6个，事业单位1个。另有郑州海关党委第四派驻纪检组常驻洛阳海关。

2022年，洛阳海关以习近平新时代中国特色社会主义思想为指导，全面贯彻落实党的二十大精神，以政治建设为统领，以高质量发展为主题，落实2022年郑州海关工作会议、全面从严治党工作会议要求，聚焦“守国门、促发展”，充分履行海关职责；推动洛阳综合保税区封关运行，各类业务有序开展；持续优化口岸营商环境，助力洛阳市跨境贸易一级指标在全省排名第二，在服务洛阳高水平对外开放中贡献海关力量。

【党的建设】2022年，洛阳海关强化政治引领，坚持“第一议题”制度，践行“两个维护”有力有效。深入开展党的二十大精神学习宣传贯彻，结合属地疫情防控要求，以“线下自学+线上研讨+打卡心得”等方式灵活学习，党委委员结合分管部门围绕全面落实党的二十大精神带头开展专题学习研讨，并以普通党员身份参加所在支部弘扬红旗渠精神专题组织生活会，交流学习体会，推动学习贯彻入脑入心、走深走实。持续优化“三级联学”机制，组织党委会、中心组扩大学习推动落实。各支部充分利用“三会一课”、网络平台等多种形式，深入开展学习研讨，全体干部持续深入学理论、用理论，做到学思用贯通、知信行统一，不断强化政治自觉、思想自觉和行动自觉。制订党委防范化解重大、系统性风险任务方案，常态化排查隐患，提升防范化解重大风险能力。深入开展“学查改”专项工作和捍卫“两个确立”做到“两个维护”强化政治机关建设专项教育活动，开展“政治与业务大家谈”，深入分析各岗位蕴含的政治要求，做到边学边查、边查边改、立行立改，从政治层面理解业务工作。洛阳海关突出“四个聚焦”强化“四个打造”的相关做法被海关总署政治机关专项教育网站专题刊发。

【税收征管】2022年，洛阳海关深化综合治税，加强重点税源商品和企业的调研力度，动态监控分析税收进度，充分落实国家税收优惠政策。支持企业充分享受进口国（地区）优惠，原产地证书签证金额48.3亿元，其中签发RCEP原产地证书651份、签证金额3.6亿元。

【检验检疫】2022年，洛阳海关持续强化业务基础建设，加强检疫监管，严密防范疫情疫病传入传出和外来物种入侵，筑牢国门生物安全防线。指导进境种猪隔离检疫场建设并顺利通过海关总署验收，为2000头法国种猪隔离检疫做好准备。开展国门生物安全监测，布点诱捕检疫性实蝇，开展外繁种子基地病虫害调查、外来有害杂草调查，加强红火蚁、小火蚁等有害生物监测。完成2.34万吨进口玉米监管，维护粮食安全。加强危险化学品及包装检验，深入开展“口岸危险品综合治理”百日专项行动，落实危险化学品及包装逐批检验要求，高效检验监管出口危险货物及包装2227批。

【海关统计】2022年，洛阳海关监管货运量22.9万吨，同比下降52.1%；监管进出口货值5.7亿美元，同比下降8.2%；税款实际入库76亿元，同比下降9.7%；审批征免税证明76份，审批减免税款795.1万元，同比分别增长261.9%、403.5%。办理新企业备案521家，同比增长29%。对出入境人员进行健康检查5232人次，同比增长4.9%；完成出入境检验检疫1688批，同比增长3.9%。完成出境危险货物包装鉴定592批，同比增长2.8%。签发各类原产地证书9946份，签证金额7亿美元，同比分别下降8.2%、3.7%。

▲2022年9月8日，郑州海关所属洛阳海关关员对出口危险化学品开展现场查验　（郑州海关所属洛阳海关　供图）

【政务管理】2022年，洛阳海关持续巩固深化拓展巡视巡察整改成效，坚持举一反三，深挖内部制度规范、业务流程、管理监督等方面潜在风险，制修订采购管理、印章管理、仓库管理、编外人员管理等11项制度，实现“发现一类风险、完善一个制度、规范一项管理”，健全制度、完善内控，及时堵塞风险和漏洞。

【财务与后勤保障】2022年，洛阳海关修订事业单位监委会工作规程，规范事业单位管理。对事业单位全员定岗定责，落实岗位责任制，压紧压实工作责任。制定绩效考核目标和开拓方案，完善激励机制，提高市场营收水平。落实“过紧日子”要求。加强对采买支出审批管理、仓库物资领用管理、水电暖油使用管理，提升预算执行及资金使用效益，成功创建节约型机关。调整食堂就餐方式，推行自助餐减少浪费。

【安全生产】2022年，洛阳海关建立安全生产领导小组及责任体系，明确工作职责要求。完善安全隐患排查清单，涵盖通关查检、监管场所、危险品监管、实验室、办公后勤等42项工作领域，对228间公有房产安全责任明确到人，建立实行“定期排查+日常自控”机制，常态化开展风险隐患排查，守住安全生产底线红线。

▲2022年8月10日，郑州海关所属洛阳海关对洛阳市外贸企业开展RCEP政策宣讲　（郑州海关所属洛阳海关　供图）

【外贸保稳提质】2022年，洛阳海关深入贯彻落实海关总署、郑州海关促进外贸保稳提质措施，加大助企纾困力度，促进外贸保稳提质。建立由党委委员分包、科室认领、责任到人、负责到底的助企纾困帮扶体系，党委委员带头对90家重点企业开展调研，落实“问题清零”机制，“点对点”“一对一”跟踪解决企业问题43项。配合关税处编写《RCEP百问百答》手册，并向辖区企业发放；开通关企原产地证服务群，开辟专栏解答企业关于RCEP相关问题。联合商务部门、外贸协会等，对300余家外贸企业进行海关政策宣讲3次。

【全面从严治党工作】2022年，洛阳海关党委和办公室党支部“书记项目”成果入选关区19个典型案例，创新做法被海关总署政治部网站刊发。深化“党建+文明创建”模式，将创建活动与党日活动相结合，定期发布创建任务。党总支品牌“洛阳红”通过海关总署年度复核，查检一科获评河南省青年文明号。落实意识形态责任制，把意识形态工作纳入党委重要议事内容，定期研究意识形态工作，研判形势，部署任务。深入开展以案促改专题学习，统计全体人员自媒体使用情况，及时掌握思想动态。加强干部队伍监督管理，充分运用第一种形态，抓早抓小、防微杜渐。制定年度全面从严治党49项重点任务分解清单，建立任务台账，定期检查督办。深入开展督察审计自查，对446项署级、109项关级审计自查要点及风险清单进行任务分解，责任到人；配合国家审计，推进落实整改。深入开展“海关重点项目和财物管理以权谋私”专项整治，成立领导小组，抽调专人成立工作专班，梳理5大类40个重点项目，逐一建立电子档案卷宗清单，全部通过海关总署检查且未发现问题，有效防范非执法领域廉政风险。扎实开展警示教育月活动，进一步增强党员干部廉洁自律意识。

【服务经济发展】2022年，洛阳海关围绕服务高质量发展，全力支持洛阳开放平台建设，为副中心城市建设及发展注入动力。支持打造高水平开放平台。对自贸试验区具备条件的创新成果全部复制推广，海关自贸窗口办结各类业务4.8万件。备案企业达到25家，监管进出口货值8.8亿元。跨境电商在“9610”模式业务正常开展的基础上，“9710”“9810”2种B2B模式有序推进，新增跨境电商出口海外仓模式备案企业2家。完成洛阳航空口岸公共卫生核心能力建设自查工作。持续跟踪指导国际陆港建设，支持中欧、中亚及青岛、宁波铁海联运多线同开，开行140列、运送货物11148标箱。

【口岸营商环境优化】落实“提前申报”“两步申报”等业务改革方式，压缩整体通关时间。推进“多证合一”等改革措施，新增备案企业521家。支持地方开放发展。发挥海关“数据+分析”优势，强化地方外贸动态监测和预警分析，开展出口失速、保稳提质等专题研究，从海关角度积极向地方政府建言献策，为洛阳市委市政府提供决策参考，向洛阳市委市政府报送统计分析和调研报告14篇，被市委相关刊物刊发3期。

撰稿人

宁驿卜　师备战　李　娟　李建军　罗梁飞　贾路曼

南阳海关

【概况】南阳海关是隶属于郑州海关的正处级单位，关区范围为南阳市全域。内设科（室）7个。另有郑州海关党委第五派驻纪检组常驻南阳海关。

2022年，南阳海关深入学习贯彻党的二十大精神，持续贯彻落实习近平总书记视察南阳时的重要讲话和重要指示精神，落实海关总署、郑州海关两级工作会议、全面从严治党工作会议部署，立足新发展阶段，贯彻新发展理念，融入新发展格局，提高政治站位，主动担当作为，统筹疫情防控和经济社会发展，强化监管优化服务，落实各项重点工作，不断提升基层党建水平，以高质量党建推动南阳海关事业高质量发展。获评国家级节约型机关、南阳市平安建设优秀单位，通过省级文明单位标兵实地考察。

【党的建设】2022年，南阳海关坚持把党的政治建设摆在首位，旗帜鲜明讲政治。把学习贯彻习近平总书记最新重要讲话和指示批示精神作为形势分析会、周例会、关务会等重要会议"第一议题"，迅速部署，明确责任人员、阶段目标和工作要求，确保干到实处、见到实效。做好疫情防控、促进外贸保稳提质、系统防控重大风险、国门生物安全、大别山革命老区振兴发展等重点工作。充分发挥理论学习中心组示范作用，带头谈感悟、做研讨、抓落实。持续强化政治机关建设。全面加强党的领导，落实意识形态等领域工作责任制，开展风险研判。深入推进政治机关专项教育和"学查改"专项工作，制定细化落实措施11项。持续党史学习教育常态化长效化，深入践行以人民为中心的发展思想，巩固"我为群众办实事"实践活动成果，发挥基层党组织战斗堡垒作用和党员先锋模范作用，解决群众的操心事、揪心事、烦心事，增强人民获得感、幸福感、安全感。

【检验检疫】2022年，南阳海关做好进境粮食后续监管、实蝇监测、供港活猪动物疫病监测、属地查检等工作。跟进粮食调运情况，开展进口粮食企业周边及运输沿线外来有害杂草监测，严防外来有害生物传播，全年监管进境粮食15.27万吨。设置19个实蝇监测布点，严格按照《检疫性实蝇监测技术指南》及时更换诱捕药剂，收集鉴定实蝇品种。持续保障供港活猪稳定供应，全年采集血清、咽拭子等样品480

份，开展动物疫病、兽药残留等监控项目检测。加强进口货物目的地查检，对鲜活易腐农食产品开设属地查检“绿色通道”，全年完成进出口属地查检309批次。开展“口岸危险品综合治理”百日专项行动，培训企业人员120余人，对11家出口危险品企业、5家危包生产企业开展风险研判和业务指导，全年检验出口危险品30批、货值1550.73万元。严格出口食品监管，指导企业从原料采购到存储运输全流程提升自检自控能力，开展食品安全风险监测，采集样品27个，监测项目223个，向市场监管部门发送《出口食品不合格情况通报函》14期。梳理重点进出口商品目录，实施分类分析研判，开展定期管理类核查28家，引入中介机构，为稽核查提供价格审计等方面技术支撑，全年办结核查作业41起，稽查作业8起。

【政务管理】2022年，南阳海关做好机要保密、档案管理、国家安全、信息宣传、应急值班、学习培训等工作，加强涉密文件全过程管理，按文件批办范围有序流转文件；落实24小时值班带班和突发事件报告制度；强化应急指挥体系，完善防控工作措施，优化相关应急预案，保障应急物资储备；发挥信息宣传工作专班作用，定期开展信息工作会议，引导全员参与。全年被各类载体采用207条。

【外贸保稳提质】2022年，南阳市实现外贸进出口值239.1亿元，同比增长57.8%，进出口增速排名全省第二位。促进月季、艾草等特色农产品扩大出口；开辟属地查检“绿色通道”，监管活猪顺利供港4200余头；引导企业搭乘中欧班列（中豫号），发展多式联运，缓解疫情期间农产品出口“运输难”问题；强化源头管控，实施品牌振兴计划，擦亮“西峡香菇”等世界名片。全年南阳市出口农产品货值88.4亿元，同比增长58%。

【口岸营商环境优化】2022年，南阳海关充分发挥企业协调员制度作用，集中开展专题信用培育，新培育高级认证企业1家；开展跨境电商新业态政策宣传，以问题为导向不断优化监管方案，促进综合税区发展跨境电商出口业务，全年实现跨境电商出口额8.2亿元。助推卧龙综合保税区高质量发展，开

▲2022年2月21日，郑州海关所属南阳海关设立“疑难报关单受理专窗”，持续优化跨境贸易营商环境　（郑州海关所属南阳海关　供图）

展政策宣讲会解读出口海外仓模式政策措施；设置服务专窗，指导企业简化申报，优先安排货物查验；支持“跨境 B2B+中欧班列”线路常态化开行，实现物流通道换挡升级。

【全面从严治党工作】2022年，南阳海关以党的建设为引领，以党史学习教育为主线，以制度建设为抓手，深化“一支部一品牌”创建，推动实施“一品牌一项目”，压紧压实各党支部书记责任，切实把“要我抓党建”变为“我要抓党建”。持续深化“强基提质工程”，专人指导各党支部党务工作，争创“四强”党支部。压紧压实“两个责任”；召开党委会专题研究全面从严治党、党风廉政建设和反腐败工作2次；扎实推进“海关重点项目和财物管理以权谋私”专项整治工作，开展学习研讨及警示教育12次，梳理管理方面问题和风险18个，制定整改措施33条，做好问题整改工作。

【疫情防控】2022年，南阳海关贯彻落实习近平总书记关于做好疫情防控工作的重要指示批示精神，在疫情防控中积极发挥海关作用。支持南阳市冷链物流总仓建设运转，严控输入性风险；完善应急处置体系，修订发布工作人员应急处置工作指引；组织开展疫情防控应急演练，保障应急物资储备，严格做好干部职工尤其是一线人员防护。

▲2022年6月7日，郑州海关所属南阳海关关员指导出口企业规范蔬菜种植场管理 （郑州海关所属南阳海关 供图）

【助力大别山革命老区振兴发展】2022年，南阳海关服务大别山革命老区加快振兴发展。用足用好原产地优惠政策，监管突出重点，放行突出效率，帮扶老区企业开发共建“一带一路”国家和地区市场。全年监管服务大别山革命老区（唐河、桐柏两县）出口非食用动物产品155批，货值1.24亿元；出口食用菌产品92批，货值8330.63万元；出口茶叶32批，货值5252.31万元；出口工业级混合油18批，货值4.13亿元。

撰稿人

王 犇 李书坡 谷 东 赵英良

安阳海关

【概况】安阳海关是隶属于郑州海关的正处级单位，关区范围为安阳市全域。内设科（室）5个。

2022年，安阳海关坚持以习近平新时代中国特色社会主义思想为指导，以迎接学习宣传贯彻党的二十大精神为主线，围绕“五关”建设总体工作要求，高效统筹疫情防控和促外贸保稳提质，强化监管优化服务。安阳市全年外贸出口45.65亿元，同比增长46.04%，增速全省第二；监管货运量133.26万吨，签发各类原产地证书2806份。

▲2022年9月26日，郑州海关所属安阳海关开展“庆祝国庆·喜迎二十大”活动　（郑州海关所属安阳海关　供图）

【党的建设】2022年，安阳海关深学细悟党的二十大精神和习近平总书记考察安阳重要讲话精神，深入开展“学查改”专项工作和政治机关建设专项教育活动。录制党课《赓续红旗渠精神、实干笃行走好第一方阵》被海关总署政工办评选为优秀“七一”党课并汇编入册。年内，安阳海关被评为全市平安建设工作优秀单位；主要负责同志当选安阳市政协委员。顺利通过“四强”党支部复核考评，完成支部换届，培养预备党员1名。召开党史学习教育专题民主生活会、组织生活会。

【监管业务】2022年，安阳海关加强联合分析、综合研判，将对企业的查验、监管、信用管理等纳入企业监管范畴，有针对性地开展稽核查；做好入境动植物疫情疫病安全防控，持续开展检疫性实蝇监测及外来有害杂草监测；对进境大豆、小麦等粮食进行监管，严防疫情传入。开展“国门利剑2022”联合行动，严打“洋垃圾”、象牙等濒危物种及其制品、涉枪涉毒、冻品、农产品、重点涉税商品等走私。全年办结稽查作业6家，完成核查作业12家，发现问题8家。对辖区某企业出口危险化学品未申报案件立案调查，案值857万元。

【税收征管】2022年，安阳海关做好税源企业的税收调研，了解疫情给企业生产经营带来的影响，引导企业用足用好政策，确保税源稳定；强化税收质量管理，建立税收风险防控体系，充分利用系统查询，持续防控涉税风险，提高税收征管质量，确保税款应收尽收。

【质量监管】2022年，安阳海关严格防范安全风险，优化查验作业模式，对辖区重点、敏感商品和涉及安全、卫生、生态环境的进出口产品进行重点监管。对危险品包装周期监测情况进行排查，确保试验报告及产品分类鉴定报告现行有效。对危险货物及其包装实施检验监管，全年查获不合格进出口货物及危险品包装23批，入选郑州海关年度典型案例3个，排除风险隐患5个。

【服务开放发展】2022年，安阳海关加强政策宣讲培训，引导辖区企业用足优惠政策；指导企业提高技贸合规水平，帮扶企业扩大出口；支持保税仓扩大业务，助力保税物流中心建设。年内向安阳市政府报送《安阳市外贸进出口分析》等决策参考类稿件16篇，主动为地方政府建言献策，多次获得安阳市领导肯定，安阳市委主要领导专批进行宣传。

【安全生产】2022年，安阳海关持续推进安全生产专项整治三年行动，扎实开展安全生产月、安全生产警示教育活动，树牢底线思维，对10大类重点领域13项风险点开展安全隐患排查5轮次，排查出风险隐患19项，建立责任清单及问题整改清单，督促完成整改。

【疫情防控】2022年，安阳海关发布疫情防控细化措施11次、节日疫情防控提醒8次，开展疫情应急演练2次，自

▲2022年7月25日，郑州海关所属安阳海关开展促外贸保稳提质企业政策宣讲 （郑州海关所属安阳海关 供图）

查自纠 5 次，挑毛病 12 个，对照“百名科长百日督查”反馈意见，发现问题 2 个，做好海关总署督查自查整改，严格实行出差出行审批程序，将各项防控措施抓到位，并加强监督检查。

撰稿人

刘幸国

商丘海关

【概况】商丘海关是隶属于郑州海关的正处级单位，关区范围为商丘市全域。内设科（室）4个。另有郑州海关党委第八派驻纪检组常驻商丘海关。

2022年，商丘海关围绕迎接学习宣传贯彻党的二十大精神这条主线，落实“疫情要防住、经济要稳住、发展要安全”重要要求，按照郑州海关关区工作会议、全面从严治党工作会议和重点工作任务安排，统筹疫情防控和促进外贸保稳提质，统筹发展和安全，全力服务地方开放发展。完成河南省级文明单位到届重创、平安建设考核、省级卫生先进单位年度复查等工作。

▲2022年7月19日，郑州海关所属商丘海关党支部在永城市陈官庄淮海战役纪念馆开展“传承红色基因 弘扬英烈精神 做忠诚国门卫士”主题党日活动 （郑州海关所属商丘海关 供图）

【党的建设】2022年，商丘海关严格落实“第一议题”制度。将“第一议题”单列，党委理论学习中心组（扩大）学习习近平新时代中国特色社会主义思想等内容17次，聚焦党的二十大等重要时间节点、重点内容开展专题学习5次，关领导带头领学34人次，科级干部交流发言17人次，人员学习覆盖率100%；开展“学查改”专项工作和捍卫“两个确立”、做到“两个维护”、强化政治机关建设专项教育活动，梳理上报各业务领域风险隐患5条，制定整改措施16条，全部完成整改。

【海关统计】2022年，商丘市外贸进出口总值65.57亿元，同比增长20.63%。商丘海关发挥保税物流中心（B型）平台作用，做大做强保税物流中心业务。年内，商丘保税物流中心业务现场监管货物2.76万吨；民权保税物流中心业务现场共监管货物1.12万吨。2个保税物流中心全年监管跨境电商进出口值7400万元。

【检验检疫】2022年，商丘海关查获进口不合格商品10批次，查获出口不合格商品5批次。落实进出口食品监督抽检和风险监测工作任务，完成进出口食品安全风险监督抽检样品124个。盯紧进出口重点敏感商品，指导辖区2家出口打火机企业更新检测设备，提高自检自控能力；做好新注册供港活猪企业监管工作，对供港活猪注册饲养场采集血液、尿液、肝脏样品共286个；开展“国门利剑2022”等专项行动，办结核查作业20家，办结稽查作业3家，办理“主动披露”作业2起，办理“两简”案件1起。

【政务管理】2022年，商丘海关通过海关政务公开栏等方式主动公开信息8条。坚持“提醒、督促、通报”制度，流转办理文件，公文按时办结率连续12个月保持100%。加强保密管理，开展保密“两识”教育、专题培训。持续推进档案规范化建设，按时完成2021年档案归档工作，收集整理档案70余份，保持“零差错”。落实节假日值班应急工作。

【财务与后勤保障】2022年，商丘海关增强服务意识，细化保障措施，强化节能降耗，被国务院机关事务管理局、国家发展和改革委员会等四部门评为节约型机关；提升硬件水平，对草坪、绿化、停车位等整改整治，成立专项工程实施小组推进地下车库修缮、照明监控等工程；强化“精细化”理念，对门卫、保洁等岗位进行工作流程化再造；注重行车安全，遵守交通法规，常维护、勤检修，保障业务执法；加强资产管理，更新仪器设备，提高科技保障水平；强化财务保障能力，加大民生保障力度，预算执行进度达到100%。

【服务开放发展】2022年，商丘海关围绕大局，持续促进外贸保稳提质，做客12345政务服务便民热线，了解企业在产业链供应链及内销等方面的问题，解决备案注册、加工贸易等难点60余项。制订精准培育计划，成功培育AEO高级认证企业1家，实现商丘海关高级认证企业零突破；推广税费电子支付及汇总征税；实施企业“自主申报、自行缴税”通关模式，整体通关时长有效压缩。落实减税降费措施，海关政策红利持续释放。采用“线上+线下”方式，为辖区200余家企业解读关税减让、证书申报等政策，签发各类原产地证书1738份、货值9523万美元，强化综合治税，指导企业最大程度享受RCEP政策红利，发布《RCEP规范申报指南》20期。

【疫情防控】2022年，商丘海关加强内部疫情防控，动态调整防控措施，组织开展风险排查100余轮，发布相关文件37件；完善应急处置体系，修订发布工作人员新冠病毒感染应急处置工作指引，组织机关内部防控应急演练；参与地方“双报到”疫情防控志愿服务活动，王丹获评商丘市疫情防控志愿服务进社区活动先进个人；做好定点帮扶村疫情防控工作；全面梳理近3年来整体疫情防控工作，落实疫情防控优化措施，加强风险研判，提前购置药品、防疫物资。

▲2022年4月3日，郑州海关所属商丘海关组织党员干部参加属地“双报到”疫情防控志愿服务活动 （郑州海关所属商丘海关 供图）

【安全生产】2022年，商丘海关扛牢安全生产责任。开展安全生产自查自纠，投入专项资金改造办公照明及监控系统，修缮办公楼，消除安全隐患，健全内部安全生产制度3项。开展3次安全生产大检查，发现并整改安全隐患5处。强化进出口危险品检验监管，设立危险品通关专门窗口，督促出口危险品企业整改安全隐患，开展危险品及包装内外部培训。牵头完成属地进口食品“国门守护”行动专项实施方案，联合地方粮食主管部门成立进境粮食国门生物安全防控专班，对3家企业开展督导。年内监管进境粮食11.7万吨，同比增长2.5倍。扎实做好本年度综合治理和平安建设各项重点工作，获评2021年度商丘市平安建设工作优秀等次。

【全面从严治党工作】2022年，商丘海关坚持压力传导，抓紧抓实“两个责任”。研究制订商丘海关2022年全面从严治党重点任务分解方案，细化、量化任务项目，定期检查督办。开展“海关重点项目和财物管理以权谋私”专项整治工作。结合督察审计、巡视巡察和派驻纪检组监督执纪中发现的非执法领域问题，梳理出重点项目16项，修订办公用品采购等制度4项。严格执行中央八项规定及其实施细则精神，毫不松懈纠治“四风”，履行廉政建设责任，年度无违规情事发生。深化准军事化纪律部队建设，落实内务规范督察制度，按时进行节日廉洁提醒78人次，开展公有住房、公车管理等专项治理2次。

【精神文明创建】2022年，商丘海关围绕精神文明创建重点工作，有序开展各项工作。组织“全民阅读”“悦读新思想、喜迎二十大”“赶考路上有我”等活动，为党的二十大召开营造浓厚氛围；组织开展“我们的节日”、廉洁书画展、法治宣传、低碳节能宣传、公益献血等活动，带动更多干部职工向上向善；弘扬“奉献、友爱、互助、进步”志愿服务精神，组织开展形式多样的志愿服务活动，开展“四送一助力”服务活动，慰问空巢老人、困境老人、留守儿童等，并向定点帮扶社区捐赠扩音器材、口罩等物资。参与商丘市开展的文明城市创建、疫情防控等志愿活动。

【乡村振兴】2022年12月，商丘海关完成定点帮扶村（商丘市梁园区水池铺镇张屯村）驻村第一书记轮换工作。持续开展“干群夜话”“党员

▲2022 年 6 月 9 日，郑州海关所属商丘海关驻民权办事处在海关总署定点帮扶村开展“三夏”安全生产宣传活动　（郑州海关所属商丘海关　供图）

联户”等活动。巩固拓展脱贫攻坚成果，新纳入监测户 4 户 14 人。在定点帮扶村设置“三夏”生产服务点，协调多台收割机、玉米播种机，并配备灭火器等消防设备，助收小麦 153.3 万平方米，收获粮食 1380 吨，同比增长 13.58%。联合海关总署帮扶工作组、地方政府及民权保税物流中心（B 型）运营方，收集、解决企业发展环节中涉及海关业务的痛点难点问题 3 条，出口退税时间由 4.5 天缩短至 2.5 天，与中原银行合作开展供应链金融服务，帮扶企业解决资金困难。与海关总署驻民权帮扶工作组联合开展乡村振兴专题调研 2 次，争取相关项目落户民权。精准服务助力民权县“三夏”生产。邀请农业技术人员到驻村第一书记所在村开展田间授课 10 余次，指导农户做好“三夏”农作物防灾保收、抗旱保种工作；与 3 家农机合作社建立合作机制，协调大型收割机 11 台、玉米播种机 50 余台，对排查出的 20 余户低保户、五保户及因疫情无法返乡家庭开展“点对点”帮扶。完成 100 万平方米小麦收割及玉米播种任务。协调解决务工返乡人员本地就业问题，联合地方政府开展跨境电商、厨师等岗位技能培训 3 次，依托民权保税物流中心（B 型）入驻企业提供就业岗位 100 余个。

撰稿人

王　丹　李兴华　李荟芳　周　蒙　贾晓威　桑科宏　葛蒙毅　韩丰宇

周口海关

【概况】周口海关是隶属于郑州海关的正处级单位，关区范围为周口市全域。内设科（室）3个。

2022年，在郑州海关党委的坚强领导下，周口海关党委以习近平新时代中国特色社会主义思想为指引，以迎接党的二十大、深入学习宣传贯彻党的二十大精神为主线，以履行党建第一责任引领发展为第一要务，贯彻落实郑州海关工作会议、全面从严治党工作会议各项部署和党委工作要求，在打赢疫情防控阻击战攻坚战和促进外贸保稳提质等工作中充分发挥党组织战斗堡垒作用和党员先锋模范作用，各项工作取得新成效、新进展。通过河南省文明单位复核，荣获周口市委、市政府授予的“服务周口经济社会高质量跨越发展先进单位”称号，周口海关志愿服务队被周口市精神文明建设指导委员会评为周口市第一届“道德文明使者”。

【党的建设】2022年，周口海关完成党支部换届工作，充实支委力量，每月制定党建任务清单，对账销号。深化“四强”党支部建设，擦亮党建品牌，用好“四抓四强化”工作法，实现党建持续“强基提质”。年内开展集体学习研讨15次，党支部书记及委员讲党课5次，引领党支部、党小组集体学习36次，全员教育培训达标率100%，人均获得学分240分以上。参与“学研训践展”党务干部岗位练兵。完善“党建+”机制，发挥青年理论学习小组作用，推动党建与各项工作融合互促。着力激发青年“生力军”作用，在攻坚克难中“挑担子”“唱主角”，强化“答卷”意识，走好赶考之路。

【政治机关建设】2022年，周口海关谋全局把方向，在政治建关上实现新提升。发挥党委领学作用，坚持“第一议题”制度，坚持“三级联学”。聚焦习近平新时代中国特色社会主义思想、习近平总书记重要讲话和重要指示批示精神的学习贯彻落实，不断提升把方向、管大局、保落实过程的政治敏锐性，不断提高政治判断力、政治领悟力、政治执行力。全年推送“周学周知”荐学篇目52期，开展党委理论学习中心组理论学习16次。做实政治机关建设专项教育。深刻领悟“没有脱离政治的业务，也没有脱离业务的政治”。开展业务分析研判，进行全方位“体检”“诊视”，切实把全局利益和根本利益捋清、摆正。主动融入新发展格局，围绕辖区建设航运枢纽、承接产业转移、壮大县域经济、打造农业强市，做好支持服务文章，把专项教育激发的活力转化为推动发展的举措和行动。党委第一时间研读细悟党的二十大报告，党支部、党小组跟进，开展“我与二十大、我在新征程”主题演讲，用好“周学周知”学习群、每日“学习频道”和“读报时光”学习载体，组织专题学习研讨10次，及时推送学习材料20余篇，制作宣传展板9块。开展“讲政治、强业务”专题研讨2次，进一步理清思路、守正创新，确保持续打赢疫情防控攻坚战，牢牢守护国门安全，拓展外贸保稳提质成果，在推进周口由“边缘”变身“前沿”中走在前。

【党风廉政建设】2022年，周口海关做到防风险守底线，坚定不移全面从严治党、从严治关。贯彻落实郑州海关全面从严治党工作会议精神，制订年度周口海关全面从严治党工作任务分解方案，细化具体措施41条，将责任落实到岗到人。加强警示教育、纪法学习，坚持开展“一台账”“一清单”落实情况自查与全面排查，堵塞制度缝隙和管理漏洞，确保守住守牢纪律底线，远离危险红线。开展风险分析研判，着力把问题隐患发现于早、解决于小。参与“廉洁齐家、你我同行”主题书画展，购置廉政书目，加强廉洁家风培育。召开专题会议逐项分析“海关重点项目和财物管理以权谋私”专项整治整改工作方案问题清单，查阅2012年以来项目纸质档案100余份，梳理重点项目10项，开展纪法教育、警示教育8次。对排查中发现的问题举一反三、积极整改，修订食堂采购等10项规定，扎紧织密制度笼子，建立长效机制。扎实配合做好国家审计工作，形成“长久立”的机制，着力解决共性问题和深层次问题。

【法治建设】2022年，周口海关不断完善“内控+”机制，着力推进法治海关建设。细化岗位职责，严格实施AB角制度，以明确的岗位分工和清晰的流程管理约束权力运行。建立历次离任审计、督查督办事项整改责任清单，及时查发、处置本部门异常数据，纠正业务差错或违规操作行为。深入学习宣传贯彻习近平法治思想，落实郑州海关法治建设各项工作部署，严格规范公正文明执法，落实行政执法“三项制度”，提升行政执法透明度，始终做到法无授权不为、法定职责必为。根据政策调整，动态更新内控节点清单，持续强化行政执法过程的法律风险防范。

【税收征管】2022年，周口海关助力进出口企业快速通关，充分释放政策红利。编写推介课件《海关优惠政策“大礼包”》，推动税收优惠和减税降费政策落地。加大减免税政策的宣传推广力度，出具减免税证明6份，为企业节省税款227万元。落实落细RCEP政策，因企施策制订最优原产地申报方案。为7家企业签发RCEP原产地证书279份，货值1.74亿元。积极推进“提前申报”、“两步申报”、汇总征税应用，持续压缩通关时间。周口海关全年“两步申报”占比77.78%，应用率居郑州海关第三位。简化备案流程，压缩办理时限，帮助枸杞罐头、中药材成功打开韩国、越南等新市场。

【动植物检疫】2022年，周口海关动态分析进出境产品风险，加大检疫把关力度。对辖区16家企业开展疫情监测风险研判、培训及答疑。强化疫病监测防控，完成疫病监测1860份、风险监测585份。加强进境粮食和供港活猪安全监管。坚持提前介入、正确引导，严格检疫审批。跟踪货物流向，确保可溯、可查、可控，化解粮食转运风险。年内监管进口粮食55.1万吨，货值25.7亿元。开通“绿色通道”，“一站式”解决问题。全年保障5476头活猪顺利安全供港，货值1353万元。代表郑州海关成功迎接海关总署动植物检疫司供港活猪业务监管专项督查，对督查所提意见建议及时沟通反馈企业完成整改。

【商品检验】2022年，周口市进出口总值118.47亿元，同比增长16.46%，外贸进出口规模再创新高。强化属地查检，落实进口食品“国门守护”行动，保障出口商品质

▲2022年9月26日，郑州海关所属周口海关关员对辖区进境粮食企业开展现场监管 （郑州海关所属周口海关 供图）

量安全，共安全验放出口脱水蔬菜2.4万吨，货值4.91亿元，同比分别增长8.01%、19%。验放出口乳酸及其制品1901批，货值5.4亿元，同比分别增长6.41%、15.5%。开展医疗美容行业突出问题专项治理，落实进口医疗设备查验，核查相关手续、标识，关注安装调试及后续使用情况，确保符合要求。

【国门安全】2022年，周口海关筑牢国门安全防线，动态分析进出境产品风险，加大检疫把关力度。对辖区16家企业开展疫情监测风险研判、培训及答疑。强化疫病监测防控，完成疫病监测1860份、风险监测585份。科学布局实蝇监测点8个，开展巡查104次，开展杂草监测60余次，严防外来物种入侵。做好党的二十大前后安全生产各项工作，加大排查力度，全年出口危险化学品0.71万吨，货值约1.4亿元，同比分别增长37.01%、49.09%。与市场监督管理等部门深入农贸市场、商超冷库等，开展“国门利剑”“国门绿盾”联合行动，强化进口食品、冷链肉类监管，严厉打击走私和非法携带、夹带外来物种进境行为，对16家企业584份样

品开展风险研判和监测，落实进口食品“国门守护”行动，严防外来物种入侵，有效应对各种生物安全风险和挑战。

【企业管理】2022年，周口海关坚持培育新的市场主体。全年办理新外贸企业海关注册备案218家。帮扶18家企业取得各类出口备案资质，其中已有12家企业开展业务。做好三利食品海外仓示范企业申报工作，宣传跨境电商政策，支持新业态出口。服务项目引进，助力新能源汽车、手机制造等项目落地。坚持爱企惠企助企。细化出台帮扶措施，加大调研力度，实现重点企业全覆盖，做好问题收集，建立“问题清零”台账，用好“一对一”联络员机制，解决相关问题17项。对37家企业开展2轮技术性贸易措施调查，帮助企业及时应对国际贸易壁垒。做足做好准备工作，安全快速验放周口市中心医院、中医院等8所医院从国外进口的医疗设备。

【政务管理】2022年，周口海关持续规范办文办会、机要保密和档案管理等事项，推进国家安全、政务信息等工作，进一步强化值班管理，严格落实24小时值班带班和突发事件报告制度。丰富政策解读形式，突出政务公开重点，利用地方媒体、“学习强国”地方平台、政府信息快报多渠道开展RCEP等享惠政策宣传贯彻，加大成效梳理力度，增强企业获得感和满意度；积极回应社会关切，实施“一企一策”精准帮扶，及时收集并解决企业诉求15项。

【财务及后勤保障】2022年，周口海关科学编制预算，合理安排资金。完成围墙改造专项实施，统筹安排疫情防控资金，做好防疫物资储备和疫情防控工作保障。周口海关党委研究确定的民生实事得到较好落实。

【服务开放发展】2022年，周口海关持续服务重大开放战略，支持周口“豫东承接产业转移示范区”和“河南自贸区周口开放创新联动区”建设。了解辖区重点外向型项目信息，跟踪做好项目引进过程的支持服务。助力周口推进开放招商，建设枢纽经济先行区，加快临港经济发展，支持打造中原对接“海上丝绸之路”的新起点、融入长三角的桥头堡和对外

▲2022年1月25日，郑州海关所属周口海关优化监管服务获企业赠送锦旗

（郑州海关所属周口海关　供图）

开放的新高地。助推保税物流中心加快申建。加强与周口市发改委、港航管理局和港区的协作，强化组织推动，参与研究助力周口内河港开放建设和临港经济发展具体举措，在进出口企业中宣讲保税物流中心政策。

【文明城市创建】2022年，周口海关参与文明城市创建活动，参与"网格化""路长制"和文明交通岗志愿服务，在所负责社区、道路和交通执勤点设立创卫监督岗，主动打扫街道、清理路边垃圾，指挥交通秩序，为创建文明城市贡献力量。围绕地方脱贫攻坚工作大局，立足海关职能，履行文明单位社会职责，积极开展文明帮扶、道德模范慰问活动。配合相关部门，深入开展禁毒和打击侵权假冒等专项活动，净化社会环境。

撰稿人

王行军　王潇逸　刘万印　纪建波　杨贝贝　杨晓霞
吴精华　张文慧　武培元　赵以翔　胡志华　胡新鹏
耿　鑫

焦作海关

【概况】焦作海关是隶属于郑州海关的正处级单位，关区范围为焦作市全域。内设科（室）5个。

2022年，焦作海关坚持以习近平新时代中国特色社会主义思想为指导，学习宣传贯彻党的二十大精神，推动习近平总书记重要指示批示精神落实到位，深度服务地方经济发展，积极应对新形势新要求，推动全领域高质量发展。焦作海关被评为国家级节约型机关，“书记项目”获评郑州海关优秀成果；党支部顺利通过郑州海关“四强”党支部复审考核；被河南省爱国卫生运动委员会评为河南省卫生先进单位。

【党的建设】2022年，焦作海关坚持政治统领，不断强化政治理论武装，发挥以党委理论学习中心组为龙头、党支部、党小组三级联动的政治理论学习机制作用，开展党委理论学习中心组理论学习研讨12次，党的二十大精神专题研讨8次。执行“第一议题”制度，专题研究疫情防控、安全生产、“国门利剑”专项行动等工作。党委持续加强班子自身建设，努力提升把方向、聚人心、促发展能力，自觉践行群众路线。坚持以基层党建“双提升”工作为抓手，通过“三会一课”、党支部集体学习、主题党日活动等形式，不断强化组织制度落实，完成支部换届选举、支委补选、基层党建调研等工作；巩固党史学习教育成果，弘扬“特别能战斗”的焦作城市精神，引领党员干部苦干、实干加巧干，在全面建设中作表率当先锋。以“树旗帜、展风貌”为目标，完善“党建+创建”机制，聚集全员“群跑”合力，形成“以党建带创建，以创建促党建”的良性循环。

【队伍建设】2022年，焦作海关在提高党员教育质量上下真功，持续开展党史学习教育、党建应知应会随堂测试、线上竞赛等活动，结合强化政治机关建设专项教育活动和“学查改”工作，强化党委理论学习中心组、党支部、党小组三级学习机制，增强党员教育的针对性和有效性。通过系统理论学习、身边典型示范，引导全体党员不忘初心、牢记使命，筑牢思想道德防线。强化基层作风建设，深入开展办公秩序、关容关纪肃治活动，开展经常性检查，加大行风政风监督，组织内务强化月活动，开展养成训练，培养干部职工令行禁止的过硬作风。

【法治建设】2022年，焦作海关全面加强法治建设。制定责

▲2022年8月22日，郑州海关所属焦作海关进社区开展法治宣传活动
（郑州海关所属焦作海关 供图）

任清单，加强内部法治培训；落实“谁执法谁普法”责任，普法宣传进出口企业100余家、群众500余人次。利用网络、微信群等媒介向群众宣传《中华人民共和国民法典》等多部法律。开展“学习习近平法治思想”演讲比赛和“焦作海关法律知识竞赛”等多项活动。

【税收征管】2022年，焦作海关深入辖区企业广泛开展税收分析研判、税源（政）调研，密切关注主要税源企业进出口情况，持续做好税收基础工作，防控税收风险，提高征管质量。通过推广自报自缴、关税保证保险等专项服务，为企业提供通关纳税便利。持续释放进口税收政策红利，对接重点项目、高校和国家级企业技术中心，“一对一”提供政策解读、跟踪指导等服务。

【动植物检疫】2022年，焦作海关持续加强进出境货物检疫查验，严把进出境生物安全关。加大进境皮张动植物疫情监测，在207批次进境原皮中均查获检疫性杂草及非检疫性杂草种子，查获不合格木质包装1批次。开展实蝇和外来有害杂草监测工作，设置检疫性实蝇监测诱捕点17个、检疫性杂草监测区域19个，共监测到检疫类桔小实蝇38头、具条实蝇78头和其他蝇科129头。加强进境粮食监管，完成进境粮食调运监管10.89万吨，同比增长6.25倍。

【食品检验检疫】2022年，焦作海关坚持“四个最严”要求，严把食品安全关，加强备案工作，扩大优质食品农产品进出口。深入开展进出口食品“国门守护”专项行动，严格监督抽检出口食品，9批出口食品全部检测合格。加大企业咨询指导力度，提高备案注册登记时效。全年共检验监管出口食品749批、3.02万吨、5809.51万美元，同比分别增长146%、565%、418%。其中，云台冰菊、冷冻草莓、冰激凌粉、苏打水等多种产品均为首次出口。

【商品检验】2022年，焦作海关扎实开展“口岸危险品综合治理”百日专项行动，加大对企业危险化学品业务安全知识培训力度，累计培训企业人员120余人次；设立危险化学品专用申报窗口，压缩危险化学品检验周期，防范“滞”的风险；实施进出口危险化学品“加强版”监管措施，对辖区内16家出口生产企业、75种出口危险化学品和危险货物逐一排查，针对7个分类鉴定报告超过有效期的情况，责令企业重

▲2022年10月13日，郑州海关所属焦作海关开展出口危险化学品现场检验工作　（郑州海关所属焦作海关　供图）

新开展鉴定，现场查验发现并整改出口不合格危险货物包装12批次，消除安全风险隐患。

【监管业务】2022年，焦作海关持续支持德众保税物流中心（B型）业务发展，实现辖区特色产品借助保税物流中心直接出口，核黄素出口货值182.19万美元，钛白粉出口货值941.14万美元；首次开展跨境电商出口海外仓业务，通过跨境电商模式出口羊剪绒制品34.15万美元。全年监管保税物流中心货物量1.17万吨，货值6.05亿美元，在全国保税物流中心（B型）排名中提升21位。

【海关统计】2022年，焦作海关监管货运量54.83万吨，货值5.66亿美元。焦作市进出口值203.8亿元，其中进口43亿元、出口160.8亿元，同比分别增长20.28%、3.06%、25.91%。

【企业管理与稽查】2022年，焦作海关加强企业信用管理和稽核查业务。简化程序，提升海关备案管理效率，全年新增海关备案企业131家，备案企业总数达1438家。优化营商环境，实施简易注销程序，注销海关备案企业33家。深入贯彻落实海关总署令，新增AEO认证企业1家，辖区AEO认证企业总数达7家。圆满完成稽核查任务，办结年度稽查任务8家。

【政务管理】2022年，焦作海关加强运行保障，对机要档案工作常抓不懈，完成保密自查自评等工作。发挥督办职责，强化重点任务督办落实，逐月发布督办清单，及时通报任务完成情况，落实各项决策部署。强化基层作风建设，督促领导干部勇于担当，推动全面从严治党向基层延伸，“坐不住、等不起、慢不得”的干事创业氛围更加浓厚。开展办公秩序、关容关纪肃治活动，加大行风政风监督。

【财务及后勤保障】2022年，焦作海关聚焦精细化保障目标，调动工作人员积极性，定人定岗定责，一事一会一总结，着力解决工作中遇到的难题。提高资产使用效益，协调完成地方财政资金实际执行到位；严格预算执行管理，落实“过紧日子”要求，精打细算严控差旅费支出、“三公”经费，差旅费支出同比下降41.98%。年度水、电能耗达标，成功创建国家级节约型机关。

【督察内审】2022年，焦作海关配合做好总关各职能条线审计材料提供工作，组织人员翻阅历史资料和档案，完善问询记录，客观撰写、提交相关说明材料，据实答复审计组问题。接受郑州海关审计，认真自查；坚持问题导向，切实扛牢责任，召开会议，加强问题分析研究，剖析原因，以扎实整改补齐短板弱项；制定、建立“一方案两清单”，明确负责领导、责任科室，限定整改时间；坚持整改外延，实施过程不受“一人一事”局限，与落实各项重要（专项）行动、外部审计挂钩，开展全域自查自纠；建立问题整改长效机制，严格落实财务、固定资产管理以及业务操作规程等相关制度规范，一把尺子量到底，杜绝“踩红线”“踏红区”问题。

【“海关重点项目和财物管理以权谋私”专项整治】 2022年，焦作海关积极推进“海关重点项目和财物管理以权谋私”专项整治工作。坚持严的主基调，所有环节、内容、人员应参加尽参加、应落实尽落实；专项整治教育有机融入党史学习教育、加强政治机关建设专项教育、日常“三会一课”中，规范学习内容、方法，明确学习教育任务，提高学习教育效果。把自查甄别作为正风肃纪的重要抓手，开展专项整治中个人违规事项申报。向海关工作参与度高或长期有关联的企业，发放调查问卷，深挖外部风险。组织人员查阅档案资料，梳理、筛选自2012年以来的重点项目，深度研判可能存在廉政风险、利益交换的重点项目。张贴公示宣传页、设立举报箱，营造人人身在其中的氛围。坚持整改推动，把责任扛在肩上，专题研判问题，剖析原因、制定措施，加强指导、分工负责，扎实推进整改；建立问题整改长效机制，严格执行议事规则和“三重一大”制度，重大事项集体决策。

【服务属地发展】 2022年，焦作海关对辖区2家重点造纸加贸企业开展专项调研，解决企业首办加贸业务、新增成品备案、单耗申报、成品内销等问题11个，实现纸张及纸制品出口额9.14亿元，同比增长203.94%。支持沁阳鹏海公共型保税仓库企业办理富士康设备仓储业务，加强设备出入库管理，定期核查盘库。实施加工贸易货物内销集中征税措施，调整内销办理时限为季度申报，免征加贸企业集中内销缓税利息，缓解企业资金压力。摸清底数，前置业务风险，开展合规处置和业务指导，对新开办的人造金刚石、铝箔加工贸易企业进行现场勘验2次，线上业务指导问询20余次，办理加工贸易电子化手册备案41本，结案手册22本。持续做好RCEP原产地证生效后签证工作。持续推进原产地证书自助打印、智能审核等签证改革举措，简化办事手续，缩短签证时长，原产地证书签证实现智能化、标准化、规范化。

【聚焦特色产品】 2022年，焦作海关制订钛白粉保税监管特色服务专案，为企业提供“咨询备案、政策引导、跟踪解难、便捷通关”等多元化服务模式，帮助解决原材料供应紧张、物流链紧缩等难题7个，服务指导企业实现高档金红石型氯化法钛白粉产能30万吨。共办理钛白粉加工贸易手册20本，累计出口钛白粉51.65亿元，同比增长25.10%。

▲2022 年 8 月 24 日，郑州海关所属焦作海关关员到企业开展加工贸易业务全流程指导工作　（郑州海关所属焦作海关　供图）

【营商环境优化】 2022 年，焦作海关做好年度营商环境指标评价资料准备、线上填报、企业调研等工作，梳理创新优化改革事项清单，及时报送进展情况。持续开展海关促进外贸保稳提质政策落实和宣传指导，做好促进外贸保稳提质企业问卷调查工作，调查企业 18 家。深入县区 120 余家企业开展政策宣讲 5 次，深度解读促进外贸保稳提质措施，向企业宣传 AEO 培育标准及可享受政策、RCEP 关税减让、“十四五”期间税收优惠政策、通关便利化措施等。推广“两步申报”“两段准入”等改革在全市覆盖实施，鼓励引导企业采用“提前申报”通关模式，增强通关时效的可预期性，压缩整体通关时间。

【定点帮扶】 2022 年，焦作海关围绕文明城市创建、疫情防控、防洪防灾社区服务、文明交通引导、清洁家园等活动，出动志愿者 400 余人次，深入参与帮扶社区清理垃圾、卫生清扫、清除小广告、走访慰问等志愿活动，向社区捐赠防疫物资，传递正能量，弘扬积极向上的社会风尚。与多家帮扶对象“结对共建”，开展“喜迎二十大，庆七一颂党恩”活动。

撰稿人

王增礼　朱文斌　乔　浩　李　倩　李新平　宋红敏
宋梦龙　张保军　秦建华

三门峡海关

【概况】三门峡海关是隶属于郑州海关的正处级单位，关区范围为三门峡市全域。内设科（室）3个。

2022年，三门峡海关在郑州海关党委的坚强领导下，统筹疫情防控和促进外贸保稳提质，不断提升把关能力和服务水平，全力支持三门峡市高水平开放高质量发展。三门峡海关被河南省人力资源和社会保障厅、共青团河南委员会授予2019—2020年度河南省青年文明号，被河南省妇联授予河南省巾帼文明岗，被三门峡市委、市政府授予三门峡市“万人助万企”活动优秀单位。

【党的建设】2022年，三门峡海关突出政治建设主线，加强理论学习。坚持“第一议题”制度，全年召开党委会、理论中心组学习25次，学习习近平总书记重要讲话和重要指示批示精神92篇次，交流心得113篇次，提出贯彻意见97条。建立2项政治理论学习制度，按季度制订政治理论学习计划。严格落实“三会一课”制度，支部书记讲党课2次，按期召开民主生活会和组织生活会。开展“关徽护航+金融赋能——以党的二十大精神为引领促外贸发展”主题党日活动，与其他隶属海关和海关总署驻卢氏帮扶工作队开展联学共建，聚焦“12个必”重点工作任务和“38个深入思考”梳理出具体思路和实践举措8条，推动党的二十大精神落地见效。巩固深化“强基提质工程”，将精神文明建设、“四强”党支部创建与业务改革创新、支持外贸发展相结合，推动党建与业务协调发展。扎实推进政治机关建设专项教育活动、“学查改”专项工作和“海关重点项目和财物管理以权谋私”专项整治工作，把握关键环节，以改进作风为主线，坚持边学边改、边查边改，创新构建“一核两翼三基”专项工作强矩阵。三门峡海关党支部顺利通过关区“四强”党支部考核。

【海关统计】2022年，三门峡海关累计签发各类原产地证1138份，签证金额12.24亿元；办理检验检疫证2907份；办理RCEP原产地证书29份，金额2027.18万元。三门峡市全年外贸进出口总值222.57亿元，总量位居全省第五。其中进口货值193.80亿元，位居全省第三；出口货值28.77亿元。

【税收征管】2022年，三门峡海关持续优化税收征管举措，确保税收征管质量。构建企业税收风险评估指标体系，多渠道收集企业、银行、税务、外管及进出口异动、申报差错等信息数据，评估企业税负水平，防范税款担保风险。深化属地纳税人管理，建立涉税商品源头管控机制，加大进出口商品的归类、原产地、价格等涉税要素的审核力度，防范税款计征风险。建立公式定价进口商品台账式监管制度，紧盯结算周期和担保期限，确保二次结算改单补税及时入库，防范税款拖延风险。

【疫情防控】2022年，三门峡海关深入贯彻落实习近平总书记关于疫情防控的重要讲话和指示批示精神，抓好常态化疫情防控工作。成立临时管控管理期通关应急保障小组，确保临时管控期间通关顺畅。健全疫情防控人力资源保障内部调剂（Ⅳ级）等应急工作预案，严格落实疫情内部防控措施，建立完善各类台账，细化防疫物资管理。开展“四送一助力”活动3次，向结对共建的2个社区对口支援6000元防疫物资。三门峡市2轮27天静态管理期间，15名党员就地转化为志愿者，支援全员核酸检测，协助社区服务“三无”小区防疫工作，共计出动志愿者160人，相关事迹被河南广播电视台、《三门峡日报》等媒体报道。

【支持乡村振兴】2022年，三门峡海关加强与海关总署驻卢氏帮扶工作队对接，推动党支部领办合作社发展集体果业、设置外来有害生物监测点、捐赠农用车耕地机等设备、提供实验室检测支持，帮扶1家出境水果果园、1家出境水果包装厂取得出口资质。开辟卢氏县农产品快速通关“绿色通道”，提供“优先查验、优先检测、优先出证”服务，持续跟踪研究出口目标市场食品安全法律体系变化、预警通报及退运等信息，帮扶卢氏县连翘芽茶、橡子仁、鲜香菇3类产品完成首次出口。联合黄河三门峡医院党支部开展义诊、义剪等活动，助力果岭村乡村振兴。

【营商环境优化】2022年，三门峡海关压缩通关时长、降低跨境贸易时间成本，建立关企直报直缴工作协调机制，优化查验监管服务，减少跨境贸易费用成本，推动三门峡市外贸数据持续回流。国际贸易“单一窗口”应用率为100%，推广政务服务“好差评”应用，严格落实“多证合一”“证照分离”“注销便利化”等改革事项，确保企业资质注册或备案业务在承诺时限内规范高效完成。12月28日，三门峡市委、市政府印发《关于表彰三门峡市优化营商环境工作先进集体和先进个人的决定》，三门峡海关获评三门峡市优化营商环境工作先进集体，梁强荣获先进个人称号。

【外贸保稳提质】2022年，三门峡海关围绕三门峡市产业发展需求，细化促进三门峡市外贸保稳提质13项举措。建立惠企政策精准直达机制，做好RCEP、优惠贸易协定等政策宣传及辅导，针对性开展“线上+线下”培训6次，解决企业问题10个，提升惠企政策应用效能；发挥专业优势，帮扶企业分析比对各个RCEP成员自贸协定优惠降税清单范围、税率幅度，选定“享惠最优组合”方式，扩大产品进出口；优化检验检疫通关流程，开展“预约查验，即报即通”“一站式”

▲2022年9月4日，郑州海关所属三门峡海关保障静态管理期间辖区出口水果顺利通关 （郑州海关所属三门峡海关 供图）

便捷监管服务，落实原产地证书智能审核、自助打印等便利举措，实现证书申领“即时审核，即时打印”，提升通关效率。年内监管进出口RCEP成员产品39.65亿元，同比增长40.79%。挖掘食品农产品出口潜力，深入调研，分析辖区特色水果产业发展现状和潜在国际市场，发挥专家队伍作用，进行技术指导。提前介入，帮扶辖区1家竹木草企业获得出口资质。签发首份RCEP原产地证书，出口产品为铝酸钙。

【国门安全】2022年，三门峡海关推动成立三门峡市打击走私综合治理领导小组，严格执行布控指令，防范“洋垃圾”入境和象牙等濒危动植物及其制品走私行为。结合“口岸危险品综合治理”百日专项行动开展督查，提出问题9项，已督促整改到位。监管出口危险化学品127批次，查发不合格出境危险化学品运输包装2批。联合地方税务部门对辖区重点商品出口什锦菜开展行业摸底，约谈高风险企业，联合向重点县区发送风险提示函，对出口环节违法骗退税企业形成震慑。联合三门峡市农业农村局开展国门生物安全监测。完成饲料安全风险抽样送检3项次，食品、植物产品抽样送检共492项次。

【铜精矿加工贸易业务】2022年，三门峡海关向地方政府提出以重点进口商品为主开展加工贸易完善进出口结构的建议。根据某重点企业开展铜精矿加工贸易需求，成立加工贸易业务专班，组织座谈会6次，讲解加工贸易政策，帮助企业用好免征缓税利息、单耗报核前申报等惠企措施，针对合同签订、手册设立、料件进口、加工等提供全程服务，实时解决备案合同、清单核注等问题，帮助企业备案手册3本，备案金额4.42亿元。

【河南省首趟“船边直提”海铁保税货物班列开行】2022年，三门峡海关针对重点龙头企业进出口通关需求，整合政策优势，提出金属矿砂等重点保供商品运用“船边直提”海转铁到保税仓库的方式，解决进口原料转运时间长的问题。利用黄河流域关际合作机制，协调港口物流、船务公司等单位，创新打造“船边直提+保税物流+海铁直运”特色化班列。8月9日，河南省首趟“船边直提”海转铁保税货物顺利抵达三门峡铁路运输类海关监管作业场所，比原模式节省转运时间10天以上。

▲2022年8月9日，河南省首趟“船边直提”海铁保税货物班列开行
（郑州海关所属三门峡海关　供图）

【从严治党】 2022年，三门峡海关落实“严在平时”要求，履行管党治党责任。强化监督执纪“四种形态”运用，对于倾向性和苗头性问题抓早抓小。落实“四必谈”，全年开展各类谈心谈话145人。严格落实领导干部报告个人有关事项制度，警示教育常态化、制度化。原创古代廉史漫画20幅在业务大厅设展，并获得海关总署特别奖。抽取外出执法监督回执单进行电话回访10次。全年无违反政治纪律、政治规矩情事，持续推进全面从严治党，深化准军事化纪律部队建设和清廉海关建设。

【精神文明建设】 2022年，三门峡海关建立健全“党建+文明创建+业务工作”工作机制，探索制度和管理办法，实现精神文明建设制度化、规范化和常态化。发挥职能和技术优势，组织开展进口食品安全、国门生物安全进校园、进社区、进企业等宣传活动，提升公众安全意识；建立“我为群众办实事”长效机制，深入辖区重点企业开展调研10余次，解决企业进出口方面急难愁盼问题32个；深入结对帮扶小区开展“送理论进社区”志愿服务活动，宣讲党的二十大精神和惠民政策，发放新修订的党章等资料120份。持续开展“文明服务我出彩　群众满意在窗口”活动，设置“好差评”接待服务台，开展文明优质服务标兵评选，促进整体服务水平提升；设置“单一窗口”申报专用电脑和打印机，严格落实首问负责制和一次性告知制度，为企业提供服务。顺利通过省级文明单位到届重创验收。

撰稿人

吕晓飞　李展平　张尔超　张丽超　梁　强　梁　黎

新乡海关

【概况】新乡海关是隶属于郑州海关的正处级单位，关区范围为新乡市全域。内设科（室）3个。

2022年，新乡海关在郑州海关党委的坚强领导下，深入学习宣传贯彻习近平总书记重要指示批示精神和党的二十大精神，坚决落实党中央、国务院决策部署，聚焦“守国门、促发展”，持续强化监管优化服务，多措并举促进外贸保稳提质。积极支持新乡融入共建“一带一路”，扶持重点项目建设。

【党的建设】2022年，新乡海关扎实开展基层党建“双提升”活动，试点“书记项目”，实施“四性四力”党支部工作法，强化党建业务深度融合。深化拓展“四强”党支部培育，丰富“太行先锋”党建品牌内涵，用好“智慧党建”系统，开展党务干部岗位练兵，党支部基础建设全面进步。党委委员与执法一线科长谈心谈话24人次，党建引领作用进一步发挥。召开党史学习教育专题民主生活会、组织生活会，新发展党员1名。压紧压实管党治党主体责任，细化落实6个方面43项具体措施。加强对“一把手”和领导班子监督。深入开展“海关重点项目和财物管理以权谋私”专项整治工作，分层分级梳理海关工程、实验室、信息化领域共3个重点项目6项风险问题，并提出针对性解决措施。完善非执法领域关键节点80项，推动提升非执法领域监督效能。全面配合开展经济责任审计，健全问题整改长效机制，新制订或修订制度5项。常态化开展警示教育，扎实推动海关廉洁文化建设。精准运用“四种形态”，强化执纪问责。

【海关统计】2022年，新乡市外贸进出口总值154.69亿元，同比增长36.91%。其中，出口125.11亿元，同比增长38.81%；进口29.58亿元，同比增长29.46%。全年监管货运量10.18万吨，同比增长6.82%；其中进口货运量5.2万吨，同比增长143.36%；出口货运量4.98万吨。监管进出口货值19.95亿元，同比增长6.98%；其中进口货值8.97亿元，同比增长74.32%；出口货值10.98亿元。

【通关监管】2022年，新乡海关严防高致病性禽流感、非洲猪瘟等重大动植物疫情和外来物种入侵，开展“国门生物安全监测”专项行动。重点对辖区内的检疫性实蝇和外来有害杂草进行监测，承接检疫性实蝇监测诱捕点9

个，诱捕桔小实蝇2304头、其他实蝇6头。未发现外来有害杂草。强化进出口食品和商品检验监管，严格开展监督抽检和风险监测，查验危险货物及其包装2756批次。优化进出口商品检验模式，加强再生金属原料、化肥等重点商品进出口检验监管。保持打击走私高压态势，深入开展“国门利剑2022”专项行动。压紧压实安全生产责任，深入开展“口岸危险品综合治理”百日专项行动和安全生产月活动，建立安全生产风险隐患信息“吹哨人”预警制度，检验监管进出口危险化学品841批、货值约5.65亿元。开展出口危险化学品事故应急处置演练3次，检出不合格危险货物及其包装20批次。“多查合一”、加工贸易集中审核等监管改革有序推进，强化企业管理和稽核查。

【企业管理】2022年，新乡海关深入开展“多证合一”和“注销便利化”改革，办理企业注销62家，报关单位备案企业2661家，以“多证合一”方式办理252家。辖区新增2家高级认证企业，同比增长100%。

【综合保障】2022年，新乡海关高效运行政务，有序推进民生实事项目。保障防疫物资供应，严格落实“过紧日子”要求，规范政府采购管理，完成闲置房地产整合利用。发挥科技先导支撑作用，海关过滤实验室顺利通过资质复评审，检测能力由12项扩增到167项，市场化业务能力逆势增长。积极参与“爱国卫生运动”“无烟机关建设”“美好生活·民法典相伴”等创建活动。

【保税监管】2022年，新乡海关设立加工贸易手册22本，备案值39.78亿美元，备案值同比增长128.92%，在执行加工贸易账册1本。加工贸易增速明显，业务涉及商品既有新能源电池材料、润滑油添加剂等科技含量高的商品，又有铜、服装及纺织等资源劳动密集型商品，辖区加工贸易相对均衡稳定，近两年呈逐年增长趋势。

【粮食监管】2022年，新乡海关建立健全进口粮食联合监管、疫情联防联控机制，参加新乡市粮食安全责任制考核工作；组织对指定粮食加工企业开展核查，对粮食调运、出入库、下脚料处理等关键环节做好重点监管；持续推进单证办理电子化、疫情期间便利化措施，加强与口岸海关沟通协调，加快办理进口粮食检疫初审、调运手续，保障进口粮食快速投入生产。全年检疫审批进口粮食调拨67批次、25.65万吨。

【党的二十大精神学习】2022年，新乡海关党委带头示范、以上率下，组织3次党委理论学习中心组专题学习，撰写学习心得。制订下发实施方案，制作12块展板展示党的二十大精神的精髓要义，举行“学习党的二十大”诵读活动。开展党员干部全员轮训，确保党的二十大精神学深学透。健全党委理论学习中心组示范领学、党支部精准深学、党员重质自学“三级联学”机制，关党委和党委理论学习中心组（扩大）学习26次、“每周一讲”24人次。坚持“第一议题”制度，研究确定3项重点任务并全部有效落实。

【政治机关建设专项教育活动】2022年，新乡海关加强党委班子自身建设，严格执行重大事项请示报告制度，全年召开党委会14次，研究议题45项。全面加强党的领导，落实意识形态领域工作责任制。推进党史学习教育常态化长效化，深化“我为群众办实事”实践活动成效。坚持“读、讲、研、评、考”，组织8次集体学习，38人次交流研讨，13名干部职工参与“政治机关建设我来讲”心得体会交流，把讲政治要求贯穿各领域全过程。统筹推进政治机关建设专项教育活动和“学查改”专项工作查摆出的6项整改任务，研究制定16项整改措施，均已完成。

【准军事化纪律部队建设】2022年，新乡海关积极开展内务规范强化月活动，进行队列训练、常态化内务检查，提升队伍精气神。运用队伍建设综合管理平台，强化干部日常监督管理和“三位一体”考核。严格落实中央八项规定及其实施细则精神，进一步规范用车审批、日常管理等，全年公车运行费用同比下降14.3%。推广行政审批“好差评”系统，提升一线窗口服务质量。畅通意见反馈渠道，召开特约监督员线上座谈会，强化社会监督。

【服务共建“一带一路”】2022年，新乡海关加大政策宣传引导，积极支持河南自贸试验区新乡联创区、保税物流中心（B型）申建。规范保税监管场所建设，监管场所视频监控实现全覆盖，推动原阳保税仓库顺利通过验收，开放平台建设取得新突破。支持西部陆海新通道新乡枢纽节点建设，优化铁路监管作业场所，支持“新乡—越南河内”货运班列首次开行，精准施策推动中欧班列（中豫号）高质量发展，全年监管中欧班列（中豫号）43列，集装箱4274标箱，货运量4.56万吨，货值10.71亿元。

【营商环境优化】2022年，由新乡海关牵头的2021年度新乡市优化营商环境跨境贸易指标位列全省第三，综合业务科荣膺新乡市推进重点工作先进集体。开展优化口岸营商环境专项行动，制定2个重点项目8项措施助企纾困，实施“互联网+预约通关”和“货主可不到场查验”，引导企业灵活运用“提前申报”“两步申报”，口岸营商环境进一步优化。巩固压缩整体通关时间成效，2022年新乡海关进、出口整体通关时间分别为2.33小时、0.03小时，较2017年分别压缩98.39%、99.84%。

▲2022年8月10日，郑州海关所属新乡海关联合新乡市商务局开展外贸保稳提质政策宣讲会　（郑州海关所属新乡海关　供图）

▲2022 年 9 月 28 日，郑州海关所属新乡海关赴卫辉市西夹堤村开展“四送一助力”结对帮扶志愿服务活动　（郑州海关所属新乡海关　供图）

【精神文明建设】2022 年，新乡海关以创建省级精神文明单位为抓手，增强班子凝聚力，提高干部精气神，激发队伍正能量，争创先进基层海关。按照省级文明单位测评体系，逐一分解责任到人，与重点工作任务和党风廉政建设及反腐败工作一起部署、一起检查、一起落实。截至 2022 年，新乡海关已连续 4 年获评省级文明单位。

撰稿人

王秋毅　王新付　刘延哲　何世国　张　欣　岳林波
赵士强　郭　谦　雷　刚

信阳海关

【概况】信阳海关是隶属于郑州海关的正处级单位，关区范围为信阳市全域。内设科（室）5个。

2022年，信阳海关坚持以习近平新时代中国特色社会主义思想为指导，深入学习贯彻党的二十大精神，坚决贯彻习近平总书记重要指示批示精神和党中央决策部署，统筹疫情防控和促进外贸保稳提质。全年信阳海关监管货运量224万吨，同比增长143.93%；监管进出口货值2.67亿美元，同比增长35.2%。

▲2022年2月24日，郑州海关所属信阳海关党员干部到鄂豫皖革命纪念馆开展主题党日活动 （郑州海关所属信阳海关 供图）

【党的建设】2022年，信阳海关全面落实新时代党的建设总要求。全面夯实党建工作基础。深化“强基提质工程”，用好“智慧党建”系统，促进党建工作信息化智能化规范化，全年召开党员大会3次、支委会12次、支部书记讲党课2次、组织生活会3次。严把政治标准，顺利完成党支部换届选举工作，选齐配强党支委班子。做强“‘别’样薪火、‘拳’力以赴”党建品牌，对标“四强”党支部标准，不断提升党支部建设工作水平。严格落实中央八项规定及其实施细则精神，党委书记、关长履行第一责任人职责，党委委员履行“一岗双责”，班子成员步调一致抓工作落实，深化“三不腐”一体推进。召开2次专题会议研究全面从严治党工作、分析研判意识形态工作，运用监督执纪“四种形态”开展提醒谈话，强化干部工作圈、生活圈、社交圈的教育管理，坚决杜绝酒驾醉驾。开展精神文明创建，细化创建工作任务分解82项具体任务，开展春节慰问困难职工、清明节移风易俗主题活动、“五四”青年节主题活动、中秋诵经典等活动，确保各项创建工作落到实处。

【法治建设】2022年，信阳海关围绕学深悟透做实习近平法治思想目标，推进依法行政。党委班子带头学习习近平总书记在中央全面依法治国工作会议上的重要讲话精神，通过党委理论学习中心组集中学习习近平总书记重要法治论述以及宪法、民法典等法律法规7次，吃透基本精神、把握核心要义。以“4·26”知识产权宣传周、“6·26”国际禁毒日、“8·8”海关法治宣传日和“12·4”全国法制宣传日为契机，集中有序开展法治宣传活动，传播法治文化，凸显海关特色。成立法治政府工作领导小组，定期研究工作推进及任务落实情况。落实行政执法“三项制度”，促进严格规范公正文明执法。

【动植物检疫】2022年，信阳海关严防动植物疫情和外来物种入侵。组织开展国门生物安全监测，监测外来有害杂草7次、检疫性实蝇监测8次。加强和信阳市农业农村局等单位的协作配合，针对性开展联防联控。加强对农产品企业政策宣讲，帮助并受理12家进境粮食加工企业（储备库）备案及变更、2家竹木草企业备案及变更。

【食品检验检疫】2022年，信阳海关精准定位强化进出口食品安全监管。参与海关总署进出口食品安全局组织的进口食品境外生产企业注册书面评审、境外水产品生产企业视频检查9家。开展进口食品“国门守护”专项行动，全年检查进口食品经营单位9267家，发现问题单位25家，立案查处4起。开展出口食品抽检12批次，检测项目174项，结果全部合格。开展输非茶叶专项整治工作，对辖区11家出口茶企开展风险排查，督促企业加强自检自控，总结经验形成《郑州海关输非茶叶质量分析报告》。对辖区2家出口泡菜生产企业开展风险排查，督导企业严格按照相关法律法规生产。

【海关统计】2022年，信阳海关狠抓数据分析，发挥职能建言献策。每季度参与支持大别山革命老区外贸发展专刊撰写工作，为支持大别山革命老区对外贸易发展提供服务；每月撰写《信阳市进出口贸易情况简析》、《对外开放总结》、河南省对欧盟进出口监测预警分析、河南省粮食出口监测预警分析等，为地方政府决策提供依据。全年共参与撰写各类分析文章近30篇。

【企业管理与稽查】2022年，信阳海关优化服务，强化后续监管。持续压缩办理收发货人等企业备案时效50%以上，最快当场办结。落实不见面审核、暂停实地评审等举措，全年备案进出口收发货人90家，备案出口食品原料基地8家、出口食品生产企业10家。

【查缉走私】2022年，信阳海关始终保持打击走私高压态势。明确2022年打私工作目标、任务、步骤及工作要求，向总关缉私部门报送专项行动月报10篇。推动信阳市打击走私综合治理领导小组成立，开展打私综合治理。

【政务管理】2022年，信阳海关公文运转及时高效。加强发文规范审核，把好政治关、文字关。机要人员全年“7×24小时”保障机要文书流转。

加强学习培训，熟练掌握使用值班电话、传真机，严格执行值班信息报告规定。修订完善信阳海关干部值班制度，编制发放值班应知应会知识 2 次。准确分类整理归档 2021 年度文书档案 51 件，突出汛期等时间节点，组织开展拉网式排查，及时消除风险隐患，确保档案安全。

▲2022 年 9 月 8 日，郑州海关所属信阳海关到信阳市廉政教育基地开展警示教育活动　（郑州海关所属信阳海关　供图）

【财务及后勤保障】2022 年，信阳海关综合保障能力持续提升。坚持“过紧日子”，提高预算执行效率和资金使用效益，加强水电气油管控，建设节约型机关，严禁餐饮浪费等行为。梳理设备类与家具类固定资产，保障台账、编号、实物固定资产账面相符合。

【队伍建设】2022 年，信阳海关聚焦“三个引领”，不断强化干部队伍建设。以强化理论武装为引领，打造学习奋进队伍。将学习贯彻习近平新时代中国特色社会主义思想作为单列“第一议题”，学习习近平总书记重要讲话和文章 50 余篇，党委委员常态化交流学习体会近 30 次。围绕学习贯彻党的二十大精神，党委书记、党支部书记、普通党员多层级交流研讨 10 次，撰写心得体会 30 余篇，聚焦助力大别山革命老区加快振兴发展，思考谋划对接、加强成果转化，以实际工作成效促进外贸保稳提质。以推进政治机关建设为引领，始终把对党忠诚摆在首位，扎实开展捍卫“两个确立”、做到“两个维护”、强化政治机关建设专项教育活动，关党委专题研究部署 5 次，开展学习交流 18 次；对照“没有脱离政治的业务，也没有脱离业务的政治”要求，梳理各岗位政治责任 19 条，制定改进措施 12 条，以每月督查例会为抓手推动整改落实，把讲政治从外部要求转化为内在主动和自觉行动。压紧压实督办检查、跟踪问效、上下贯通的责任链条，保持打击走私高压态势，扎实做好安全生产工作，整改涉及进出境危险化学品等领域问题隐患 3 个。

【疫情防控】2022 年，信阳海关全力以赴做好疫情防控。召开疫情防控专题会议 7 次，开展疫情防控检查 9 次，编制更新 2 版应急处置预案，针对性开展风险排查 68 次，落实落细内部疫情防控各项要求。

【准军事化纪律部队建设】2022 年，信阳海关扎实开展“海关重点项目和财物管理以权谋私”专项整治工作。开展警示教育月活动，加大典型案例通报力度，党委书记讲授专题廉政党课 1 次，从思想深处明法纪、知敬畏、存戒惧、守底线。规范领导干部配偶、子女及其配偶从业行为，常态化开展违规经商办企业问题排查，及时堵塞漏洞。持续加强准军事化纪律部队建设。扎实开展内务规范强化月系列活动，常态化开展内务规范督察和纪律作风效能检查12次，加强大厅窗口建设，强化日常习惯养成，打通准军事化海关纪律部队建设“最后一公里”。

【服务开放发展】2022年，信阳海关聚焦保稳提质，全力助推地方开放型经济发展。研究细化信阳海关促进外贸保稳提质15项举措，以调研、电话、微信等多种形式收集企业的困难和诉求，立足职能推动解决企业急难愁盼问题10余个。加大海关AEO认证培育力度，帮助某公司获批高级认证企业。推动RCEP原产地规则实施落地，全年签发RCEP原产地证书185份，签证金额1602.69万美元。用好关税减让政策，全年审批货值7597.67万元，为企业免征加工贸易风险担保金6552.86万元。对外开放平台发展取得实质性成效，帮助某公司保税仓库完成首批173.6万元的进口糯米保税货物入库，帮助某公司进境种猪隔离检疫场通过海关总署验收。简化审批手续，助力2家羽毛企业、1家木制品加工企业和1家禽肉企业实现首次出口。指导新备案粮食加工存储企业3家、变更9家，监管进境粮食11.24万吨。新增1家竹木草出口企业备案，监管出口木家具1134批，货值2.76亿元。指导1家菌棒企业实现2022年首次出口，共监管出口香菇菌棒21批次，货值293.82万元。助力供港活猪稳定供港，共监管发运供港活猪11760头，货值832.43万美元，同比分别增长22.13%、24.82%。全年检验监管出口茶叶7269.55吨，货值2.34亿元，出口额连续2年突破2亿元，出口均价提升22.53%。监管蔬菜及制品3613.06吨，货值7370.12万元，同比分别增长49.75%、57.16%。

撰稿人

王　豪

鹤壁海关

【概况】鹤壁海关是隶属于郑州海关的正处级单位，关区范围为鹤壁市全域。内设科（室）3个。

2022年，鹤壁海关深入贯彻习近平总书记重要指示批示精神，全面贯彻党中央、国务院决策部署，严格落实海关总署工作部署和郑州海关工作要求，强化监管优化服务，深化“出彩鹤关”“幸福鹤关”建设，支持鹤壁市开放型经济发展，全力支持鹤壁综合保税区和出口监管仓库申建，助推禽肉、蜂蜜等特色农产品扩大出口，荣获鹤壁市“服务地方突出贡献奖”。聚焦职能定位，做好信息工作，服务政府科学决策，被鹤壁市政府评为2022年度鹤壁市政府系统政务信息约稿保障先进单位。紧盯创建工作目标，与精神文明、节约型机关创建等工作紧密结合，周密部署，狠抓落实，被河南省爱国卫生运动委员会评为河南省卫生先进单位，被国家机关事务管理局、中共中央直属机关事务管理局、国家发展和改革委员会、财政部四部委联合评为节约型机关。

【党的建设】2022年，鹤壁海关深入学习贯彻党的二十大精神，开展学习研讨4次，征集心得体会9篇次，被海关总署“金钥匙杂志”微信公众号、郑州海关“风华郑貌”微信公众号采用稿件4篇。组织召开党委会13次、关务会12次，全面落实“第一议题”制度；开展党委理论学习中心组（扩大）集中学习12次，学习习近平总书记重要讲话和文章53篇次。建立“领导干部带头学习、支部书记经常点评、党员群众聚焦岗位讲”机制，党委班子讲授政治机关建设专项教育专题党课3次，组织学习研讨26次，撰写心得体会4篇，入选关区“政治与业务大家谈”活动专刊1期。开展“鹤关讲堂”“鹤关微课堂”“聚焦二十大鹤关说”微党课等活动，营造浓厚学习氛围。

【法治建设】2022年，鹤壁海关积极推进法治建设工作，强化干部职工法治理念，培树法治思维、养成法治习惯，促进各项工作高质量完成。深入学习贯彻习近平法治思想，开展“8·8”海关法治宣传日、知识产权宣传周、“12·4”国家宪法日、“美好生活·民法典相伴”等法治宣传学习活动。

▲2022 年 1 月 18 日，郑州海关所属鹤壁海关开展知识产权海关保护现场学习 （郑州海关所属鹤壁海关 供图）

【税收征管】2022 年，鹤壁海关深化“放管服”改革，优化口岸营商环境，加大“提前申报”“两步申报”“两段准入”等改革措施推广力度，提高“两步申报”应用率，“两段准入”顺利推进；持续推进税收征管改革，综合运用关税保证保险、汇总征税、预裁定等便利化措施，切实助力企业降本、提速、增效。开展原产地证书“智能审单”，加强规范申报，签发各类原产地证书 818 份，签证金额 6752 万美元。

【检验检疫】2022 年，鹤壁海关支持进境动物隔离场建设助力优良种质引进，3 人参与进境动物驻场隔离检疫，妥善规范处置检出疫病动物；开展外来有害生物监测，设置生物安全监测点 10 个，对 2 家进口粮食企业分别进行 2 次外来有害杂草监测，送郑州海关技术中心样本 9 个。加强食品生产企业监管，对辖区出口的蜂蜜、禽肉开展风险监测，抽取 18 个样品，开展 55 个项目检测。

【安全生产】2022 年，鹤壁海关持续推进“口岸危险品综合治理”百日专项行动，加大危险化学品查验力度，针对辖区 24 家危险品出口企业、38 种产品进行风险评定，对企业实施分类管理。严格执行检验标准，对危险品查验过程中发现的不合格情事采取警告约谈、技术整改、不准出口等措施，强化专项行动的针对性和实效性。年内现场查检危险货物及其包装 1200 批次，其中查获不合格 12 批次，形成典型案例 1 例。

【海关统计】2022 年，鹤壁海关加强鹤壁市进出口数据的发布和解读，持续跟踪监测鹤壁市对全球主要经济体、重要商品贸易规模变化情况，加强对外商投资企业、民营企业、“专精特新”企业进出口情况数据分析和调研，形成分析报告 11 期。联合撰写河南省对日外贸分析 11 期，支持太行革命老区专刊 4 期，为区位外贸发展献计献策。鹤壁市全年进出口总值 64.46 亿元，同比增长 15.92%。其中进口 2.91 亿元；出口 61.55 亿元，同比增长 22.29%。

【监管业务】2022 年，鹤壁海关坚持依法把关，推动监管创新，全面履行海关职能。强化实际监管，监管进出口货运量 2416 吨，其中进口 421 吨、出口 1995 吨。完善风险防控体系，引导企业合

▲2022年2月22日，郑州海关所属鹤壁海关关员监管减免税进口设备（郑州海关所属鹤壁海关 供图）

规申报、主动披露。

【查缉走私】2022年，鹤壁海关落实督促地方政府打私综治主体责任，协调开展风险联合防控，推进地方打击走私综合治理领导小组成立；聚焦信息提炼与风险甄别，截获涉毒入境邮件，包含精神麻醉类药品三唑仑、易制毒化学品；与地方公安系统建立长效配合机制，开展联合执法行动，现场抓获犯罪嫌疑人3人，铲除大麻种植基地1个；鹤壁海关被鹤壁市禁毒委员会评为鹤壁市禁毒工作先进单位，耿中阳被评为先进个人。

【政务管理】2022年，鹤壁海关夯实巩固基础，唱响鹤壁声音，打造“出彩鹤关”。年内，鹤壁海关多篇信息被上级部门采用，《鹤壁日报》等头版发布宣传稿件4篇，为地方开放型经济发展决策提供有力参考。

【综合保障】2022年，鹤壁海关不断提升综合效能，打造“幸福鹤关”。筑牢疫情防线，健全常态化疫情防控机制，做好防疫物资保障。持续完善协管员和工勤人员管理模式，加快民生项目实施，推动路面修葺工程落地、修建新能源充电桩。

【队伍建设】2022年，鹤壁海关持之以恒落实中央八项规定及其实施细则精神，深入推进全面从严治党，建设“清廉鹤关”。扎实开展警示教育月活动，党支部书记以“加强制度建设扎紧反腐笼子”为主题讲廉政教育党课，组织开展纪法讲堂3期，观看警示教育片2期。扎实做好“海关重点项目和财物管理以权谋私”专项整治工作，梳理11家专项整治重点企业和单位名单，排查会计档案2300余份，制定重点项目清单、廉政风险清单。广泛开展节前廉政提醒，紧盯重要时间节点，针对重点岗位人员，进行廉政提醒谈话。

【党建品牌建设】2022年，鹤壁海关强化党建阵地建设，擦亮“鹤鸣樱城”党建品牌，打造“五关”建设成果展、打私成果展、诗经文化长廊、毛泽东诗词长廊、党的二十大精神学宣角5个党员学习教育阵地，获评中共鹤壁市委党校（鹤壁行政学院）现场教学点，10余家单位、200余人次观摩学习。开展重温入党誓词、齐唱红歌、党史应知应会知识有奖问答等活动，提高党员凝聚力。深化党建与业务、政务、精神文明等融合，印发年度活动深度融合指导方案，统筹开展学雷锋进社区等活动43次，支援社区防控41人次，参加志愿服务720人次，通过河南省级文明单位复查。发挥榜样引领作用，树立5个个人先进典型。

【“四送一助力”活动】2022年，鹤壁海关以“送政策、送文化、送健康、送温暖和助力乡村振兴”为主要内容，对接浚县白寺镇白寺村，关领导多次带队前往白寺村开展调研及慰问工作，详细了解该村人口情况、贫困户情况、农产品种植情况、助力脱贫产业等情况，签订共创协议，其间共向该村捐赠防疫物资840余件，慰问困难户5户，发放各类宣传手册1000余份，邀请鹤壁市人民医院体检科前往白寺村开展义务体检，结合白寺村现有脱贫产业提供政策支持，全面发挥省级文明单位示范引领作用，进一步推动白寺村乡村振兴、党支部建设工作。

撰稿人

付　晶　刘　元　李梦飞　陈新建　耿中阳　谢　玮

许昌海关

【概况】许昌海关是隶属于郑州海关的正处级单位，关区范围为许昌市全域。内设科（室）3个。

2022年，许昌海关在郑州海关党委的坚强领导下，深入学习贯彻习近平新时代中国特色社会主义思想和党的二十大精神，以政治建设为统领，以高质量发展为主题，充分履职尽责。全年监管货运量4.4万吨，同比增长25.65%。其中出口货运量4.14万吨，同比增长19.74%；进口货运量0.26万吨，同比增长454.09%。许昌市全年外贸进出口总值259.5亿元，同比增长1.9%。其中出口货值219.5亿元，同比增长3.3%，居全省第二；进口货值40亿元，总量位居全省第三，连续2年进出口总值突破250亿元。

【党的建设】2022年，许昌海关不断增强“四个意识”、坚定“四个自信”、做到“两个维护”。坚持“第一议题”制度，扎实开展政治机关建设专项教育活动，学习习近平总书记关于加强党的政治建设的重要论述，贯彻落实习近平总书记重要讲话和重要指示批示精神。10月以来，深入开展党的二十大精神学习，坚持以党的创新理论武装头脑、指导实践、推动工作。坚决禁止“洋垃圾”入境和打击象牙等濒危动植物及其制品走私，严格按照海关监管系统布控指令要求开展查验；推进精神文明建设，获评2021—2023年度许昌市文明单位（标兵），组织郑州海关“萤火虫”志愿服务队许昌分队开展“老旧小区庭院改造提升”“清洁家园”“国门生物安全进社区”“文明交通”“安全守护行动”和“低碳环保”等近30项主题活动。

【法治建设】2022年，许昌海关坚持依法行政，持续推进法治建设，成立工作专班，指定专人负责，认真组织全民国家安全教育日、食品安全周、民法典宣传月、海关法治宣传日等普法宣传活动，全面、深入、系统做好习近平法治思想学习宣传；加强稽查一线业务调研，深入辖区发制品等重点行业，开展海关法律法规知识宣讲，稳步拓展“主动披露”政策受众面，帮助企业规范生产经营。

【国门安全】2022年，许昌海关统筹开展“国门利剑2022”专项行动、“口岸危险品综合治理”百日专项行动、打击走私综合治理工作。联系协调地方政府成立打私综治领导小组，健全组织机制，强化部门协作，压实各方责任。严格出口危险货物安全监管，全年共监管出口危险货物136批，涉及货物重量1903.36吨，货值1453.75万美元，检出不合格8批，针对企业生产资质、分类鉴定GHS未分类等问题要求限期整改，有效防范安全风险。严格落实禁止“洋垃圾”走私入境、打击防范濒危动植物及其制品走私、严防外来物种入侵及林业病虫害疫情传播等职责任务。设置检疫性实蝇监测点8个、外来杂草监测点4个，实施布点监测50余次；加强辖区进口可利用固体废物原料国内收货人企业管理。

【外贸保稳提质】2022年，许昌海关深入落实郑州海关促进外贸保稳提质系列措施，建立“四保”企业白名单，梳理145家重点企业设置“一对一”联络员，及时了解复工复产及通关环节企业问题困难，克服疫情影响，实施“一网通办、不见面审批”等措施，解决企业手册延期、紧急查验、补发证书等问题。全面落实“多证合一”、精简流程、智能审核、证单邮寄等惠企服务，积极宣传海关AEO认证等优惠政策，年内新增5家AEO高级认证企业，重点培育企业10家。建立专家辅导服务队，指导企业积极应对，降低贸易风险。

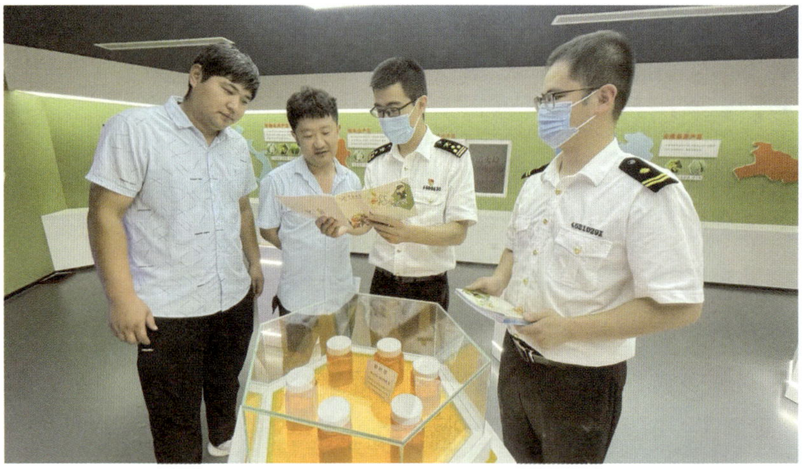

▲2022年6月29日，郑州海关所属许昌海关开展政策宣讲，助力辖区蜂产品企业扩大出口　（郑州海关所属许昌海关　供图）

【口岸营商环境优化】2022年，许昌海关推进各项惠企政策落实。优化减免税审核等流程，落实内销免征缓税利息政策，简化内销业务单证资料等工作；加强加工贸易政策宣传，引导发制品、蜂产品企业通过进料加工、来料加工享受减免税优惠，推广以企业为单元账册管理。推广“提前申报”、自报自缴、“两步申报”、担保放行等便利化措施，建立属地海关、口岸海关、报关企业、进出口收发货人四方联络协调小组，开展HLS2017系统通关效率即时监控分析，排查处理异常单证。

【助力市场采购贸易试点健康发展】2022年，许昌海关加强口岸—属地联合执法，针对口岸查验发现异常报关单，配合做好后续处置，与商务、市场监管等属地部门加强协作，共同制定市场采购贸易监管制度文件16项，强化全链条监管；强化政策指导，明确市场采购贸易备案要求，开展简化归类申报、联网平台管理、布控查验、海关知识产权保护等监管政策宣传，指导180家企业完成平台备案，组织海关政策培训30次，解答小家电等出口企业业务问题15项，确保企业规范申报，规避商品侵权等贸易风险；督促市场采购联网平台升级，完善价格资料库，增加价格比对功能，实现同类商品智能比价，提醒企业核实价格异常商品信息，对价格申报异常数据实现自动筛选、人工审核，切实防范虚假贸易等风险，保障业务规范运行。全年监管市场采购贸易方式出口货物近40亿元，同比增长89%。

【助力保税业务快速发展】2022年，许昌海关积极开展保税物流中心（B型）政策宣讲，鼓励企业入驻；强化通关指导，“一对一”指导企业根据需求灵活选用“分送集报”“整报分送”等通关模式，帮助企业优化贸易产业链，缓解资金压力；全面了解保税物流中心区内23家企业及保税仓储运营企业具体经营情况及进出口计划，设立“7×24小时”预约通关窗口，全天候满足企业通关需求，提升通关查验时效。全年监管许昌保税物流中心进出口货值20亿元，全省排名第二位；监管许昌格罗科公用型保税仓库进口货值5.31亿元，同比增长39.51%。依托保税物流中心，加强跨境电商新业务探索研究，与郑州海关、地方部门沟通协调，完成“1210”首单进口通关业务，打通跨境电商贸易新通道。

【助力农产品“优进优出”】2022年，许昌海关落实食品监管“四个最严”要求，聚焦粉条造假、土坑酸菜等生产乱象，对辖区10家腌渍菜、腐竹等重点企业开展风险排查；制订出口食品风险监测计划，完成蜂产品、猪肝等52批次抽样检测。加强联防联控，强化与地方林业、自然资源、市场监管等部门联系配合，加强进境粮食质量安全管理。全年监管进口玉米2.6万吨；加强非洲猪瘟等重大动植物疫情防控，落实“人病兽防”工作要求，对注册饲养场出境活猪进行监测，开展疫病监测采送样500头份，全面排除非洲猪瘟、猪水泡病等疫病风险，指导企业加强对入场车辆、饲料、物品消毒把关，严格执行45天禁药期规定，实施批批到场监装和逐头检疫，确保2638头活猪安全供港。

【推动RCEP优惠政策实施】2022年，许昌海关设立海关RCEP工作专岗，实地调研对日出口重点企业，梳理输日产品享惠清单70余项，切实做好享惠规划与指导；加强RCEP实施效果跟踪评估，分析全市外贸数据，对可享惠未申报企业实施“一对一”指导，为5家企业及时补办RCEP原产地证书6份，涉及

▲2022年6月30日，郑州海关所属许昌海关保障辖区活猪安全供应香港
（郑州海关所属许昌海关　供图）

金额75万元；定期开展规范申报培训，提高企业智能审核通过率，结合自助打印、快递取证等便捷措施，推动原产地证书“即报、即审、即领”。全年签发RCEP原产地证书405份，货值1211.69万美元。

【清廉海关建设】2022年，许昌海关明确5个方面48项目标任务，以推进政治机关建设专项教育、“海关重点项目和财物管理以权谋私”专项整治为契机，筑牢公私分明、廉洁自律的底线，强化“不敢腐、不能腐、不想腐”的坚实防线，打造清廉海关，推动工作落实。严格落实“三会一课”、民主评议党员等制度，擦亮“心系国门，情注莲城”党建品牌。开展纪法教育和警示教育，组织观看《关口浪尖警示录Ⅲ》、违纪违法典型案例通报学习，教育党员干部将党的优良作风和纪律规矩意识内化于心、外化于行。做好节假日廉政提醒，守好清廉海关廉政底线，全关无违纪违法情事发生。

【文明单位创建】2022年，许昌海关在成功创建2021—2023年度市级文明单位（标兵）的基础上，积极谋划省级文明单位创建工作，成立工作小组，严格对照创建标准制订工作方案和任务台账，明确责任分工。改造完善窗口大厅、党建活动室、阅览室、健身房等软硬件设施，增设无障碍服务设施、优化无烟机关标识，顺利通过无烟机关、文明服务窗口建设检查考核。推进节约型机关建设，倡导文明节约良好风尚，成功创建国家级节约型机关。以海关“萤火虫”志愿服务队为载体，积极参与海关普法宣传、学雷锋志愿服务、“六文明”行动等特色海关宣传服务活动，树立海关良好形象，10月，许昌海关被列入省级文明单位推荐名单。

撰稿人

丁东翁　王诗尧　王超群　王晶晶　刘　阳　来　楠
段重阳　柴　森　冀晓斌

平顶山海关

【概况】平顶山海关是隶属于郑州海关的正处级单位，关区范围为平顶山市全域。内设科（室）3个。

2022年，平顶山海关深入学习贯彻习近平总书记系列重要讲话和重要指示批示精神，落实郑州海关党委工作部署，精准助力平顶山市外向型经济走上“快车道”。全年监管货运量约15.52万吨，货值约1.65亿美元；办理加工贸易手册设立4份，备案货值446万美元，核销加工贸易手册11份；办理报关单位注册备案23家；签发46家企业原产地证书；完成检验检疫1348批次，出具各类检验检疫证书592票；受理电话咨询、窗口咨询2522人。

【党的建设】2022年，平顶山海关严格落实“第一议题”制度，着力推进政治机关建设，始终把加强政治理论学习放在首位，深入学习贯彻党的二十大精神。统筹推进政治机关建设专项教育活动、“学查改”专项工作、巡察整改综合检查等工作。用好平顶山红色资源，开展“铸魂鹰关”党建品牌创建活动，联合海关总署驻鲁山帮扶组到叶县段庄老区革命纪念馆、豫西革命纪念馆、海关总署援建董周乡希望小学等处开展党日活动，丰富教育活动载体，增强教育效果。开展警示教育月学习活动，推动全面从严治党向纵深发展。

【企业管理与稽查】2022年，平顶山海关结合外向型经济发展特点，不断强化监管优化服务。积极开展“两步申报”“提前申报”“审批改备案”“多证合一”等政策的宣传和实施，现场宣讲海关政策5次。开展企业调研，量身服务为企业解难题，鼓励和培育辖区企业开展AEO信用认证，提升企业信用等级，提高通关效率，节约企业成本。对符合条件的2家企业进行AEO高级认证培育。积极运用数据分析对辖区内非贸付汇情况开展调查，发现某企业付汇异常数据，通过综合研判分析，开展稽查作业。

【政务管理】2022年，平顶山海关严密规范机要保密和档案管理等事项，推进国家安全、政务信息等工作。强化值班管理，严格落实24小时值班带班和突发事件报告制度。组织召开6次绩效考核工作汇报会，记录各科室工作不足及关领导要求，督促及时整改。做好督查任务单的下达和办理，及时提醒督促日常文件、公告通知、各种专项活动的办结办理。督促“钉钉”平台学习及队伍建设综合管理平台签到考核和考勤，保障政务工作有序开展。

【财务与后勤保障】2022年，平顶山海关加强科学核定预算管理，落实“过紧日子”要求，加强对干部职工关心关爱，常态化开展文体活动，坚持生日、生病住院等慰问，保障职工福利。做好办公用品及防疫物资管理工作，规范出入库管理。推进节约型机关建设，形成节约节能浓厚氛围。把精神文明建设纳入年度考核，召开党的建设暨精神文明建设工作会专门部署，形成党委统一领导、文明办组织协调、有关部门各负其责、全员积极参与的创建机制，高度重视精神文明建设工作。走进鲁山县董周乡海关总署援建的希望小学，开展“萤火虫”志愿服务活动，配合平顶山市创建文明城市活动，组织志愿者队伍走上街头开展文明交通志愿活动，开展学雷锋活动、联合卫东区繁荣街社区开展创文等活动，为社区捐款捐物，帮扶困难家庭7户。

【营商环境优化】2022年，平顶山海关坚持马上就办、真抓实干的工作作风，贯彻落实国务院、河南省和平顶山市对跨境贸易便利化的有关要求，对标先进，找差距补短板，持续提升监管质效和服务水平，服务平顶山市对外贸易发展。全年进出口贸易额达57.5亿元，同比增长37%，增速居全省第三位。开展辖区外贸问题收集和分析研判，对6家“四保”白名单企业和13家重点企业进行走访，以问卷形式收集企业困难和诉求，建立“一对一”联络员机制，对4家企业实行通关保障服务，对9家外贸业绩下滑较大企业主动送政策上门，收集企业困难22条。对问题筛选整理，形成企业“问题清零”工作台账，分门别类，研究解决措施和时限。除“白名单”企业外，还关注中小微企业需求，做好相关企业“问题清零”工作。

【“一站式”服务】2022年，平顶山海关及时解决企业遇到的问题。对标先进开展服务。对标先进地区海关经验，引导企业自主、灵活应用“提前申报”“两步申报”等通关模式，配合推进“多报合一”改革。同时推广实施“互联网+预约通关”和河南“单一窗口”地方特色应用，向企业公布和推送跨境贸易相关政策法规信息。加大“主动披露”制度的政策宣传力度，利用送法下厂、举办

▲2022年8月11日，郑州海关所属平顶山海关开展政策宣讲暨送法到企业活动（郑州海关所属平顶山海关　供图）

政策宣讲会等方式宣传“主动披露”制度和容错机制，开展政策咨询、答疑，辅导企业开展自查自纠。普及海关信用政策，举办政策宣讲会，帮助企业了解信用、重视信用，提升诚信守法意识。“一企一策”精准培育，为条件成熟的重点企业提供个性化培育方案，指导企业准确把握认证条件和要求。对与共建“一带一路”国家和地区、RCEP成员、金砖国家贸易较为密切的重点领域企业积极开展信用培育。

【对外开放平台建设】2022年，平顶山海关助力开放平台建设，构建多层次开放体系。参与平顶山重要开放平台打造，围绕平顶山尼龙新材料产业国家战略，全力支持建设国家级尼龙新材料产业集聚区，配合政府申建平顶山保税物流中心（B型）、铁公水多式联运国际物流枢纽等项目。根据本地外贸发展和企业需要，指导鲁山县开展保税仓库申建。经平顶山海关专项工作组多次现场办公，鲁山县联海公用型保税仓库已验收合格，封仓运营。

【国门生物安全】2022年，平顶山海关按照风险监测布控指令取样送检255批次，监测项目1785项。按照出口植物源性食品监控计划开展安全风险监测，抽取样品4个，监测项目28个。对4家企业开展国门生物安全知识宣讲，指导工厂优化生产流程。设置实蝇监测点10个、外来杂草监测点2个，安排专人定期开展巡查，将诱捕昆虫和粮食企业周边杂草送样2批次，未发现异常情况。

【清廉海关建设】2022年，平顶山海关坚持系统思维，着力打造清廉海关。开展警示教育月活动，扎实开展“海关重点项目和财物管理以权谋私”专项整治活动，完成心得体会，严格执行中央八项规定及其实施细则精神，切实纠治“四风”。规范办公用房、公有住房使用接待制度，对护照及通行证管理和出国申报等事项进行清理摸底，落实公务车辆统一管理、调派制度，严格控制油耗及费用。坚持“过紧日子”，推进节约型机关建设。开展服务窗口文明礼仪培训，设置学雷锋志愿服务岗，打造文明窗口，优化营商环境。坚持常态化开展内务规范检查通报，强化纪律作风养成。同时将廉政学习融入党委理论学习中心组学习、“三会一

▲2022年12月18日，郑州海关所属平顶山海关关员在汝州大峪镇进境种猪隔离场检疫监管进境种猪　（郑州海关所属平顶山海关　供图）

课”等，定期发布廉政文件规定解读，组织全体干部观看警示教育片。以讲示警，开展专题廉政党课4次，围绕海关系统违纪违法典型案例开展“身边案例”研讨分析2次，撰写心得写体会9篇。在窗口设立专门举报箱，张贴投诉举报海报，组织开展企业调研，加强政策宣讲，发放调查问卷，广泛接受监督。

【乡村振兴】2022年，平顶山海关充分发挥职能优势，推动海关业务与帮扶工作深度融合，积极推动乡村振兴工作。扎实开展结对共建。按照郑州海关联合海关总署驻鲁山县帮扶工作队与鲁山县董周乡签订“四送一助力”结对帮创协议，积极开展党建联学、文化下乡、消费帮扶、海关健康行等帮扶活动，发挥海关在技术、资源等方面优势，协助总关选派技术骨干为驻村第一书记所在村提供技术指导，解决果树施肥、用药、病虫害防治等问题16项，与驻村第一书记所在村集体开展合作，利用当地土地、气候、人力等优势，共同培育发展“鲁山酥梨”品牌。积极开展政策宣讲指导。结合鲁山县卫材、纺织及食品农产品等产业发展和特色优势，重点开展通关、加工贸易、检验检疫等政策宣讲6次，进一步为企业出谋划策，叠加政策红利。广泛开展企业调研，挖掘外贸增长潜力，促进当地食用菌、服装纺织、耐火材料、石墨制品、医疗用品出口。2022年，鲁山县进出口总值1.26亿元，同比增长74.6%。积极帮助特色农产品开拓海外市场。依托鲁山县地标特产五里岭酥梨为主打产品，积极申请注册出境水果果园和包装厂，帮助引进鲁山县首台智能数字化分拣线，带动周边就业200余人，目前合作果园55.3万平方米。围绕当地特色农产品干香菇、黑木耳等食用菌生产出口，指导企业采取“公司+农户”的种植模式，协调专业技术人员到户指导无公害栽培，从源头保证产品质量安全，帮助产品销往东南亚、欧洲、中东等地区的多个国家，全年出口食用菌制品约1.2亿元，带动周边就业1200余人。提前介入辅导，指导当地最大的禽蛋养殖企业进行供港澳禽蛋资质备案，帮助企业获得“绿色食品”“全国名特优新农产品”等资质，2023年预计向港澳地区供应鲜鸡蛋约1万吨。

撰稿人

王小波　张文浩　赵　广　郭　帅　姬　婕

漯河海关

【概况】漯河海关是隶属于郑州海关的正处级单位，关区范围为漯河市全域。内设科（室）3个。

2022年，漯河海关深入学习贯彻习近平总书记系列重要讲话和重要指示批示精神，落实郑州海关党委工作部署，精准助力漯河市外向型经济发展。辖区有进出口企业860家，设有海关指定监管场地1个（河南漯河进口肉类指定监管场地）、保税监管场所2处（漯河东城智能物联港有限公司保税仓库和河南双汇投资发展股份有限公司公用型保税仓库）。辖区成功复创省级精神文明标兵单位，先后荣获河南省健康单位、河南省绿化模范单位等集体荣誉9项，17人获河南省青年岗位能手等各类嘉奖和表彰。

【党的建设】2022年，漯河海关坚持"第一议题"制度，充分运用"三级联学"机制，组织召开党委会、党委理论学习中心组（扩大）学习研讨24次，开展各类集体学习43次，开展"党员上讲台"活动10次，共330余人次参加研讨。紧紧围绕党的创新理论成果开展理论学习，学习习近平新时代中国特色社会主义思想、党的十九届六中全会精神、习近平总书记重要讲话和重要指示批示精神、习近平法治思想、《中华人民共和国宪法》等法律法规以及海关总署、河南省委省政府工作部署要求。规范学习制度。结合学习党的二十大精神、习近平总书记最新重要讲话精神等，对党委理论学习中心组学习内容及时补充完善，对学习成果提出更高要求，进一步规范学习制度和管理。提升学习质效。结合专项教育活动，围绕党建工作难点、痛点，实施党建"书记项目"，按照"读、讲、研、练、评、考"六字诀，开展10期"党员上讲台"活动，共130余人次参加研讨、测试，撰写"政治与业务大家谈"征文30篇、党的二十大精神学习心得体会32篇。举办中秋、国庆节双节前集体廉政谈话，将警示教育入脑入心；对16家企业开展执法活动电话回访，对31份执法视频开展检查，营造"有权必有责，用权受监督"的浓厚氛围；强化监督效果，每月总结开展自我监督情况，梳理各项问题并进行整改；发放廉政教育口袋书，观看《国门卫士岂容违纪破法》等警示教育片，筑牢思想防线。

【检验检疫】2022年，漯河海关主要出口商品有香菇罐头、木家具、危险化学品、宠物食品、香肠、辣条等；查验进口棉花119批次，3.15万吨；监管进境粮食9批次，共1.62万吨，其中玉米900吨、小麦4140.49吨、木薯干1.12万吨；指导2家企业完成出口饲料加工企业注册登记、1家进境粮食企业完成加工企业备案、1家非食用动物产品企业完成备案；新增出口食品备案企业12家，推荐对外注册食品企业1家；开展稽查作业4家，开展核查作业20家。

【海关统计】2022年，漯河海关完成进出口货物检验检疫4126批次，货值13.1亿元，同比分别增长14.99%、7.9%；监管货物1527吨；签发原产地证1210份，货值金额11084.3万美元；设立加工贸易电子手册12份，手册金额5962.59万元。

【企业管理与稽查】2022年，漯河海关组织稽核查条线人员学习2次，包括关税条例、稽查条例等内容；开展专项稽查4次，查发问题4个，主要有减免税设备擅自融资租赁、内销保税货物低报价格等。接收风险类和管理类核查指令25家，发现问题12家，主要问题包括企业内销保税料件低报价格、企业信息变更等。

【查缉走私】2022年，漯河海关制定漯河市打击走私工作台账2个，涉及漯河市直部门22个，专项行动13个。开展打击违禁出版物、寄递渠道、冻肉等专项行动6次，“中国反走私”微信公众号、《漯河日报》等媒体5次刊发报道；召开漯河市打击走私专项治理工作推进会1次；完善漯河市打击走私考核方案，发挥考核“指挥棒”作用。

【“海关重点项目和财物管理以权谋私”专项整治】2022年，漯河海关排查2012年以来重点项目情况，梳理出3个重点项目，建立档案目录随时备查。建立专项整治学习自测App，通过线上线下相结合方式开展2次集中测试。学习海关总署公布的10起典型案例、郑州海关通报的典型案例以及漯河海关身边的典型案例，增强反腐败力度与决心。梳理重点项目和财物管理问题，逐一落实整改，完善财物制度，强化廉政意识，筑牢思想防线。

【海关安全生产重大隐患专项整治】2022年，漯河海关与专业消防检测人员协同对办公楼等场所开展全面消防安全风险巡查监测。对辖区6家危险品及包装生产企业全面排查，对发现的安全隐患要求企业当场整改。对辖区出口动物源性食品及出口饲料加工厂抽样送检，完成鸡肝、猪肠衣2种食品51个样品检测工作，检测结果全部合格；对辖区出口禽肉产品微生物进行监控，监控产品大肠菌群103次、大肠杆菌63次、金黄色葡萄球菌53次、单核增生李斯特氏菌17次、沙门氏菌53次，结果均为合格。

【服务经济发展】2022年，漯河海关制定促进外贸保稳提质16项举措，并在漯河市人民政府网公布。党委班子领导走访企业6次，实地召开政策宣讲会2场，覆盖70余家企业。联合技术中心召开检测能力建设保稳提质工作会，对6家企业实验室开展技术培训。向企业开展RCEP政策培训，签发漯河市首份

RCEP框架下原产地证，被海关总署门户网站“今日海关”栏目、《河南日报》等多家主流媒体报道。帮扶6家食品生产企业快速取得出口食品生产企业备案资质，推动白酒、山药片、包子等17个品种出口，冻禽肉获出口香港资格。为31家企业快速办理海关备案手续，优先培育“专精特新”某企业为AEO高级认证企业。

【精神文明创建活动】2022年，漯河海关通过复创考核，获评河南省级绿化模范单位。连续3年救助脑瘫患儿奉献爱心，被河南省红十字会授予“爱心单位”称号；首次被河南省爱国卫生运动委员会评为河南省健康单位；多名党员参加漯河市春季全民义务植树，自主录制的队列训练教学视频被“金钥匙杂志”“风华郑貌”等微信公众号采用推广；与舞阳县栗子园村党支部结对共建，通过思想引导、产业扶持、捐助书籍和防护服物资等措施，助力乡村振兴。与漯河市税务局开展支部共建，实现党建工作与出口退税业务工作“双提升”。

▲2022年4月16日，郑州海关所属漯河海关保障中欧班列（中豫号）开行（郑州海关所属漯河海关　供图）

▲2023年8月12日，郑州海关所属漯河海关到结对创建的临颍县繁城镇开展“四送一助力”活动　（郑州海关所属漯河海关　供图）

撰稿人

王　琦　刘　阳　杜　奇　张冬辉　邵彦辉　周　剑　赵永胜　戴延廷

濮阳海关

【概况】濮阳海关是隶属于郑州海关的正处级单位，关区范围为濮阳市全域。内设科（室）3个。

2022年，濮阳海关以习近平新时代中国特色社会主义思想为指引，深入学习贯彻党的二十大精神，全面落实海关总署“铸忠诚、担使命、守国门、促发展、齐奋斗”和“12个必”工作要求，统筹推进各项工作。继续保持由河南省爱国卫生运动委员会授予的河南省卫生先进单位荣誉称号，被濮阳市委市政府授予的濮阳市2021年度综合考评良好单位、2021年度营商环境先进单位和平安建设工作先进单位荣誉称号。濮阳海关综合业务科被河南省人力资源和社会保障厅、共青团河南省委员会授予河南省青年文明号荣誉称号，2名党员被中共郑州海关机关党委授予优秀共产党员荣誉称号。

【党的建设】2022年，濮阳海关开展专题学习研讨20余次，教育广大党员干部在学懂弄通做实上下足功夫。坚持“第一议题”制度，召开党委会学习14次，党委理论学习中心组（扩大）理论学习17次，全体党员大会4次，集中学习12次，支委会12次，主题党日12次。开展内务规范强化月活动，开展内务督查12次、内务规范专题培训2次、为期一周的队列训练1次。坚持党对海关工作的绝对领导，履行党委主体责任，召开2次专题会议分析研判全面从严治党、党风廉政和反腐败工作，突出对“一把手”的监督，及时督促班子成员履行“一岗双责”责任。以新时代海关廉洁文化建设为重点，一体推进“三不腐”，加强“八小时”内外监督，严格贯彻中央八项规定及其实施细则精神，持续整治形式主义、官僚主义及酒驾醉驾等问题。围绕“没有离开政治的业务，也没有离开业务的政治”，多形式交流研讨，针对查摆的问题，研究制定12条整改措施并全部完成整改。开展“海关重点项目和财物管理以权谋私”专项整治，查摆财物管理方面问题并完成整改。

【法治建设】2022年，濮阳海关围绕法治政府建设总目标不断健全法治工作机制，提高依法行政水平。制订年度法治建设计划及普法责任清单，主要负责同志2次听取法治建设工作汇报，履行法治建设第一责任人职责。统筹推进制度规范“立改废”，深入落实行政执法“三项制度”。履行“谁执法谁普法”

普法责任制，开展国家安全日、安全生产月、食品安全周等集中宣传，开展各类宣教活动16次，更新法治建设文化长廊等宣传设施。广泛开展法治讲堂、知识竞赛等法治文化活动。

【海关统计】2022年，濮阳海关监管货运量142.81万吨，同比增长704.29%，其中进口货运量140.04万吨、出口货运量2.77万吨。监管进出口货值12.09亿美元，同比增长489.97%，其中进口货值10.87亿美元、出口货值1.22亿美元。设立加工贸易手册40本，备案货值1.24亿美元，同比增长213.18%。办理新企业注册登记94家；检验检疫进出境货物5619批。签发各类原产地证书5092份，签证金额4.7亿美元，其中RCEP证书207份。濮阳市全年外贸进出口总值为197.23亿元，同比增长69.28%，增速位居全省第一位。其中出口额81.89亿元，同比增长36.62%；进口额115.34亿元，同比增长103.9%，增速位居全省第一位。

【企业管理与稽查】2022年，濮阳海关持续更新安全问题隐患和制度措施“两个清单”，将保税监管场所、危险品等列为监管重点，在安全生产月、国庆节、党的二十大等重要时间节点开展多领域安全专项检查，共发现各类安全隐患6处，均在规定时间整改完毕。加强涉危保税仓库管理，梳理出12条安全提醒事项，多措施督导压实企业主体责任。对进口酒类企业开展价格专项稽查，对进境驴皮定点加工企业、出口食品生产企业开展核查，发现并整改问题4项。对辖区2家危险化学品出口企业开展贸易调查，通过“精准画像”筛选出高风险企业4家、高风险商品13种。对出口报关数据开展“同名异号”风险排查。实现企业备案“多证合一”改革落地，开展进口粮食储备库、出口食品种养殖场等特殊资质企业审批前辅导。全年新增进出口收发货人注册登记94家，出口食品生产企业8家，特殊资质企业6家。指导企业顺利完成濮阳市首个番茄种植基地备案，完成首批3个出口禽肉养殖基地备案，完成河南省首家跨境电商海外仓企业无纸化备案业务。

【监管业务】2022年，濮阳海关针对某重点公司保税罐的到期延期、扩充罐容等问题，压缩审批许可时限，在5日内完成审批手续。多途径指导

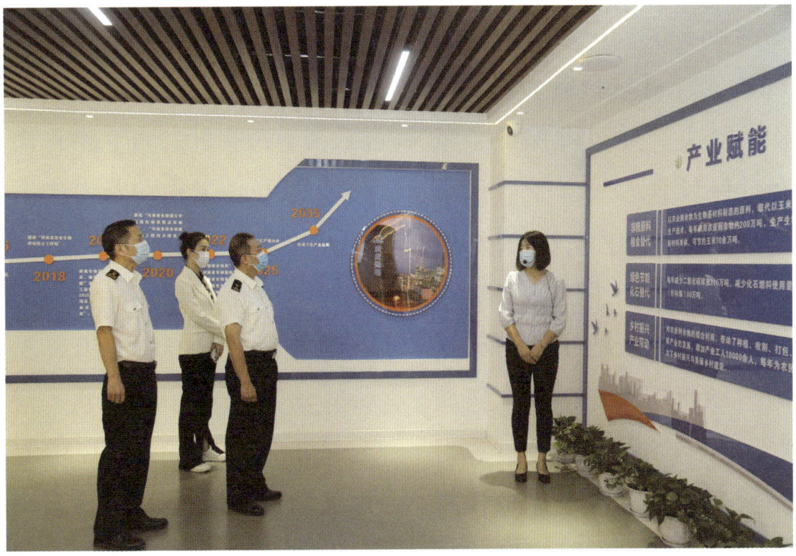

▲2022年9月23日，郑州海关所属濮阳海关关员深入企业调研（郑州海关所属濮阳海关 供图）

▲2022 年 1 月 24 日，郑州海关所属濮阳海关关员冒严寒开展查验工作（郑州海关所属濮阳海关　供图）

企业用好“集中申报、分批出库”、汇总征税等便利政策，建立仓位校核、视频监控等常态化监督管理措施。简化公式定价备案程序，鼓励企业采取“提前申报”通关模式。针对某重点公司现场调研 5 次，开展业务研讨 11 次，宣讲减税降费政策 8 次，解决企业风险保证金减免、保税仓库设立及应用等问题 4 项。建立“专人专窗”，精简加工贸易业务办理手续，对合规的手册备案实施“秒批”，属地查检实施“即报即检、即检即放”，对企业急需的保税仓库加快审批，在 5 个工作日内完成全部审批手续。采用线上线下结合的方式，解决底油内销、归类、成品变更、危险化学品目录更新后企业资质等业务疑难问题。积极开展欧盟 REACH（化学品注册、评估、许可和限制）法规、可再生能源指令（RED II）及修订的咨询服务，提出合理化规避建议，为企业节省注册费用约 500 万元。

【政务管理】2022 年，濮阳海关围绕中心工作，着力提升服务质量，强化统筹协调，发挥参谋辅政作用。全年召开党委理论学习中心组（扩大）学习暨关务会 12 次，研究部署重点工作任务 123 项。加强内部疫情防控，动态调整内部防控措施 9 条，开展应急演练 1 次。严格规范应急值守，保障联络畅通、处置及时，编报值班信息 6 条。派员参加总关政务信息“以干代训”工作，不断提高信息工作水平。加强保密管理，关党委、关保密委专题研究保密工作 3 次，开展保密专题培训 2 次。推进档案规范化建设，接受总关视频检查 1 次，整理完善防汛、防疫档案资料。规范开展会议管理、政务公开、公文处理等工作，不断提高办文办会工作质效。以“专家培育工程”为抓手，组织开展“濮关讲堂”16 期，培育新时代新海关职业精神，树立各层面先进典型。

【财务及后勤保障】2022 年，濮阳海关深入贯彻落实“过紧日子”要求，全面加强预算管理，统筹安排资金使用，保障全年各项工作开展。制定落实有关财务管理规定，每季度对落实要求情况进行评估。修订完善采购、固定资产、差旅费相关制度文件 3 项，推进财务后勤管理规范化、精细化。强化税费管理，理清与国库、银行的职责边界，建立财务与综合业务部门联系配合机制，确保各项非税收入及时足额缴库。严控资产配置，规范办公用房、公务用车、公有住房管理，保障防疫物资供应。加装新能源汽车充电桩、进行分区计量，开展“光盘行动”、节能宣传周等宣传实践活动。

【营商环境优化】2022年，濮阳海关与27家外贸重点企业及“四保”白名单企业建立关长、科长两级“一对一”联系机制，关党委班子带头走访调研22次，对搜集到的27项问题纳入企业“问题清零”工作台账管理。完成新设立保税仓库审批1家，现有保税仓库扩容审批1家。与地方相关单位协调设立RCEP政策宣讲团宣传优惠政策，集中开展外贸政策宣讲会2次。全面梳理优化海关业务流程节点，结算改单时限由5个工作日压缩到1个工作日。鼓励关税保证保险替代保证金，全面落实海关涉企零收费。加大统计分析服务力度，全年报送海关信息12期。加工贸易备案环节及核销环节办理时间均缩短至1天，全年加工贸易手册设立数和金额同比分别增长1.2倍和2.1倍。

【对外开放服务】2022年，濮阳海关建立“专兼备”三级队伍梯队，持续更新完善企业画像，突出查检重点，危险化学品资质人员在在编关员中的占比达90%以上。继续发挥属地查检时间、空间、人员3个集中危险化学品监管模式优势，确保危险化学品管得住、通得快。组织危包使用现场教学、逃漏检案例讲解、片区企业扎口手法交流等一系列交流活动，帮助片区企业取长补短。指导2家企业首次开展进口储备粮业务，帮助1家企业首次出口香菇菌棒，对新增的4家出口危险化学品企业开展现场指导。对辖区17家企业开展集中信用辅导，开展2次上门培训，指导企业用好高级认证企业优惠政策。濮阳海关全年进口整体通关时间1.33小时，出口整体通关时间0.23小时。11月29日，时任濮阳市委书记杨青玖在《简化流程　优化服务　濮阳海关全程护航我市外贸保稳提质》中作出批示：“濮阳海关在服务保障我市发展外向型经济、扩大对外开放、全面转型高质量发展等方面积极主动、担当作为，市委予以充分肯定。希望下一步有新的更大作为。”濮阳海关撰写的《简化原油进口，助力本地主导产业发展》入选濮阳市《2021年优化营商环境优秀案例》，获主流媒体广泛报道。

撰稿人

王志刚　白阳森　刘英婴　陈敬如　范雪霞

开封海关

【概况】开封海关是隶属于郑州海关的正处级单位，关区范围为开封市全域。内设科（室）3个。

2022年，开封海关深入贯彻习近平总书记“疫情要防住、经济要稳住、发展要安全”的重要指示批示精神，聚焦自贸试验区开封片区、开封综合保税区和国家文化出口基地等开放平台建设，助力开封开放型经济走上“快车道”，勇做新时代高质量发展开路先锋。4月，开封海关正式入驻开封自贸创新中心。年内通过省级文明单位考核并完成公示。

【党的建设】2022年，开封海关突出政治建关，强化党建引领，持续推动基层党建强基提质。坚持以习近平新时代中国特色社会主义思想为指导，深入学习贯彻党的二十大精神，聚焦“两个维护”，严格落实“第一议题”制度，每月召开党委会、形势分析及工作督查例会等，跟进学习习近平总书记重要讲话、重要指示批示精神，组织开展党委理论学习中心组学习18次，学习习近平总书记重要讲话70余篇，干部职工交流发言40余次，不断提高政治判断力、政治领悟力、政治执行力。扎根红色沃土，以“雨露”党建品牌为引领，探索出“四坚持四提升”支部工作法。组织参加党务干部岗位练兵，用好“智慧党建”系统，不断提高党建工作标准化规范化水平。建设关史荣誉室、党员活动室，组织干部职工至焦裕禄同志纪念馆、开封党员政治生活馆等地开展体验式教学3次，开展“党委书记讲党课”活动4次。

【检验检疫】2022年，开封海关以“筑牢国门安全防线，共建绿色生态环境”为主题，多渠道开展国门生物安全宣传活动。通过摆放宣传展板、张贴宣传海报、发放宣传手册等多种形式，向群众普及生物安全相关法律法规，累计发放宣传手册200余份。开展2022年国门生物安全监测工作，设置实蝇监测点5个，开展实蝇监测60次，共送检样品6次，检出桔小实蝇、具条实蝇等3类检疫性实蝇。结合辖区危险化学品种类，做好重点敏感危险化学品商品检验监管，形成34种危险化学品危险特性和包装规范，建立危险化学品应急响应工作机制，成立危险化学品应急响应工作组，提升现场应急处置能力。

▲ 2022年10月12日，郑州海关所属开封海关关员在危险化学品企业进行查验 （郑州海关所属开封海关 供图）

【海关统计】2022年，开封海关监管货运量251吨，货值8802.09万美元。监管保税仓储货物1.27亿美元；办理加工贸易手册设立32份，实际进出口值8612.62万美元；出具《征免税确认通知书》197份，货值2271.21万美元。办理报关单位注册备案793件；签发各类原产地证书777份，签证金额9873.99万美元，其中RCEP证书15份，签证金额67.23万美元。开封市全年外贸进出口总值94.50亿元。

【政务管理】2022年，开封海关规范办文办会、机要保密和档案管理等事项，做好国家安全、法治宣传、应急管理、政务公开等工作，制修订工作制度12项，提升工作规范化水平。落实24小时值班带班和突发事件报告制度，优化应急预案，保障应急物资储备。依法依规做好事项公开，完善依申请公开渠道，做好政务公开工作。建立信息宣传考核通报制度，明确各科室短期、长期任务，组建信息团队，年内上报新闻信息等被各类载体采用448条。

【财务与后勤保障】2022年下半年，开封海关正式纳入独立核算单位。加强预算管理，按要求做好预算编制及公开工作，财政拨款预算执行率100%。落实“过紧日子”要求，制订节约能源资源实施方案，强化节能降耗工作。推动“海关重点项目和财物管理以权谋私”专项整治工作见实效，制订推进计划，明确4个阶段10项具体任务，成立专项整治工作领导小组，主动接受系统内外群众监督，对7家企业开展调研，通过多种形式发放调查问卷17份，召开座谈会3次。

【疫情防控】2022年，开封海关统筹推进常态化疫情防控，成立新冠疫情防控工作领导小组，建立干部职工共同居住人详细信息台账，坚持“日报告、零报告”，健全完善出行信息台账，严格履行出差出行审批、登记程序，顺利完成海关总署“百名科长百日督查”现场督导检查。响应河南省文明办、郑州海关号召，开封海关“萤火虫”志愿服务分队积极向属地社区报到，配合社区工作人员做好沿街商铺督导、小区门前扫码测温等工作，充分利用报刊、广播、电视、网络等媒体，开展疫情防控专项普法活动和疫情防护知识宣传。

【通关一体化】2022年，开封海关持续深化通关一体化改革，从重点领域和关键环节入手，推进“提前申报”“两步申报”稳步实施。研究在自贸区开封片区开展跨境电商零售进口正面监管模式，指导申建海关监管作业场所，探索开展跨境电商“1210”“9610”“9710”模式试点工作。鼓励辖区企业申请AEO认证，联合职能部门以“实地考察+视频认证”的形式，助力辖区内1家企业成功获得认证，整体认证及审批周期较平均时间缩短近30个工作日。

【外贸保稳提质】2022年，开封海关深入调研企业需求，重点在“稳主体、助开放、提效率”等多个维度发力。召开专题会议，成立开封海关落实外贸保稳提质措施工作专班，对开封市年进出口额在5000万以上的43家重点企业和8家“四保”企业，实施“一人一企”精准帮扶，建立“一企一策”工作台账和微信工作群，收集企业急难愁盼问题，落实“问题清零”长效机制，解决企业的“痛点、难点、堵点”问题，每月梳理总结工作成效。

【开放平台建设】2022年，开封海关参与撰写“十四五”自贸区开封片区监管服务措施方案。秉承智慧海关建设要求，不断完善“汴关通”微信便民程序，实现回国留学人员申请办理免税国产汽车“掌上办、零次跑”。持续推进国际贸易“单一窗口”建设，深化“放管服效”改革，压缩整体通关时间，建立全天候便捷通关模式，实现“7×24小时”预约通关，确保货物通关“零等待”。2022年，开封海关进口通关时间1.44小时，出口通关时间0.41小时。支持综合保税区建设发展，打造对外开放新高地。加强组织领导，明

▲2022年6月30日，开封综合保税区顺利通过预验收　（郑州海关所属开封海关　供图）

确责任分工，6月30日，开封综合保税区顺利通过预验收。

【清廉海关建设】2022年，开封海关坚持系统思维，着力打造清廉海关。开展捍卫“两个确立”、做到“两个维护”、强化政治机关建设专项教育活动，查摆出4个方面问题，制定整改措施12条，全部完成整改。召开廉政警示教育大会，党委书记讲授“廉洁文化建设”专题党课，将廉政学习融入中心组学习、“三会一课”等。定期发布廉政文件规定解读，组织干部职工观看警示教育片4次，围绕海关系统违纪违法典型案例开展研讨分析4次，开展警示教育知识测试15人次。

【精神文明建设】2022年，开封海关构建“党建+文明创建”模式，做好精神文明工作。以“书香汴关”读书月活动为抓手推动海关系统全民阅读主题活动，举办读书交流分享会4次，邀请开封本土书画家现场创作书画作品20余幅，组织红色经典作品诵读9次，利用“风华郑貌”微信公众号、“汴关讲堂”等平台弘扬新风正气，先后举办“传家训、立家规、扬家风”主题分享会、篮球友谊赛等文体活动。工会坚持开展节日慰问、会员住院慰问等，完善健身房、体育馆等文体设施，营造积极健康的海关文体氛围。依托郑州海关“萤火虫”志愿服务队开封分队，开展开封SOS儿童村“海关妈妈”志愿服务活动，捐赠学习生活物资，年内参与各项志愿服务、社会公益活动20余次，累计参与200余人次。

撰稿人

宁宝宝　刘　璐　刘力元　孙　英　张敬华　周　凯　赵　坤　彭　飞

驻马店海关

【概况】驻马店海关是隶属于郑州海关的正处级单位，关区范围为驻马店市全域。内设科（室）3个。

2022年，在郑州海关党委的坚强领导下，驻马店海关以习近平新时代中国特色社会主义思想为指导，深入学习贯彻党的十九届历次全会、二十大精神，贯彻落实关区工作会议、全面从严治党工作会议精神，促进党建与业务高度融合，推动各项工作稳步开展。年内在驻马店市开放招商大会上做典型发言，荣获服务开放先进单位称号。成功创建市级文明单位、卫生单位，年内，《驻马店日报》头版、《驻马店新闻联播》等报道海关工作52篇（次）。

【党的建设】2022年，驻马店海关坚持“深学精神、快见行动”。迅速掀起学习党的二十大精神热潮，聚焦海关工作的新任务、新安排，创新探索，推动落实。坚持“第一议题”制度，把学习贯彻习近平总书记重要讲话和指示批示精神作为周例会、关务会“第一议题”，党委集体学习习近平总书记重要讲话和重要指示批示精神42篇次。统筹推进政治机关建设专项教育活动、“学查改”专项工作、巡察整改等工作。梳理岗位政治要求，查摆业务问题，制定措施，明确整改时限。将巡察整改作为新设隶属海关提升工作水平的宝贵契机，召开领导小组会议和专题会议，研究制定具体整改措施，问题已全部完成整改。坚持全面从严治党，加强党风廉政建设。深入开展警示教育月活动，扎实开展“海关重点项目和财物管理以权谋私”专项整治活动，聚焦关税审核、现场查检等重点领域查摆风险隐患点，制定改进措施。贯彻落实中央八项规定精神，切实纠治“四风”。

【政务管理】2022年，驻马店海关规范机要保密和档案管理等事项，推进国家安全、政务信息等工作有序开展。强化值班管理，落实24小时值班带班和突发事件报告制度。组织召开4次绩效考核工作汇报会，发现问题及时整改。做好任务单的下达和办理，及时督促文件流转办理，年内公文按时办结率连续达100%。督促“钉钉”平台学习及队伍建设综合管理平台签到考核和考勤，确保政务工作有序开展。继续推进政务公开，落实政务舆情回应的主体责任，及时解疑释惑，化解矛盾。开展服务窗口文明礼仪培训，深化

“好差评”系统使用，设置学雷锋志愿服务岗，打造文明窗口。常态化开展内务规范检查通报，强化纪律作风养成。

【财务与后勤保障】2022年，驻马店海关加强预算管理，落实“过紧日子”要求，节约更多资金和财力用于促进业务发展和民生福祉，全力打造职工之家，常态化开展体育、文艺、摄影等活动，做好生日、生病住院等慰问，保障职工福利。做好办公用品及防疫物资管理工作，规范入库及出库。推进节约型机关建设，规范办公用房、公有住房使用，严格执行公务接待制度，落实公务车辆“三定点”和统一管理、调派制度，严格控制油耗及费用。杜绝餐饮浪费。

【项目搬迁入驻】2022年，驻马店海关推进综合业务技术用房项目建设，落实郑州海关党委“共建、共享、共用、共担”要求，加强与地方党委政府的沟通协调，市委书记视察项目工地督导进度，市长、常务副市长和分管副市长先后6次召开项目协调推进会，解决项目资金、手续办理、公共检测平台、后勤运维等问题，形成市政府会议纪要推进实施。项目于4月30日竣工，6月28日完成竣工联合验收，9月16日搬迁入驻。

▲2022年9月19日，郑州海关所属驻马店海关举行搬迁新址后首次升旗仪式　（郑州海关所属驻马店海关　供图）

【外贸保稳提质】2022年，驻马店海关着力支持外贸保稳提质。细化出台落实促进外贸保稳提质20条措施，指导加工贸易企业运用一般纳税

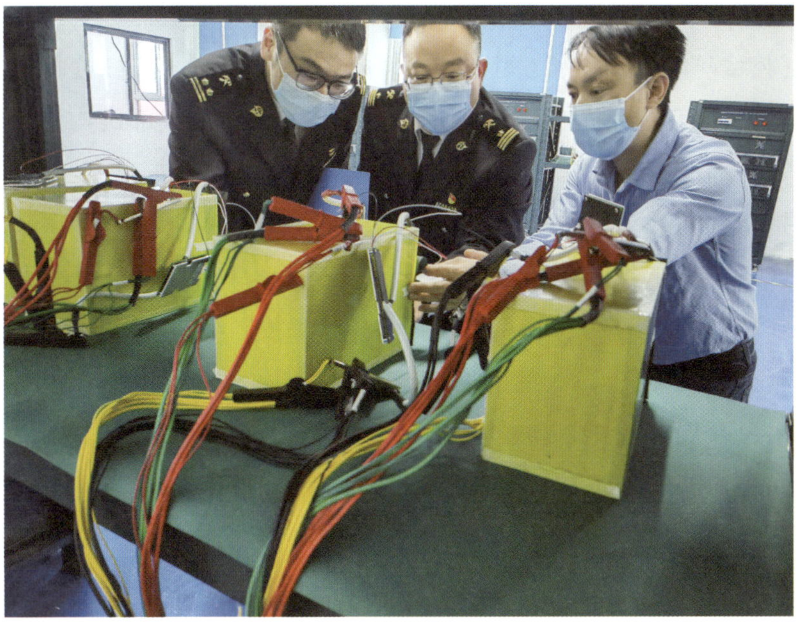

▲2022年10月21日，郑州海关所属驻马店海关关员到企业调研新能源电池出口工作　（郑州海关所属驻马店海关　供图）

人与选择性征税政策。指导企业运用自贸协定优惠政策，支持加工贸易发展，加工贸易企业由2020年的1家增至10家，加工贸易业务增长158%。支持驻马店公共进口保税仓持续扩量增效，年内监管出入库货物96批、货值1.8亿元。稳外贸主体，分析研究辖区外贸业务外流状况，引导企业本地申报、直接出口。走访176家企业，建立企业档案，调研并解决企业通关问题及海关政策诉求。畅通企业问题收集、研究、反馈渠道，对1603个咨询电话建立台账。年内新增海关备案企业203家，全市进出口总值保持年均20%以上增幅。

【疫情防控】2022年，驻马店海关抓好疫情防控工作。制定内部防控各项措施和工作指引，完善应急处置体系，修订发布工作人员感染新冠肺炎应急处置工作指引，编制更新2版应急处置预案，组织开展机关内部防控应急演练，落实疫情防控优化措施，加强风险研判，保障应急物资储备，保障干部职工生命健康安全。

【安全监管保障】2022年，驻马店海关加强国门生物安全监测，做好检疫性实蝇、外来杂草、供港活猪动物疫病监测工作，设置检疫性实蝇监测点10个、杂草监测点3个，开展持续监测，监测到实蝇4种、3674头。做好食品农产品风险物质监测工作，监测兽药残留、微生物、食品添加剂682项次。开展“口岸危险品综合治理”百日专项行动，检出危险货物运输包装危险性标签不合格8批，发现某企业3批出口危险货物包装逃漏检情事。配合做好外贸统计数据质量调研、“高价钢”调研、出口化妆刷企业生产经营状况核查、输韩泡菜价格异常线索移交等工作。开展食品安全“国门守护”行动，与扫黄打非办等16个单位或部门构建合作机制，维护进出口贸易秩序。

【服务开放发展】2022年，驻马店海关围绕辖区对外开放，通过会议发言、驻关专报等途径建言献策。提出多条意见建议并被市委市政府采纳；促进开放，支持马庄铁路物流园区海关监管场所规划建设，支持公共保税仓申建。出台20条措施促进外贸保稳提质，帮助企业纾困解难；把维护国门安全作为首要职责，防控疫病疫情，监测有毒有害物品，维护食品安全，开展“口岸危险品综合治理”百日专项行动。优化跨境贸易营商环境，驻马店全年进出口突破90亿元，同比增长30%；驻马店海关监管进出口货值99.64亿元，同比增长34.38%。

【助力大别山革命老区振兴发展】2022年，驻马店海关践行习近平总书记在视察河南时提出的“把革命老区建设得更好、让老区人民过上更好生活”要求，提出10项26条具体措施，促进大别山革命老区振兴发展。成立“老区振兴党员先锋队”，助企纾难解困，进企业做好海关政策宣讲解读，运用海关知识产权保护，推动辖区休闲家具产业形成特色品牌。开通“即报即检、快速核放”绿色通道，提高通关效率；提高服务效能，将助力老区振兴发展列为“书记项目”，建立“九县一区”和“重点企业”2支海关联络员队伍，为企业在“单一窗口”资质办理、规范申报等业务上提供“资料预审+预约签证+单证邮寄”等“加码”服务，促进泌阳花菇、十三香调味料等特色农食产品扩大出口。释放政策红利，出台便企惠企方案，助力大别山革命老区振兴发展。

【精神文明创建】2022 年，驻马店海关聚焦建设社会主义现代化新海关，着力推动市级文明单位创建工作与海关中心工作融合并进，全员发动、全员参与、全员创建，6 月 22 日，获评驻马店市文明单位。组织“萤火虫”志愿服务分队走进社区、广场、公园等公共场所，开展“民法典专题送法进社区”主题宣传和安全生产、食品安全、环境保护、防范电信网络诈骗等宣传活动，开展“文明旅游”“文明交通”等活动；积极响应义务献血号召，组织干部职工义务献血，评选“文明家庭”“文明科室”“文明职工”等模范典型，参与驻马店市开展的文明城市创建、疫情防控等志愿活动。

撰稿人

马卓远　王　嵛　王继成　田　帅　李筱玉　陈　亮　武梦迪　周江平　崔　琪　穆恬丛

济源海关

【概况】济源海关是隶属于郑州海关的正处级单位，关区范围为济源市全域。内设科（室）3个。

2022年，在郑州海关党委领导下，济源海关贯彻落实习近平总书记“疫情要防住、经济要稳住、发展要安全”重要指示批示精神，以踔厉奋发、担当作为的实干精神落实郑州海关工作要求，各项工作稳中有进。济源海关受到济源示范区管委会通令嘉奖，并荣获济源示范区管委会综合目标考核“专项工作奖”“先进单位”等荣誉。

【党的建设】2022年，济源海关落实“第一议题”制度，把学习宣传贯彻习近平新时代中国特色社会主义思想、党的二十大精神作为首要政治任务，构建党委理论学习中心组、“三会一课”、青年理论小组、主题党日活动等多层次多维度学习体系，确保理论学习入脑入心，年内共召开党委会、党委理论中心组学习会等各类会议26次。坚持以“四强”党支部建设为抓手，推进基层党建“双提升”与“强基提质工程”，提炼总结“四定四造”党支部工作法，开展党支部“书记项目”，提升党建工作质效，获评郑州海关“四强”党支部；丰富“济水红哨 愚公新锋”党建品牌内涵，发挥青年工作委员会先锋模范作用，开展“横贯黄河自不浑”“学习二十大”等形式多样的党建活动，荣获济源青年五四奖章集体、济源示范区青年文明号等荣誉。

▲2022年9月15日，郑州海关所属济源海关关员到济源市反腐倡廉警示教育基地开展“以案为鉴 清正廉洁”主题党日活动 （郑州海关所属济源海关 供图）

【全面从严治党工作】2022年，济源海关持续推动全面从严治党和意识形态工作责任制有效落实，制定全面从严治党工作责任清单各类任务及措施5大项32条，与郑州海关党委第五派驻纪检组共同研究全面从严治党、党风廉政建设和反腐败工作2次；统筹开展政治机关建设专项教育活动、“学查改”专项工作及“海关重点项目和财物管理以权谋私”专项整治工作，配合做好国家审计和政治巡察、经济责任审计工作，深入查摆问题，制定整改措施，逐条对照落实，打造风清气正的政治生态。

【法治建设】2022年，济源海关把学习贯彻习近平法治思想作为重大政治任务，贯穿到海关法治建设的各方面和全过程。持续深化行政执法“三项制度”，外勤查验、稽核查执法活动规范使用执法记录仪和个人单兵装备，对执法过程进行记录并上传系统，做到行政执法行为全过程留痕和回溯管理。积极践行新时代“枫桥经验”，首次适用主动披露方式帮助辖区1家企业解决口岸报关差错问题。做好普法宣传活动，以“学习宣传贯彻党的二十大精神，推动全面贯彻实施宪法”为主题，开展宪法宣传周活动，参与和举办各类培训9期，参训180余人次。

【税收征管】2022年，济源海关严格执行国家调整税收政策的各项规定，做好减免税审批工作；发挥价格信息和价格资料的作用，加强审价，堵塞漏税；推进综合治税，加强税收形势研判和风险防控，对辖区重点税源企业开展税政调研，推动辖区企业税源回流，完成年度税收预算目标。

【海关统计】2022年，济源海关监管货运量353.66万吨，完成进出口货物检验检疫1679批次，受理进出境检验检疫申报855批次，完成出境危险货物包装鉴定637批；办理加工贸易手册备案370本，签发各类原产地证书1041份。济源市全年外贸进出口总值300.82亿元，是河南省内唯一跨越300亿元“门槛”的非省会城市，稳居全省第二，其中出口96.80亿元、进口204.02亿元。

【企业管理与稽查】2022年，济源海关实施“覆盖+精准”信用培育措施，帮助2家企业通过海关AEO高级认证，截至年底济源AEO认证企业已达7家，总量位居河南省第二。共有进出口收发货人280家，其中新增注册登记企业15家，注销企业10家。

【政务管理】2022年，济源海关发挥督察督办导向作用，细化分解全年任务，各项决策部署落地见效；严格发文审核和收发文管理，规范规章制度25项，完成济源海关年鉴、大事记编写等工作；成立新媒体工作小组持续加强信息宣传，承担关区互联网信息主编工作，档案宣传稿件被“金钥匙杂志”“风华郑貌”微信公众号采用。

【综合保障】2022年，济源海关落实“过紧日子”要求，科学编制预算，合理安排资金，财政资金总执行进度为100%，保障全年各项工作稳步开展。推进节约型机关建设，宣传开展各种节能降耗活动30余次，荣获国家级节约型机关称号；持续做好疫情防控物资储备、环境消杀、门禁防疫管理等工作，从严从紧抓好安全防护；开展疫情防控、防汛救灾应急演练3次，常态化开展安全巡查检查80余次。

【队伍建设】2022年，济源海关以绩效考核为抓手，以能力素质提升为目标，持续加强队伍建设。利用海关e课堂、郑州海关兼职教师等资源加强业务培训，通过“工作之星”评比等方式发现培养业务骨干，激发工作热情；开展内务整理、队列训练、纪律作风教育整顿等活动，颁发流动红旗强化示范引领，提升环境卫生和精神面貌；举办知识竞赛、趣味运动会、职工集体生日会等各类活动20余次，持续营造“求实、扎实、朴实”文化氛围，巩固加强“政治坚定、业务精通、令行禁止、担当奉献”准军事化纪律部队建设。

【业务改革与发展】2022年，济源海关落实海关总署全面深化业务改革要求，运用全国通关一体化、“提前申报”、“两步申报”等通关改革措施压缩整体通关时间。在业务现场全面实行“7×24小时”预约通关和应急通关保障，全年办理预约通关5次。落实国务院“证照分离”和“多证合一”改革要求，简化报关单位备案登记和出口食品生产企业备案手续，实现申请和注销业务全程网上办理。支持辖区企业参与企业集团加工贸易监管模式改革，简化监管手续、优化业务流程，降低企业运营成本。引导企业用好“单一窗口”“互联网+海关”“掌上海关”等综合服务平台，推行报关报检业务网上办理，实现业务网上申报率100%。

【国门安全】2022年，济源海关落实总体国家安全观，树牢底线思维，筑牢安全屏障。开展外来有害生物监测54次，堵塞1批进境转基因玉米种子逃漏检漏洞，避免转基因种子外泄风险；牵头建立济源示范区打击走私联络机制，对出口货物开展“双打”检查、开展“双随机一公开”检查；推进“口岸危险品综合治理”百日专项行动，发放安全责任提醒单200余份，开展安全知识宣讲10余次，排查安全隐患5个，均纳入“两个清单”动态管理。

【知识产权保护】2022年，济源海关加大知识产权企业培塑力度，保障知识产权备案企业扩大出口，某重点公司出口塑料花盆144批、货值4609万元；选取辖区某公司作为知识产权重点培育企业开展相关工作；加强残次品监督销毁，避免非法流入市场，荣获济源示范区打击侵权假冒工作“优秀单位”称号。

▲2022年5月13日，郑州海关所属济源海关关员在种苗基地开展调研工作

（郑州海关所属济源海关　供图）

【营商环境优化】2022年，济源海关以“数据+研究”为抓手，实时分析研判济源外贸发展情况，及时向济源示范区报送海关要情10期；持续跟踪RCEP实施情况，引导企业用足用好各项惠企政策，RCEP原产地签证金额611.47万元。开展“万人助万企”“走进革命老区促进外贸保稳提质”等惠企政策宣讲，制定发布济源海关促进外贸保稳提质10条措施；针对辖区7家外贸重点白名单企业实施“一企一策”精准服务，设立企业协调员，为企业提供全方位服务；向27家重点外贸企业发放征求意见表，协调解决外贸运输等疑难问题40余个；帮助某企业解决口岸报关差错问题，为其挽回经济损失约3900余万元。

【精神文明创建】2022年，济源海关坚持“济源开放、海关先行，济源出彩、海关添彩”创建理念，把文明创建作为提升队伍素质、助推外贸发展的重要抓手，凝心聚力健全文明礼仪守则等规章制度，张贴宣传海报、节能标识200余个，开展“四送一助力”、义务献血、爱心捐赠等活动20余次，文明实践蔚然成风；以创建工作推动业务提升，开展“我为群众办实事”系列实践活动30余次，帮助企业解决难点问题20余个，持续优化营商环境。

▲2022年8月26日，济源市领导及相关企业领导向郑州海关所属济源海关赠送锦旗　（郑州海关所属济源海关　供图）

撰稿人

孙勇超　李艳丽　张南方　陈　博　欧阳亮元
钟晓鹏　程　光

第八篇

所属企事业单位

郑州海关后勤管理中心

【概况】郑州海关后勤管理中心（简称“后勤管理中心”）是郑州海关所属事业单位。内设科（室）6个。

2022年，后勤管理中心以习近平新时代中国特色社会主义思想为指导，深入学习宣传贯彻党的二十大精神，狠抓安全生产工作，落实“过紧日子”要求，提升后勤保障效能。

【党的建设】2022年，后勤管理中心把党中央重大决策部署贯彻落实到后勤保障工作的各方面、全过程。胸怀“两个大局”，牢记“国之大者”，坚持“第一议题”，准确把握党中央重大决策部署的战略意图，围绕中心、服务大局，不断提高政治判断力、政治领悟力、政治执行力。全年落实“第一议题”制度43次，重点开展习近平总书记关于全面从严治党、疫情防控、安全生产、绿色发展等方面重要讲话和指示批示精神的学习。

【党的二十大精神学习宣传贯彻】2022年，后勤管理中心根据“四强”党支部建设量化标准，开展党支部工作。落实“三会一课”制度，全年开展支部党员大会4次、支委会12次、党课3次、专题研讨会1次、党日活动12次、集体学习12次，按照程序召开专题组织生活会1次。开展捍卫“两个确立”、做到“两个维护”、强化政治机关建设专项教育活动和“学查改”专项工作，对照“四个是否”查找问题清单，制定整改措施，扎实整改。党的二十大召开后，通过“线上+线下”“书记说+党员说+青年说+群众说”等研学方式，着力发挥党员作用带动身边群众学习，开展月度专题学习3次，组织中心班子成员在周例会上学习党的二十大精神并作交流发言6次。组织开展“厉行节约反对浪费”“文明餐桌”等主题实践活动。动员青年干部勇于担当时代责任，练就过硬本领，物业管理科获评2019—2020年度河南省青年文明号。后勤管理中心党支部时刻谨记“用心服务”，获评郑州海关2022年“四强”党支部。

【全面从严治党工作】2022年，后勤管理中心重点聚焦落实全面从严治党主体责任和“一岗双责”，聚焦中央八项规定及其实施细则，聚焦“海关重点项目和财物管理以权谋私”专项整治工作，推进全面从严治党向纵深发展。全年召开4次廉政风险分析会，学习法律法规、党规党纪、警示教育片、典型案例及廉政党课等，强化全体人员的政治意识、廉洁意识和纪律意识。围绕“海关重点项目和财物管理以权谋私”专项整治工作，全面深入开展自查工作，对23名职工开展个人违规事项申报和个人剖析材料撰写，梳理工程建设项目7个，对涉及财物管理领域的问题进行整改，全年召开15次专项整治专题会，强化非执法领域管理。配合国家审计工作并主动开展自查自纠，及时发现管理中存在的问题，采取切实有效的整改措施，确保问题整改到位。通过落实“三会一课”、组织生活会、主题党日活动、党费收缴等制度，规范党内政治生活。严明节日期间作风纪律，执行领导干部节日廉政提醒报告制度7次，落实好郑州海关关于作风建设工作相关部署要求。主动接受郑州海关党委派驻第二纪检组监督。

▲2022年9月28日，郑州海关后勤管理中心联合财务处对海关系统应急物资装备一级储备库郑州库开展安全检查　（郑州海关后勤管理中心　供图）

【疫情防控】2022年，后勤管理中心落实疫情防控要求，完善优化办公区内部疫情防控措施，从严做好进出人员管控，执行扫码测温以及来访人员风险排查制度，做好办公区域日常消毒作业，协调防疫物资调拨，做好防疫物资储备。对“百名科长百日督查”和海关总署实地督查时发现的问题，及时查漏补缺，立行立改。封闭管理期间，提前预判、筹措货源、储备米面油等食材，应急采购行军床、被褥等生活用品，保障值守人员的工作生活。

【安全生产】2022年，后勤管理中心按照“全覆盖、零容忍、严监管、重实效”的要求，扛起安全生产政治责任，牢牢守住安全底线。坚持月度和日常检查相结合方式，定期和不定期开展安全检查，完成月度安全检查12次、节前安全检查6次、日常安全检查3191次。开展安全生产、防汛等方面风险隐患排查工作，排查风险隐患20项，制定整改措施12项，全面落实整改。组织消防安全知识讲座和“文明交通安全出行”知识讲座，开展消防应急演练，提升应急处置能力，做好设施设备维修保养。汛期到来前，制订度汛方案，加强监督检查，组建防汛应急队，开展防汛应急演练，检查防汛设施，备足防汛物资，做好防汛准备工作。

▲2022 年 6 月 30 日，郑州海关后勤管理中心组织开展消防应急演练　（郑州海关后勤管理中心　供图）

【后勤保障】2022 年，后勤管理中心树立品质服务意识，抓实后勤保障工作。做好会议、车辆、就餐及生活保障，定期实施消防、电梯、中央空调、高低压设备等设备检修维护保养。完成金水路办公区装修改造、农业路办公区灾后维修改造、农业路办公楼中央空调管网改造和黄河路集体宿舍维修改造工作。

【民生实事】2022 年，后勤管理中心推进年度民生实事落实相关工作，不断健全机关运行保障机制。完成缉私局、相关业务处室的搬迁。为农业路办公区各楼层增设小型会议室。完成各办公区电动车、电动自行车充电设施建设，启用金水东路办公区地下车库。科学制定膳食菜谱，为值班人员提供工作用餐。

【“过紧日子”】2022 年，后勤管理中心落实“过紧日子”要求，强化绿色机关建设。制定措施，发布倡议书。开展“厉行节约、反对浪费”“文明餐桌”等主题活动，强化宣传教育。切实抓好食堂节约管理，厨余垃圾同比减少 6.25%。规范办公用品的配备，消耗同比减少 40.67%。做好用水等设备的日常维修管理，严防“长流水”和“滴漏”现象，用水量同比下降 4.44%。提升各类用车使用率，对相同地点、相同方向，尽可能合并用车，年度用油量同比减少 12.3%。

【涉案财物仓库管理】2022 年，后勤管理中心持续做好涉案财物仓库管理工作，建立涉案财物仓库联系配合机制。优化涉案财物仓库管理流程，与各业务现场联合行动，强化中转运载车辆远途监管，出入库时长平均压缩 30%；压缩暂存物品在库周期，时长由 5 个月缩短至 2 个月。联合财务处、缉私局对自行车、轴承、游戏手柄等侵权货物集中销毁，并多次配合开展奢侈品鉴定。

【全国文明单位考评迎检】2022 年，后勤管理中心按照全国文明单位复检验收各项要求，对机关办公楼内公共区域、食堂、后厨、健身房、院内外环境卫生等开展清理，不留死角；对院内树木进行修剪维护，绿化带翻耕补栽；更新修缮房屋及配套设施，规范吸烟区和车辆停放区，为成功通过复检验收做好硬件保障。

【消费扶贫】2022 年，后勤管理中心持续开展消费扶贫工作，巩固扶贫攻坚成果。充分利用脱贫地区农副产品网络销售平台，在同等条件下优先采购扶贫产品，通过以买代帮、以购代捐形式解决扶贫县农产品滞销问题，巩固增加村民收入。

撰稿人

冯　宇

中国电子口岸数据中心郑州分中心

【概况】中国电子口岸数据中心郑州分中心（简称“数据分中心”）是海关总署所属事业单位，由海关总署委托郑州海关管理。内设机构2个。

2022年，数据分中心以习近平新时代中国特色社会主义思想为指导，深入学习宣传贯彻党的二十大精神，践行“三实”文化，聚焦“铸忠诚、担使命、守国门、促发展、齐奋斗”工作要求。

▲2022年4月25日，中国电子口岸数据中心郑州分中心开展准军事化内务规范队列训练（中国电子口岸数据中心郑州分中心 供图）

【党的建设】2022年，数据分中心坚持“第一议题”制度。召开主任办公会16次，切实在学懂弄通做实上下功夫，以最坚定的态度、最迅速的行动、最有力的措施，确保习近平总书记重要讲话和指示批示精神落实到位；坚持主任办公会议制度，做到研究重要问题、重大事项时，均由领导班子成员共同协商，集思广益。坚持民主生活会制度，广泛开展批评和自我批评，提升领导班子的凝聚力和战斗力。注重发挥党建引领作用，领导班子精心谋划、以上率下，增强学习贯彻的政治自觉。克服疫情影响，采取线上线下相结合方式持续学习。落实海关总署“铸忠诚、担使命、守国门、促发展、齐奋斗”要求，结合自身岗位工作实际撰写心得体会。领导班子领学党的二十大精神3次，各部门学习11次，撰写心得体会18篇，专题研讨1次，专题党课1次，青年理论学习小组线上集中学习1次，开展党的二十大精神理论测试2次。严格遵守中央八项规定等廉政纪律，在做好行政管理的同时狠抓部门廉政教育，做到廉政建设与业务工作同时布置同时落实，开展警示教育活动，组织全体干部职工集中观看警示教育片5次，从案例中吸取教训，强化党风党纪、规范廉洁自律。加强内务督导检查，落实内务督察日常管理机制，开展准军事化内务规范队列训练19人次，进行内务督察2次，并对发现的问题立行整改。

【专项教育、专项整治活动】 2022年，数据分中心坚持政治统领，成立专项教育活动领导小组，召开主任办公会，开展专项教育活动专题研讨会。各部门结合岗位职责围绕从政治层面强化业务工作学习研讨3人次，撰写心得体会3篇；组织各部门立足岗位职责，对业务领域重大风险隐患开展全面深入排查4个方面问题，制定10条整改措施，列出整改清单，明确整改时间，按时完成整改。制订专项整治工作实施方案，明确工作要求和任务，压紧压实责任；聚焦重点项目和财物管理领域，全面自查梳理，查询电子资料2000余份、纸质资料100余份，梳理出4类25项相关项目；通过张贴宣传海报、放置举报箱等方式，畅通群众监督渠道，对企业来访者现场宣传121次。

【数据保障与服务】 2022年，数据分中心坚决保障海关主体业务系统畅通运行，做好电子口岸业务窗口服务和专网系统运维工作。全年数据分中心共办理河南省电子口岸企业入网手续3993家，其中新增入网企业3564家、变更企业备案429家，制发电子口岸IC卡9328张；申请交换平台数据ID 134个、加密机36台，技术运维115家；受理热线电话7688个，问题解决率100%；截至年底，河南省电子口岸入网企业4.17万家，企业服务满意率100%。

【口岸营商环境优化】 2022年，数据分中心积极宣传推广河南省电子口岸企业入网全程无纸化系统。利用“一网受理、一表申请、一次不跑、一文不收、一站式办妥”的“五个一”河南电子口岸企业入网服务新模式，多渠道加强对该线上服务平台系统的推广应用。河南省进出口企业只需在网上操作，即可办结电子口岸企业入网手续。尤其是疫情期间，河南省进出口企业足不出户即可

▲2022年12月，中国电子口岸数据中心郑州分中心获赠锦旗（中国电子口岸数据中心郑州分中心　供图）

在网上办结全部入网手续，在家就可以收到邮寄的电子口岸 IC 卡。与河南省建设银行通力合作，实现“关银一 KEY 通”项目在河南省 7 地市落地，真正做到“让数据多跑路，让群众少跑腿”，使广大进出口企业在疫情期间充分享受政策红利。河南省 7 地市办理电子口岸入网业务可直接在当地建设银行办结。自该项目启动至2022 年年底，数据分中心及银行合作制卡代理点累计办理新入网企业 9451 家，向辖区进出口企业免费发放电子口岸安全产品 3826 套，免费发放共享盾 1.72 万个，为企业节省费用 100 万余元。

【国际贸易“单一窗口”建设】2022 年，数据分中心做好国际贸易“单一窗口”服务工作，跟踪河南“单一窗口”18 项服务项目，申请专家评审。按时提交《河南省发展和改革委员会国际贸易“单一窗口”通关项目》响应文件，签订《国际贸易“单一窗口”通关项目政府购买服务协议》。

【信息化建设】2022 年，数据分中心积极推进信息化机房升级改造。立足数据分中心机房实际，统筹考虑发展需要和重点项目建设，做好机房资源划分以及专有网络和应用平台的搭建，制订网络系统切换方案和应急回退计划，确保新老机房切换和后期运行平滑、稳定；编写信息化机房升级改造方案，邀请郑州海关科技处与相关专家对方案评审，对方案进行版本修改 3 次、具体细节修改 16 次，共改造涉企服务系统 6 套，迁移设备 25 台。

【网络数据安全保障】2022 年，数据分中心完成党的二十大期间网络安全保障工作。严格落实 24 小时值班值守任务，安排专人做好在线系统安全检查；加强对外服务重点应用的巡查频度，每日对数据分中心核心网络信息化设备及重点数据库系统进行巡检；实时监控数据分中心互联网应用安全运行情况，及时分析、处置各类攻击事件。

【服务企业保障】2022 年，数据分中心完成“双 11”保障工作。成立跨境“双 11”系统保障工作组，制订保障方案，落实重大事件报告、24 小时值班等制度，实施桌面演练，明确技术预案和处理路径；组织开展跨境电商系统压测工作，修补各节点瓶颈短板，完成相关硬件维保续保，指导跨境平台持续优化数据库和程序性能；对系统进行优化扩容，提升关区外网跨境业务日处理能力，确保“双 11”前后网络高效安全、稳定顺利进行，“双 11”期间，处理跨境电商货值 19.65 亿元。稳步推进国产密码算法应用试点工作。明确国产密码算法控件更新要求，指导“关银一 KEY 通”项目 8 个合作制卡代理点全部完成客户端控件升级；贴心做好咨询服务，加强内部培训，开设国产密码算法应用推广服务热线，接听企业咨询热线 736 次，协调解决疑难问题 189 个；准备 600 个智能密码钥匙，方便企业信息变更等作业。

【疫情防控】2022 年，数据分中心高度重视疫情防控，召开紧急会议，将所有涉企业务整合至窗口集中办理，坚持做好业务窗口场所的通风消毒、入厅人员体温检测工作，在现场窗口配备防疫消毒物资，做好定期消毒，悬挂疫情安全提示牌，干部职工坚持“防疫三件套”，落实

“两点一线”以及“日报告、零报告”制度，完善6类哨点监测人员核酸检测台账，建立干部职工共同居住人详细信息台账；及时发放各类防疫物资，各办公室严格按照要求定期通风消毒；严禁干部职工聚会聚餐，严格出行审批，严禁未经审批出行；严格健康码管理，做好核酸检测等各项工作。

【安全生产】2022年，数据分中心贯彻全国海关安全生产电视电话会议精神，集体学习习近平总书记关于安全生产的重要论述，强化安全红线意识，压紧压实安全责任，全面排查整治科技领域安全风险隐患，坚决遏制安全事故发生；加强对机房、配线间、仓库、公共区域的消防和防雷等检查，强化技术设备运维保障力度，及时排除各类安全隐患6项；持续开展“安全吹哨人”活动。鼓励全体工作人员通过“安全隐患随手拍”等形式，查找身边安全风险隐患，妥善处置机房UPS供电出现故障安全隐患1次；坚持每周排查、逢节必查、专项细查，切实做好全领域安全隐患预防工作。全年排查整改库房设施、用电安全、机房预警等方面安全隐患8项，即时整改，确保各项工作安全有序。

撰稿人

李　丽　赵　春　韩　刚

河南国际旅行卫生保健中心（郑州海关口岸门诊部）

【概况】河南国际旅行卫生保健中心（郑州海关口岸门诊部）（简称“保健中心”）是中央机构编制委员会办公室批复的公益二类事业单位，是隶属于郑州海关的正处级机构。内设科（室）6个。

2022年，保健中心坚持以习近平新时代中国特色社会主义思想为指导，深入贯彻落实郑州海关年度工作会议、全面从严治党工作会议精神，拥护“两个确立”，坚决做到“两个维护”，持续叫响“国门卫士、健康同行”党建品牌，锐意进取，扎实工作。

【党的建设】2022年，保健中中心严格落实“第一议题”制度，坚持“三会一课”。全年开展集体学习17次、主题党日活动12次、线上学习讨论交流13次，组织班子、党支委集中线上学习3次，组织各部门线上学习6次，开展党小组党员线上学习2次，组织值班值守党员干部学习7次，征集学习心得体会47篇。开展“喜迎二十大”主题党日活动、学习法规条例等活动。组织党员志愿者协助交警进社区开展“守社会秩序”主题活动，组织开展“学雷锋我行动”志愿服务等活动。

【精神文明创建】2022年，保健中心开展服务专题讲座，公示服务承诺，提供便民设施，开通服务“绿色通道”，增加接待窗口数量，将收费窗口和受理窗口整合，缩短

▲2022年4月26日，河南国际旅行卫生保健中心（郑州海关口岸门诊部）开展全国疟疾日主题宣传活动　（河南国际旅行卫生保健中心　供图）

体检者等候时间。窗口实行首问负责制，增加导诊人员，启用叫号排队系统，发布国际疫情通报。制定措施，健全监督制约机制，定期召开涉外企业座谈会，定期发放《顾客满意度调查表》，设置意见箱，设立党员示范岗、雷锋示范岗，建立出入境人员评价服务质量制度。开展“全民国家安全教育日暨海关口岸生物安全日”宣传教育活动；开展第15个全国疟疾日“防止疟疾输入再传播，共创无疟世界”宣传教育活动；组织开展第35个世界艾滋病日“共抗艾滋共享健康”宣传教育活动。开展志愿者服务活动，组织参加各项志愿服务活动12次，对服务对象宣教13场次，服务5000余人次。

【财务管理】2022年，保健中心认真贯彻落实国家关于政府会计制度改革相关政策以及海关总署决策部署，严格按照疫情防控、相关法规规定及中心要求，做好会计基础工作；加强财务信息系统上报及管理，为财务分析提供有力支撑；做好预决算编制工作，面向社会公开部门预算和决算数据；规范固定资产管理，防止国有资产流失；开展“海关重点项目和财物管理以权谋私”专项整治、国家审计完成专项整治整改工作。强化制度约束，落实“过紧日子”要求，降低运行成本。完成残疾人就业保障金的申报减免工作。

【内部管理】2022年，保健中心创新规范管理模式，证单签发实施主签医师负责制、咨询受理实行首问负责制、工作质量实行责任追究制等；改善体检环境，增设饮水机，启用叫号系统，方便出入境人员；提高服务意识，改善服务态度，转变作风；统一服务标识，开展定期检查和不定期抽查，定期开展规范服务行为检查，节假日前对水、电、气等内容全覆盖检查，不定期开展劳动纪律和工作纪律检查。年内获得河南省省直医疗保障定点医疗机构资质，获得河南省职业病健康检查医疗机构备案。年内，保健中心新媒体作品被海关总署采用4篇，编辑发布郑州海关关于境外疫情防控措施和输入风险研判各230期。

【队伍建设】2022年，保健中心重视干部队伍自身建设，强化干部职工廉洁自律意识和政治纪律观念。开展“海关重点项目和财物管理以权谋私”专项整治工作。加强对党员干部的监督教育，加强对重点岗位、重点环节的监督。层层签订党风廉政建设工作目标责任书，对考核目标进行细化、量化，分级强化责任，层层分解落实，建设制度完备、制约有力、监督到位的内控机制。开展政治机关建设专项教育活动和“学查改”专项工作。加强理论学习，组织中心党员干部，对照“没有离开政治的业务，也没有离开业务的政治”要求，梳理岗位政治要求，集中开展交流研讨。按要求做好“六对照六看六查”工作。开展国门生物安全宣传活动1次、传染病防治等系列宣讲活动2次，参加社区疫情防控等志愿服务活动4次。举办“濮关讲堂”2期，开展青年读书交流会2次。

【健康咨询】2022年，保健中心设立咨询电话，安排专职人员负责出入境人员健康咨询；制作全球疫情分布图、传染病宣传展板，发放传染病防治知识折页给旅行者参阅；在大厅公告栏张贴全球传染病疫情通报，为出入境人员提供世界疫情信息和健康防护知识，帮助旅行者提前做好自我防护；加强出入境人员健康宣教和咨询工作，重点对前往非洲的劳务人员讲解最新国际疫情，利用LED显示屏宣传相关传染病防护知识；利用液晶显示屏在体检大厅滚动播放传染病防治知识、体检和预防接种注意事项等；以世界防治结核病日、全国疟疾日、世界艾滋病日等疾病宣传日为载体，开展传染病防治知识宣传活动。获评全国消除疟疾工作先进集体。全年共受理咨询2.76万人，发放宣传彩页4640余份，制作宣传展板3个。

【预防接种与传染病监测体检】2022年，保健中心共完成出入境人员健康体检1.98万人次，其中出国劳务人员6739人次、留学人员2787人次、船员7147人次、外籍人员2140人次。实施预防接种3.0万人次，其中黄热病疫苗5474人次、霍乱1.42万人、乙肝715人次、甲肝588人次、流感1725人次、麻腮风868人次、流脑1862人次、结核菌测试356人次、水痘364人次、四价宫颈癌1619人次、九价宫颈癌1764人次、驱蚊爽786支。

【证单签发】2022年，保健中心共签发《国际旅行健康检查证明书》1.95万本，《预防接种证明书》1.69万本，《艾滋病检测报告》2771份，《X线检查报告》347份，《传染病、吸毒症检查报告单》1018份，中文表1.73万份，外文表1348份，预防接种转卡1107份。

【实验室建设】2022年，保健中心实验室通过了ISO 17025质量管理体系认证，获得了CNAS和CMA双重认证，通过CNAS组织的认可复评审和扩项评审。实验室共参加海关总署和国家卫生健康委临床检验中心和河南省临床检验中心等专业机构组织的新冠病毒检测实验室能力验证活动12项目24次，涉及63个参数，125个盲样测试，共检测630项次。猴痘和扩项的新冠病毒检测能力均获得郑州市卫健委的生物安全备案。组织人员积极参加能力提升培训、实践操作培训和资格培训，参与新冠病毒核酸检测人员全部取得高压灭菌特种设备操作证书、PCR上岗证和生物安全培训证书。加强检测设备投入、实验室环境升级改造，提升实验室检测能力。先后购置实验室检测设备21台套。动态更新《病原微生物实验室生物安全评估报告》，及时修订《新冠病毒核酸检测作业指导书》，规范实验室内部监督工作。

【媒介生物检测】2022年，保健中心医学媒介生物实验室主要承担新郑机场口岸、郑州国际陆港货运口岸、洛阳机场口岸区域及出入境交通工具、货物、集装箱、行李、邮包中的病媒生物种属鉴定、病媒传染病监测检测工作。完成各口岸送检的病媒生物样品610批、8259只，检测1.3万项。检出鼠类携带致病性钩端螺旋体阳性2批。完成医学媒介生物实验室入驻郑州海关技术业务用房的搬迁工作。通过CNAS评审，获认可项目涉及蚊、蜚蠊、蚤3大类共14个项目。实验室质量管理体系运行有效，通过人员比对、留样再测、人员监督等质量控制措施，进一步提高实验室技术能力。严把质量关，加强仪器设备管理、使用及维护，定期进行仪器设备校准及设备期间核查。

【疫情防控】2022年，保健中心主要承担入境人员新冠病毒核酸检测、进口冷链或非冷链货物新冠病毒核酸检测、封闭管理区人员和进口冷链或非冷链货物采样人员的新冠病毒样本采集及核酸检测、关区职工新冠病毒样本采集及核酸检测，以及对机场口岸一线人力技术支持等工作。举行1次以在工作人员日常核酸检测中检出阳性病例为背景的模拟应急处置演练，以检验和提升出现阳性病例时的快速反应和有效处置能力，加强和提高各部门间的协调能力，确保各项工作有序开展。

年内，保健中心完成入境人员新冠病毒核酸检测4.2万人，完成冷链或非冷链货物新冠病毒核酸样本检测2.6万个；完成郑州海关干部职工新冠病毒核酸检测4.2万人、环境样本检测3226个。

【维和部队体检】2022年，保健中心强化沟通联络，主动上门服务，做好传染病知识宣传教育，制作宣传展架6个，制订服务方案，成立工作专班，于9月25—29日、10月9日、10月14日、11月8日对917名维和部队官兵进行传染病检测体检，共完成霍乱、黄热病、流脑、戊肝等4种4444针/剂次疫苗预防接种，及时将传染病监测结果通报维和部队。

撰稿人

马鸣宇　王胜启　田　海　刘亚俊　杨蕊蕊　李　静
张子宏　种雅佩　高　洁

郑州海关技术中心

【概况】郑州海关技术中心（简称“技术中心”）是中央机构编制委员会办公室批复的公益二类事业单位。内设科（室）5个。有5个国家级重点实验室，分别是国家农药兽药残留检测重点实验室、国家棉花和纺织品检测重点实验室、国家肉及肉制品检测重点实验室、国家果品与果蔬汁检测重点实验室、国家皮张检测重点实验室。

2022年，技术中心以习近平新时代中国特色社会主义思想为指导，深入学习宣传贯彻党的二十大精神，拥护“两个确立”，坚决做到“两个维护”，致力执法技术保障，全面提升社会服务水平，扎实抓好党建引领、执法支撑、能力提升、科技创新、业务开拓和队伍建设等任务，推动技术中心各项工作健康稳步发展。

【党的建设】2022年，技术中心党支部落实“第一议题”制度，坚持“三会一课”与谈心谈话，落实“书记项目”，完成党支部改选。严格落实民主集中制，对“三重一大”事项，坚持集体讨论，“一把手”末位表态；坚持“一岗双责”，签订党风廉政建设目标责任书，在对各科室负责人进行业务考察的同时，同步对党风廉政建设情况进行检查考核。组织党员干部开展义务献血、实验室开放周、助力社区疫情防控等文明实践活动20余次，引导职工增强社会责任感。年内，技术中心党志浩被河南省人力资源和社会保障厅授予2019—2020年度河南省青

▲2022年8月19日，郑州海关技术中心组织实验室开放周活动　（郑州海关技术中心　供图）

年岗位能手称号；技术中心“萤火虫”志愿服务分队被郑州海关政治部授予郑州海关2021年度优秀志愿服务组织称号，“技术争先”党建品牌通过全国海关基层党建培育品牌复核，技术中心化学实验室获一星级全国青年文明号荣誉称号，技术中心党支部通过郑州海关“四强”党支部复核。

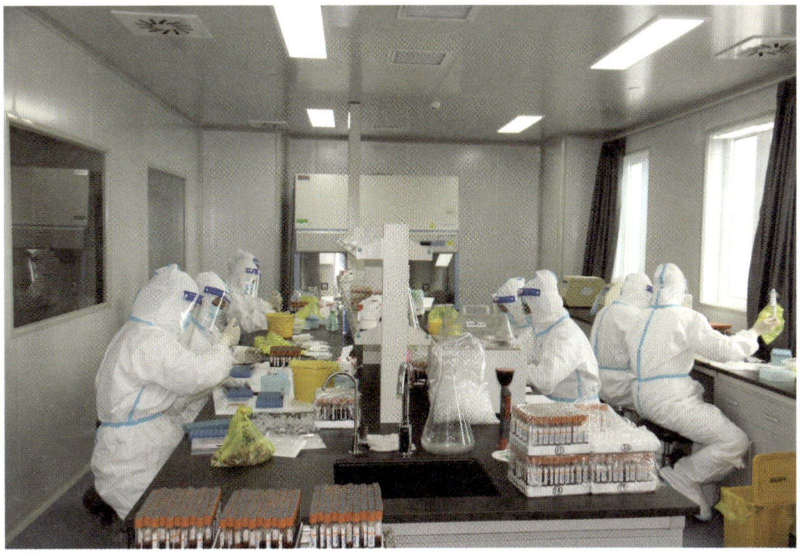

▲2022年10月2日，郑州海关技术中心技术人员对进境种猪进行动物疫病检测 （郑州海关技术中心 供图）

【党的二十大精神学习宣传贯彻】2022年，技术中心党支部制订学习方案，支部书记带头学习，及时准确传达党的二十大精神，上报13篇心得体会，支部书记以“走好第一方阵 我为二十大做贡献”为主题讲党课，引导党员干部群众自觉用党的二十大精神统一思想、统一意志、统一行动。以“深入学习习近平总书记视察安阳重要讲话精神，大力弘扬红旗渠精神”为主题召开专题组织生活会，全体干部职工切实把党的二十大精神转化为坚定理想、淬炼党性和指导实践、推动工作的强大力量。

【执法保障】2022年，技术中心接收法检样品4232批、4.01万个，完成检测任务16.64万项，同比增长17.9%。其中，接收进口棉花样品2.90万个，完成检测任务9.79万项，同比增长193.7%。完成进境种羊、种猪等286批活动物1.73万项次疫病检测，检出阳性25项次。完成进出境植物及其产品样品检测鉴定528批、548个、726种次，检出有害生物136批、149个、300种次，包括检疫性有害生物9种次；完成“异宠”及植物种子种苗鉴定56种次，样品包括锹甲科昆虫、蚂蚁、胡蜂、龙舌兰、芦荟等；完成属性鉴定10种次，样品包括燕窝、大肠杆菌（质粒）、茶制品等；完成国门生物安全监测样品159批、460个、3.45万种次，样品涉及实蝇、杂草、种子等。开展法检样品花生中新增项目5个，樱桃中新增项目3个，动物源性食品（蜂蜜、肠衣）中硝呋索尔代谢物，辅酶Q10胶囊中辅酶Q10，涂料中5个项目，钢坯、生铁中锰、磷、硅，木板、书包、鞋中甲醛，肥料中五氧化二磷，化合物中DSC曲线等检测；摩擦混合材料、塑料、氧化锌固体废物属性鉴定；建立精神活性类药物通用定性方法，规范操作程序，可完成多达236种精神类药物的鉴定工作。

【技术支持】2022年，技术中心参与起草《2021年郑州海关入境口岸监测调查报告》；参与海关总署组织的《中国进境检疫性有害生物名录》

新增有害生物风险评估工作；通过海关总署科技发展司组织的固体废物属性鉴定常规实验室核查验收；9月完成海关总署组织的进境种猪隔离检疫场审核验收；参加海关总署动植物检疫司组织的与智利农牧局举行的技术视频会谈，商讨解决2021年度从智利樱桃中检出李痘病毒和李属坏死环斑病毒的相关事宜。年内，技术中心共接收5748批、9462个市场委托样品，完成34870个项次检测，样品种类包括食品农产品、包装材料、医疗物资等。土壤检测领域63个项目、96个标准通过资质认定扩项评审。

【内部管理】2022年，技术中心清理注销不具有竞争优势的投资企业；配合完成2022年国家审计，并完成审计问题整改，加快资金盘活利用。完成专项整治自查自纠工作，参与检查组对其他直属海关的督导检查工作，进一步提高管理水平；落实郑州海关和属地疫情防控要求，常态化防控和应急处置相结合，完成技术中心人员疫情防控基础知识培训工作；强化信息宣传工作，海关总署政工办网站采用稿件1篇、新媒体采用稿件4篇，郑州海关政治部网站采用稿件30篇、微信公众号“风华郑貌”约稿18篇，技术中心微信公众号“郑关技术”发表稿件30篇。

【安全红线】2022年，技术中心认真落实党风廉政建设及反腐败工作，持续纠治“四风”，组织警示教育月活动，采取示范教育、警示教育和岗位廉政教育等方式加强学习，全年进行警示教育学习10余次。以专项整治工作为抓手，认真梳理中心实验室建设项目关于仪器设备、试剂耗材采购以及疫情防控保障项目的档案卷宗300余份，形成117条重点项目清单，38人结合工作岗位，深入剖析风险点，撰写剖析材料，并配合专项整治工作领导小组进行逐一谈话。8月根据督导组提出的整改要求，制订专项整治整改工作方案，进行强化学习5次，对6个方面问题清单进行销号式管理，结合中心全面自查发现的问题及廉政风险，明确整改要求。

【质量体系】自2021年9月发布并实施第八版体系文件后，2022年技术中心根据认证认可文件变化及工作需要修改7次，11月完成技术中心内部审核工作，开具18个不符合项，并按要求完成整改，12月召开年度管理评审会议。通过CNCA、CNAS对技术中心土壤检测能力的扩项评审工作；7月完成质量总监、技术总监变更工作；8月完成授权签字人、标准变更工作；9月申请CNCA承诺制扩项并于10月通过现场评审。

【科研成果】2022年1月，技术中心牵头主持的科研项目“动物制品中源性成分检测鉴定技术平台的建立及标准化应用”获得海关总署科技成果评定三级证书。2022年度科研项目、技术规范、学术论文、专利授权统计见附表。

附表 2022年度科研项目、技术规范、学术论文、专利授权统计表

序号	类型	编号	名称	项目主体/发布刊物/类型	备注
1	科研项目	2020HK227	全自动非定向快速筛查技术在管制毒品与新型精神活性物质鉴定中的应用	海关总署	已验收
2		212102110197	高分辨质谱法非定向筛查粮食及其制品中真菌毒素的方法与应用	河南省科技厅	已验收
3		222102110410	河南口岸外来入侵生物普查及防控技术研究	河南省科技厅	已立项
4	技术规范	2022B072	异毛眼粉螨检疫鉴定方法	海关总署	已立项
5		2022B073	黄皮粉螨检疫鉴定方法	海关总署	已立项
6	学术论文	/	粮食及其制品中真菌毒素检测技术与风险法分析	《中国食品》	
7		/	UHPLC 法快速测定坚果炒货中 4 种抗氧化剂含量	《河南工业大学学报（自然科学版）》	
8		/	液相色谱—四级杆/静电场轨道阱高分辨质谱非靶向筛查玉米粉和小麦粉中 35 种真菌毒素	《中国食物与营养》	
9		/	高效液相色谱法同时测定饲料中阿散酸、硝苯胂酸、洛克沙胂和卡巴胂	《理化检验（化学分册）》	
10		/	气相色谱—质谱技术定性确证水产品中精神类药物残留	《河南水产》	
11		/	液相色谱—高分辨质谱法同时测定 119 种精神活性类物质	《中国口岸科学技术》	
12		/	从南非山龙眼科植物上截获一种入侵性害虫混点迪氏粉蚧	《河南省植物保护学会第十二次学术讨论会文集》	
13		/	即时食品蜡样芽孢杆菌快速检测标准曲线模型的研究	《粮食与食品工业》	
14	专利授权	ZL202221481956.4	一种毒素检测用取样装置	实用新型	
15		ZL202110146523.7	丸状食品成型装置	发明专利	
16		ZL202222456716.5	一种食品安全监测用食品样品预处理装置	实用新型	
17		CN 218126594 U	一种用于螨类分离装置	实用新型	
18		202222398869.9	一种农药残留提取装置	实用新型	

撰稿人

邢荣花 李 辰 张守杰 范一霖 赵 芳 贯艳丽
党志浩 唐慧骥

郑州海关学会

【概况】2022年，郑州海关学会以党的二十大精神为指导，认真贯彻落实郑州海关工作会议、全面从严治党工作会议部署，加强各级学会组织和会员队伍自身建设，广泛组织开展群众性理论研究，积极参与推动郑州海关关史研究和年鉴编修工作。

【工作机制优化】2022年，郑州海关学会召开学会会长工作会议，通报2021年学会工作情况，部署2022年工作。加强学会组织建设，研究调整学会秘书长、副秘书长人员，结合郑州海关岗位交流安排完成各隶属海关学会会长调整工作。对标中国海关学会、天津分会工作部署，强化工作请示汇报。加强学会基层调研，制订年度调研计划，到洛阳、三门峡等基层学会调研，了解和掌握基层学会工作开展情况，指导督促学术研究工作。

▲2022年6月16日，郑州海关学会会长谢书升到洛阳市相关企业开展调研（郑州海关所属洛阳海关　供图）

【学术氛围营造】2022年，郑州海关学会组织召开学会交流会议，搭建学术交流平台；创新工作形式，组织业务骨干在新郑海关开展“政治业务大家谈”论文学术评审交流；组织年度专题论文评审，上报天津分会论文40篇，积极推动优秀论文的成果转化；适时开展学会“送教上门”活动，指导和帮助基层学会开展理论研究。

▲2022 年 7 月 11 日，郑州海关学会会长谢书升在郑州海关所属新郑海关参加论文评审工作 （郑州海关所属新郑海关 供图）

【主题征文活动】2022 年，郑州海关学会按照中国海关学会部署和时间节点要求，以“服务新发展格局，更好发挥海关在国内国际双循环交汇枢纽作用”为年度研究课题，围绕贯彻党的二十大和历次全会精神，结合《“十四五”海关发展规划》，发挥各级学会组织作用，发动海关理论研究骨干和广大关警员积极参与课题研究。全年共征集论文 153 篇。其中《海关双循环新发展格局下促进中欧班列通关便利化的思考》获天津分会优秀奖，《尽速构建“加工贸易+”，加快融入新发展格局》获入选奖。组织开展海关史研究主题征文活动。建设郑州海关学会电子档案，完善相关专栏；做好海关史研究文章征集工作，择优刊登；向中国海关学会和天津分会推荐 2 篇郑州海关海关史研究成果。

【“学会+”活动】2022 年，郑州海关学会加强与各职能部门沟通联系，重点关注党建、风险、档案管理等方面的合作选题，提高各单位部门学术研究的参与度。与风险防控分局联合开展海关风险防范主题征文，征集论文 19 篇。向海关总署专题课题研究组做好人员推荐。

【海关史研究】2022 年，郑州海关学会建立郑州海关关史研究工作群，实时交流关史研究工作；响应参与中国海关学会组织的《红色海关记忆——人物篇》征文活动；参与海关总署关史办组织的中国海关史学术研讨会、国家社科基金特别委托项目“中国海关史”研究工作计划等研究活动。

撰稿人

彭凌冬

第九篇

荣誉·名录

2022 年郑州海关获评省部级及以上表彰的集体和个人名单

获得全国、省（部）级表彰的先进集体（46 个）

1. 郑州海关及郑州机场海关、金水海关、新郑海关、洛阳海关、南阳海关、安阳海关、商丘海关、周口海关、焦作海关、三门峡海关、新乡海关、信阳海关、鹤壁海关、许昌海关、漯河海关、濮阳海关、济源海关被国家机关事务管理局、中共中央直属机关事务管理局、国家发展和改革委员会、财政部评为节约型机关。

2. 郑州海关技术中心化学实验室、郑州机场海关旅检二科、郑州新区海关跨境电商一科、新郑海关综合业务一科、商丘海关综合业务科被全国创建青年文明号活动委员会评为一星级全国青年文明号。

3. 河南国际旅行卫生保健中心被国家卫生健康委、海关总署、国家中医药管理局评为全国消除疟疾工作先进集体。

4. 河南国际旅行卫生保健中心党支部、郑州新区海关党总支、新郑海关综合业务一科党支部被中共海关总署委员会评为 2022 年度全国海关党建示范品牌。

5. 洛阳海关党总支、郑州海关关税处党支部、郑州海关技术中心党支部被中共海关总署委员会评为 2022 年度全国海关党建培育品牌。

6. 郑州海关缉私局东站分局被海关总署缉私局评为全国海关缉私部门执法示范单位。

7. “萤火虫”志愿服务队被河南省精神文明建设指导委员会评为河南省疫情防控优秀志愿服务组织。

8. “金秋支教”志愿服务项目被河南省精神文明建设指导委员会评为河南省文明实践志愿服务优秀项目三等奖。

9. 郑州海关及周口海关、漯河海关、商丘海关被河南省爱国卫生运动委员会评为省级卫生先进单位。

10. 新郑海关被河南省人民政府评为第三批河南省依法行政示范单位。

11. 郑州海关后勤管理中心物业管理科、郑州新区海关办公室、新郑海关监管科、洛阳海关查验一科、南阳海关综合业务二科、三门峡海关查验科、濮阳海关综合业务科被河南省人社厅、团省委评为2019—2020年度河南省青年文明号。

12. 三门峡海关查验科被河南省妇联评为河南省巾帼文明岗。

获得省（部）级表彰的先进个人（14人次）

1. 焦作海关谢清磊、三门峡海关胡浩淼被中共海关总署委员会评为2021年度“百名优秀执法一线科长”。

2. 郑州海关政工办张黎虎被海关总署政治部评为海关系统“党务之星”。

3. 郑州海关法规处王虹被海关总署政策法规司评为2021年度全国海关优秀公职律师。

4. 郑州海关食安处张聪、郑州海关技术中心党志浩、郑州邮局海关赵文华、漯河海关杜奇被河南省人社厅、团省委评为2019—2020年度河南省青年岗位能手。

5. 郑州海关政工办孙怀兴被河南省精神文明建设指导委员会评为河南省优秀志愿服务工作者。

6. 郑州海关监察室侯兆飞被河南省精神文明建设指导委员会评为河南省疫情防控优秀志愿者。

7. 郑州海关离退办杨富贵被河南省委组织部、老干部局评为全省离退休干部先进个人。

8. 郑州海关卫检处陈剑兵、郑州机场海关张楠被河南省卫健委评为河南省消除疟疾工作先进个人。

9. 新郑海关翟雯霄被共青团河南省委评为2021年度河南省优秀共青团员。

2022年国务院授衔令（郑州海关）

一、由二级关务监督关衔晋升为一级关务监督关衔

郑州海关副关长、一级巡视员　黄　勇

二、授予二级关务监督关衔

郑州海关二级总监　王作录

三、由三级关务监督关衔晋升为二级关务监督关衔

郑州海关政治部主任　谢永亮
郑州海关副关长　唐诗婷
郑州海关二级巡视员　部书茹
郑州海关二级巡视员　黄　琳
郑州海关二级巡视员　郭学良

第十篇

海关统计资料

2022年河南省进出口商品月度总值表

月份	进出口		出口		进口	
	值（亿元）	同比（%）	值（亿元）	同比（%）	值（亿元）	同比（%）
1月	754.9	1.6	441.9	-1.8	312.9	6.9
2月	582.6	-3.7	346.5	-9.1	236.1	5.5
3月	701.3	20.2	443.3	19.6	258.1	21.1
4月	636.8	4.1	409.2	6.0	227.6	0.8
5月	636.3	16.1	394.2	18.2	242.1	13.0
6月	631.8	11.7	418.2	15.6	213.6	4.8
7月	576.5	0.4	381.0	4.9	195.5	-7.3
8月	644.6	25.8	349.4	24.8	295.1	27.0
9月	1034.6	36.2	661.8	55.5	372.8	11.7
10月	984.7	41.5	590.3	42.1	394.3	40.8
11月	500.9	-46.6	295.8	-46.6	205.0	-46.6
12月	839.3	-18.1	515.3	-22.4	324.0	-10.2

2022年河南省进出口商品国别（地区）前30位总值表

进口原产国（地）出口最终目的国（地）	进出口		出口		进口	
	金额（万元）	同比（%）	金额（万元）	同比（%）	金额（万元）	同比（%）
总　计	85241375.6	4.4	52469939.9	5.2	32771435.7	3.2
美国	18006880.9	-1.6	17464588.7	-1.7	542292.1	3.3
中国台湾	8560061.9	2.9	323703.7	-14.4	8236358.1	3.7
韩国	8393130.3	16.2	1693092.9	18.4	6700037.4	15.6
越南	5923299.4	25.3	1123097.9	26.9	4800201.4	24.9
日本	3171602.3	-0.6	1956685.0	9.3	1214917.4	-13.3
中国香港	2610090.8	-16.5	2601776.5	-15.5	8314.3	-81.1
澳大利亚	2396949.6	2.6	1160248.9	3.4	1236700.7	1.9
荷兰	2394722.1	-24.1	2345022.8	-24.5	49699.3	5.9
俄罗斯	2231138.9	23.7	1075601.6	-2.4	1155537.3	64.8
墨西哥	2203013.3	10.7	1039709.5	62.6	1163303.8	-13.9
英国	1946504.2	-1.8	1858489.4	-2.2	88014.7	7.2
印度	1747650.8	20.4	1515343.8	38.3	232307.0	-34.8
德国	1573196.4	-6.9	1253716.9	-11.6	319479.5	17.6
捷克	1401619.1	79.9	1395434.8	80.7	6184.3	-11.5
智利	1383409.5	-9.2	310610.6	12.3	1072798.9	-14.0
马来西亚	1365621.0	51.9	795695.5	71.1	569925.5	31.4
泰国	1295262.1	21.3	1085916.5	26.2	209345.6	1.3
巴西	1197143.8	15.6	730322.8	32.6	466821.0	-3.8
新加坡	1125727.2	-5.7	840743.0	-6.1	284984.2	-4.5
意大利	1104395.5	22.8	1038757.7	29.6	65637.8	-33.1
加拿大	1041046.9	-13.0	918722.7	-10.6	122324.2	-27.6
秘鲁	898466.8	4.6	133861.2	9.4	764605.6	3.8
阿联酋	893938.8	9.6	891648.2	10.0	2290.6	-50.7

续表

进口原产国（地）出口最终目的国（地）	进出口		出口		进口	
	金额（万元）	同比（%）	金额（万元）	同比（%）	金额（万元）	同比（%）
沙特阿拉伯	835951.9	-4.4	813275.1	-0.3	22676.8	-61.1
中国	763172.2	-61.3	0.0	—	763172.2	-61.3
印度尼西亚	742944.2	29.4	395810.3	22.2	347133.9	38.7
土耳其	719839.5	8.5	635627.3	22.5	84212.2	-41.8
菲律宾	580428.3	60.3	270307.8	13.4	310120.6	150.4
西班牙	527886.2	22.3	312809.6	46.3	215076.6	-1.2
比利时	504165.4	40.3	490335.0	46.8	13830.4	-45.5

2022年河南省进出口商品贸易方式总值表

贸易方式	进出口		出口		进口	
	金额（万元）	同比（%）	金额（万元）	同比（%）	金额（万元）	同比（%）
合　计	85241375.6	4.4	52469939.9	5.2	32771435.7	3.2
一般贸易	29939902.4	10.2	22381888.7	18.7	7558013.7	-9.1
国家间、国际组织间无偿援助和赠送的物资	1091.3	34.6	1091.3	34.6	0.0	—
来料加工贸易	418480.9	74.1	215631.5	59.1	202849.4	93.4
进料加工贸易	50714102.4	0.3	28597304.1	-4.3	22116798.3	7.0
寄售代销贸易	2639.5	—	0.0	—	2639.5	—
加工贸易进口设备	1080.7	-86.5	0.0	—	1080.7	-86.5
对外承包工程出口货物	104021.2	18.1	104021.2	18.1	0.0	—
租赁贸易	137.7	-99.5	137.7	-51.8	0.0	-100.0
外商投资企业作为投资进口的设备、物品	80.0	-99.5	0.0	—	80.0	-99.5
出料加工贸易	19377.0	223.9	10714.9	294.3	8662.1	165.3
海关保税监管场所进出境货物	1505393.6	69.3	329133.9	-14.5	1176259.7	133.4
海关特殊监管区域物流货物	2075540.5	-6.8	407031.5	75.5	1668509.1	-16.3
海关特殊监管区域进口设备	19666.5	-79.3	0.0	—	19666.5	-79.3
其他贸易	439861.8	51.7	422985.1	51.9	16876.7	46.7

2022年河南省进出口企业性质总值表

企业性质	进出口		出口		进口	
	金额（万元）	同比（%）	金额（万元）	同比（%）	金额（万元）	同比（%）
合　计	85241375.6	4.4	52469939.9	5.2	32771435.7	3.2
国有企业	6371880.8	-1.3	2703500.0	22.1	3668380.7	-13.5
中外合作企业	6977.7	-1.9	6422.2	1.3	555.5	-27.8
中外合资企业	35132846.1	-1.4	26715413.0	-6.4	8417433.1	19.0
外商独资企业	2109341.1	-9.3	478840.9	-5.2	1630500.2	-10.4
集体企业	3446262.7	-4.1	2385940.4	-5.3	1060322.2	-1.2
私营企业	37313798.3	13.4	19355053.7	25.9	17958744.6	2.4
个体工商户	16013.5	4.5	15971.5	4.6	42.0	-14.6
报关单位	137066.3	-75.8	137065.8	-75.8	0.5	1380.3
其他	707189.2	541.0	671732.4	548.4	35456.8	426.8

2022年河南省进出口商品收发货人所在地总值表

收发货人所在地	进出口		出口		进口	
	金额（万元）	同比（%）	金额（万元）	同比（%）	金额（万元）	同比（%）
合　计	85241375.6	4.4	52469939.9	5.2	32771435.7	3.2
郑州市	60697195.5	3.1	35963196.6	1.3	24733998.9	5.8
开封市	945025.6	1.3	784633.7	-2.3	160391.9	23.7
洛阳市	2092415.3	1.2	1753668.8	7.4	338746.5	-21.9
平顶山市	574611.1	37.0	564966.6	41.2	9644.5	-50.1
安阳市	604885.9	-4.9	456451.4	46.0	148434.5	-54.1
鹤壁市	644593.6	15.9	615471.4	22.3	29122.2	-44.8
新乡市	1546870.8	36.9	1251094.6	38.8	295776.3	29.5
焦作市	2037922.8	20.3	1607503.5	25.9	430419.3	3.1
濮阳市	1972310.1	69.3	818920.9	36.6	1153389.2	103.9
许昌市	2595309.7	1.9	2195741.7	3.3	399567.9	-4.7
漯河市	514240.6	-13.1	363414.0	-11.2	150826.6	-17.5
三门峡市	2225737.7	-17.6	287707.7	-9.8	1938030.0	-18.7
商丘市	655656.7	20.6	515814.2	23.3	139842.6	11.6
周口市	1184714.5	16.5	1023956.4	17.3	160758.1	11.5
驻马店市	996433.1	34.4	949228.3	39.1	47204.8	-20.2
南阳市	2391188.4	57.8	2034992.5	59.8	356196.0	47.5
信阳市	554095.6	-10.4	315138.6	-8.3	238956.9	-13.0
济源市	3008168.7	-21.8	968039.2	-34.2	2040129.5	-14.0

2022年河南省进出口商品运输方式总值表

运输方式	进出口		出口		进口	
	金额（亿元）	同比（%）	金额（亿元）	同比（%）	金额（亿元）	同比（%）
合　计	8524.1	4.4	5247.0	5.2	3277.1	3.2
水路运输	2826.5	19.9	1932.8	29.3	893.7	3.6
铁路运输	97.4	-4.8	60.2	27.4	37.2	-32.5
公路运输	840.0	-29.9	183.0	-30.6	657.0	-29.7
航空运输	4745.8	5.7	3057.4	-3.5	1688.4	27.8
邮件运输	4.5	-47.9	4.0	-49.9	0.5	-20.1
其他运输	10.0	149.4	9.7	277.1	0.3	-77.8

附录

名词解释

“12个必”重点任务：海关总署党委于2022年10月24日在全国海关学习宣传贯彻党的二十大精神视频会议上提出的工作要求，包括：一、口岸疫情防控海关必坚守；二、建设贸易强国海关必要强；三、促进高水平开放海关必作为；四、共建“带一路”海关必贡献；五、海南自由贸易港建设海关必担当；六、确保粮食、能源资源、重要产业链供应链安全海关必尽责；七、防范化解重大风险海关必上心；八、国门生物安全关口海关必把牢；九、多双边合作海关必促进；十、建设堪当民族复兴重任的高素质干部队伍海关必力推；十一、青年工作海关必远谋；十二、正风肃纪反腐败斗争攻坚战持久战海关必打赢。

“1+1+6”重点工作：第一个“1”是全面学习、全面把握、全面落实党的二十大精神，确保二十大精神在海关走深走实。第二个“1”是以建设智慧海关为抓手全面推进中国特色社会主义现代化海关建设，以海关高效率监管，服务高质量发展和高水平开放。“6”就是着力构建全链条安全监管体系、守牢疫情防控第一道防线、落实一揽子外贸促稳提质措施、服务高质量共建“一带一路”、打造高水平对外开放平台、坚持高标准全面从严治党等六项重点任务。

12360海关热线：中国海关于2012年10月1日对外公布的社会公益服务号码，用于受理海关业务咨询。

1210：海关监管方式代码，全称“保税跨境贸易电子商务”，境内个人或电子商务企业在经海关认可的电子商务平台实现跨境交易，并通过海关特殊监管区域或保税监管场所进出的电子商务零售进出境商品。

“233”人员梯队：直属海关单位和隶属海关口岸“两个层次”、一线、预备和应急“三个梯队”、检疫、监管和保障“三个类型”。

9610：海关监管方式代码，全称“跨境贸易电子商务”，境内个人或电子商务企业通过电子商务交易平台实现交易，并采用“清单核放、汇总申报”模式办理通关手续的电子商务零售进出口商品。

9710：海关监管方式代码，全称“跨境电商B2B直接出口”，境内企业通过跨境电商平台与境外企业达成交易后，通过跨境物流将货物直接出口至境外企业。

9810：海关监管方式代码，全称“跨境电商B2B出口海外仓”，境内企业先将货物通过跨境物流出口至海外仓，通过跨境电商平台实现交易后从海外仓送达境外购买者。

AEO：Authorized Economic Operator，经认证的经营者，以任何一种方式参与货物国际流通，并将海关当局认定符合海关组织或相应供应链安全标准的一方。

H2018：新一代海关信息系统，是目前海关办理通关业务的主要应用系统。

HB：中国海关办公平台。

HLS2017：中国海关内部控制与监督子系统。

RCEP：Regional Comprehensive Economic Partnership，《区域全面经济伙伴关系协定》。

保密“两识”：保密知识、保密意识。

“船边直提”：以进口集装箱货物向海关提前申报为基础，企业充分利用货物在途运输时间办理报关申报、单证审核、税款缴纳等通关手续，有关进境船舶抵港后，无须海关查验的货物即可放行并实现企业车辆从船边直接接卸、提货。

“单一窗口”：参与国际贸易和运输的各方，通过单一的平台提交标准化的信息和单证以满足相关法律法规及管理的要求。

“多证合一”：在“三证合一”“五证合一”“两证整合”登记制度改革的基础上，将有关涉及市场主体登记、备案等各类证、照（即信息采集、记载公示、管理备查类的一般经营项目涉企证照事项）以及企业登记信息能够满足政府部门管理需要的涉企证照事项，进一步整合到营业执照上。企业在办理营业执照后即能达到预定可生产经营状态，大幅缩短企业从筹备开办到进入市场的时间。

“二十字”好干部标准：信念坚定、为民服务、勤政务实、敢于担当、清正廉洁。

汇总征税：海关对进出口纳税义务人在一定时期内多次进出口货物应纳税款实施汇总计征。

基层党建“双提升”行动：即在基层党组织中开展“强化政治功能，组织力凝聚力提升行动”，在党组织书记和党务干部中开展“强化政治意识，党建工作能力提升行动”。

纪检监察机制“四责三级两协同”：四责协同、三级监督、两个协同。

“两步申报”：适应国际贸易特点和安全便利需要，企业无须一次性提交全部申报信息及单证，第一步凭提单概要申报即可提货，第二步在规定时间内完成完整申报的通关制度。

“两段准入”：以进境货物准予提离口岸海关监管作业场所（场地）为界，分段实施“是否允许货物入境”和“是否允许货物进入国内市场销售或使用”两类准入监管（分别简称“第一段监管”和“第二段监管”）的监管作业方式。

“两优一先”：在党的系统中，指“优秀共产党员”“优秀党务工作者”和“先进基层党组织”；在团的系列中，指“优秀共青团员”“优秀共青团干部”和“先进基层团组织”。

“六对照六查六看”：对照坚持党中央集中统一领导要求，看是否做到“两个维护”，心怀“国之大者”，查是否存在自由主义、本位主义、保护主义，缺乏大局意识、全局观念；对照政治过硬、本领高强要求，看是否学懂弄通做实习近平新时代中国特色社会主义思想特别是习近平经济思想，查是否理论联系实际不够、专业能力不强、学用脱节；对照党的初心使命和性质宗旨，看是否树牢以人民为中心的发展思想，坚持正确政绩观，查是否漠视侵害群众利益，加重基层负担，干自以为领导满意却让群众失望的事；对照把握新发展阶段、贯彻新发展理念、构建新发展格局、推动高质量发展要求，看是否做到稳字当头、稳中求进，尊重规律、尊重客观实际和群众需求，统筹发展和安全，查是否存在不按经济规律办事，一刀切、理想化、乱作为；对照加强调查研究和“三严三实”要求，看是否坚持走党的群众路线，先调研后决策，以钉钉子精神坚韧不拔抓落实，查是否存在形式主义、官僚主义，关起门决策、拍脑袋决策，不担当、不作为；对照党的各项纪律规定，看是否自觉遵规守纪，做到令行禁止，查是否妄议党中央大政方针，擅自对应当由党中央决定的重大经济政策问题作出决定、对外发表主张，泄露、扩散尚未公开事项或应当保密的内容，违反有关规定干预和插手市场经济活动。

全国海关“五个一百”：百篇优秀学习成果、百个培训精品课程、百个党建难点解析、百佳基层党建案例、百个典型培树示范。

“三个同防”：指“人、物、环境”同防、“多病同防”、水陆空同防的三个同防体系。

“三会一课”：定期召开支部党员大会、支部委员会、党小组会，按时上好党课。

“三智”：智慧海关、智能边境、智享联通，是以“智能化”为依托，以高新技术驱动制度创新，推动海关一体治理、边境协同治理、全球合作治理，共促全球贸易安全与便利。

“三化”建设：信息化、精准化、规范化。

“三大风险”：廉政风险、执法风险和管理风险。

“三办三服务”：办文、办会、办事，服务发展、服务决策、服务落实。

“三查三排一转运”：“三查”是全面开展健康申明卡核查、体温监测筛查、医学巡查；“三排”是严格实施流行病学排查、医学排查、实验室检测排查；“一转运”是对判定的确诊病例、疑似病例、有症状人员和密切接触者“四类人员”，一律按照有关规定移交地方联防联控机制做后续处置。

“四不两直”：不发通知、不打招呼、不听汇报、不用陪同接待，直奔基层、直插现场。

“四强”党支部：政治功能强、支部班子强、党员队伍强、发挥作用强支部。

“四个最严”：最严谨的标准、最严格的监管、最严厉的处罚、最严肃的问责。

“四自一简”：综合保税区内企业自主备案、合理自定核销周期、自主核报、自主补缴税款、海关简化业务核准手续。

“四送一助力”活动：通过志愿服务、宣传教育、专项培训、物资捐助、提供保障等方式，送政策、送文化、送健康、送温暖和助力乡村振兴。

“提前申报”：经海关批准，进出口货物的收发货人、受委托的报关企业可以在取得提（运）单或者载货清单（舱单）数据后，向海关提前申报。

“五关”建设：政治建关、改革强关、依法把关、科技兴关、从严治关。

“学查改”专项工作：以机关党建推动落实习近平总书记重要指示和党中央经济工作决策部署专项工作。

行政执法“三项制度”：行政执法公示制度、执法全过程记录制度、重大执法决定法制审核制度。

先放后检：“先放”是指进口商品经海关现场检查（信息核查、取制样等）符合要求后，企业即可开展卸货、转运工作；“后检”是指对进口货物开展实验室检测并进行合格评定。

“一案双查”： 外查走私案件与内查违纪违法问题同步进行。

中欧班列： 按照固定车次、线路等条件开行，往来于中国、欧洲及共建“一带一路”国家（地区）的集装箱国际铁路联运班列。

郑州海关各部门及隶属海关行政排序及简称

序号	名称	简称
郑州海关各部门		
1	办公室（党委办公室）	办公室（党委办）
2	法规处	法规处
3	综合业务处	综合处
4	关税处	关税处
5	卫生检疫处	卫检处
6	动植物检疫处	动植检处
7	进出口食品安全处	食安处
8	商品检验处	商检处
9	口岸监管处	监管处
10	统计分析处	统计处
11	企业管理和稽查处	稽查处
12	缉私局	缉私局
13	财务处	财务处
14	科技处	科技处
15	督察内审处	督审处
16	人事教育处（党委组织部）	人教处（组织部）
17	机关党委（思想政治工作办公室、党委宣传部）	机关党委（政工办、宣传部）
18	监察室（党委纪检组）	监察室（纪检组）
19	党委巡察工作办公室	巡察办
20	离退休干部办公室	离退办
隶属海关单位		
1	郑州机场海关	机场海关
2	郑州车站海关	车站海关
3	郑州邮局海关	邮局海关
4	金水海关	金水海关
5	郑州新区海关	新区海关

续表

序号	名称	简称
6	新郑海关	新郑海关
7	洛阳海关	洛阳海关
8	南阳海关	南阳海关
9	安阳海关	安阳海关
10	商丘海关	商丘海关
	驻民权办事处	民权办
11	周口海关	周口海关
12	焦作海关	焦作海关
13	三门峡海关	三门峡海关
14	新乡海关	新乡海关
15	信阳海关	信阳海关
16	鹤壁海关	鹤壁海关
17	许昌海关	许昌海关
18	平顶山海关	平顶山海关
19	漯河海关	漯河海关
20	濮阳海关	濮阳海关
21	开封海关	开封海关
22	驻马店海关	驻马店海关
23	济源海关	济源海关
24	郑州海关风险防控分局	风控分局

索引

说 明

1. 本索引中文标目按汉语拼音顺序排列，同音字按笔画数多少排列。首字母为阿拉伯数字的主题词，排列在本索引之首。

2. 索引名称后的阿拉伯数字表示内容所在的页码，拉丁字母a、b、c分别表示左、中、右栏。

3. 本年鉴的特载、专记、大事记、荣誉榜、海关统计资料、附录均未作索引。

1—7

A

B

C

D

E

F

G

K

L

M

N

T

W

X

Y

Z

“中国海关史料丛书”
编委会